卓越教师 厦门市卓越教师培育项目成果
教学主张丛书 西南大学教育学"双一流"学科建设实践成果
总主编 陈珍 朱德全

何以卓越

——中小学卓越教师培育的区域经验

魏登尖 范涌峰 编著

西南大学出版社
SWUP 国家一级出版社 全国百佳图书出版单位

·重庆·

图书在版编目(CIP)数据

何以卓越：中小学卓越教师培育的区域经验 / 魏登尖, 范涌峰编著. -- 重庆：西南大学出版社, 2024.
11. -- (卓越教师教学主张丛书). -- ISBN 978-7-5697-2792-0

Ⅰ.G635.12
中国国家版本馆CIP数据核字第2024TG9393号

何以卓越——中小学卓越教师培育的区域经验
HEYI ZHUOYUE——ZHONGXIAOXUE ZHUOYUE JIAOSHI PEIYU DE QUYU JINGYAN

魏登尖　范涌峰　编著

责任编辑：钟孝钢
责任校对：钟小族
文字编辑：廖　菁
封面设计：闰江文化
版式设计：散点设计
排　　版：吴秀琴
出版发行：西南大学出版社（原西南师范大学出版社）
　　　　　地址：重庆市北碚区天生路2号
　　　　　邮编：400715
　　　　　市场营销部电话：023-68868624
印　　刷：重庆紫石东南印务有限公司
成品尺寸：170 mm × 240 mm
印　　张：20
字　　数：360千字
版　　次：2024年11月　第1版
印　　次：2024年11月　第1次印刷
书　　号：ISBN 978-7-5697-2792-0
定　　价：59.00元

编委会

总主编
陈 珍　朱德全

副总主编
洪 军　刘伟玲　庄小荣　潘世锋　罗生全　周文全

执行主编
范涌峰　魏登尖

编委（以姓氏笔画为序）
王天平　王正青　牛卫红　艾 兴　叶小波　朱德全
庄小荣　刘伟玲　陈 珍　陈 婷　范涌峰　罗生全
周文全　郑 鑫　赵 斌　侯玉娜　洪 军　唐华玲
　　　　　　　　　　韩仁友　潘世锋　魏登尖

总序

习近平总书记在2024年全国教育大会上指出,要实施教育家精神铸魂强师行动,加强师德师风建设,提高教师培养培训质量,培养造就新时代高水平教师队伍。《中共中央 国务院关于弘扬教育家精神加强新时代高素质专业化教师队伍建设的意见》指出,要加强中小学学科领军教师培训,培育一批引领基础教育学科教学改革的骨干。强化中小学名师名校长培养。

厦门市历来重视名师队伍的培育培养工作,根据教师专业成长规律,经二十年探索,逐步形成了"骨干教师—学科带头人—专家型教师—卓越教师"的金字塔式名师阶梯成长体系。自2021年起,厦门市教育局与西南大学开展战略合作,共同推进厦门教育高质量发展和教师队伍建设。"厦门市首期卓越教师培育项目"是由厦门市教育局与西南大学教育学部联合倾力打造的精品培训项目,也是厦门市迄今为止最高层次的教师培训项目。该项目旨在打造一支具有教育情怀、高尚师德,富有创新精神,具有鲜明教育教学思想和教学主张,在教育教学和教育科研上发挥领军作用的高层次教育人才队伍。项目以产出导向为理念,坚持任务驱动,通过个人自学、高端访学、课题研究、讲学辐射、挂钩帮扶、发表论文、出版专著、提炼教育思想、推广教学主张等方式优化培育过程。

三年琢磨,美玉渐成。通过三年的探索,围绕成为"有实践的思想者"这一核心目标,每一位卓越教师培育对象形成了特色鲜明、理念前沿的教学主张,并以教学主张为中心形成了一本专著,从而汇集成目前呈现在大家面前的"卓越教师教学主张丛书"。本丛书,既是"厦门市首期卓越教师培育项目"三年实施成果的沉淀,是每一位卓越教师培育对象思想的结晶,也是西南大学教育学"双一流"学科建设的实践成果。

仔细阅读本丛书,可以欣喜地看到,卓越教师培育对象们不仅能敏锐地捕捉到教育教学领域的难点、热点问题,揭示其中的本质规律,还能结合本地教学实际智慧地提出解决方案。总体来说,本丛书有以下三个方面的特点。

一是有较浓厚的学术气息。29位培育对象中有获得国家、省级基础教育教学成果奖的教师,有正高级教师,有省特级教师,但他们还在不断突破,追寻对教育教学本质的理解,追寻从实践到思想的蝶变,追寻高水平的专业表达。他们从实践中提炼出主张,再用主张引领实践,他们在书稿中融入了理论的阐释,学会了建构模型,并借助模型简洁地表述自己的教育教学思想,读起来不生涩也不单调。

二是有较强的系列探索味道。《义务教育课程方案(2022年版)》提出,应做好学段间的教育教学衔接。29位培育对象中,既有教育科研专职人员和学校的管理者,也有班主任、一线教师等,研究成果覆盖了小学、初中和高中的大部分学科,最终形成了29本培育对象教学主张的专著和1本全景式呈现卓越教师培育的经验和初步成效的论著。因此,本丛书既有基于教育者几十年教学实践的思想提炼,又有深入课堂的案例剖析,可以"用眼睛来读",作为教师专业发展的自读文选;也可以"用行动去做",作为教学范例直接进入课堂实践,在行动研究中孵化、创生;也适合专门研究者或管理人员参阅,从中窥探从小学到高中的教育教学重点与发展脉络。

三是有鲜明的课程育人特色。本丛书的撰写以学科课程为载体,以学科课程核心素养为目标,积极探索新时代背景下的育人方式变革,寻求育人最佳路径,以德施教,立德树人。因此,单看每本专著,已能感受到其中鲜明的课程育人特色,综合丛书来看,这一特色更加明显。

期盼厦门市首批卓越教师培育对象大力弘扬践行教育家精神,追求卓越的步伐永不停留,不断完善、应用和推广自己的教学主张和教学成果,为厦门教育做出更多更大的贡献。也期盼本丛书能为广大中小学教师深化教学改革提供参考,为教育学"双一流"学科服务教育实践提供借鉴。

是为序。

陈 珍

(中共厦门市委教育工委书记、厦门市教育局局长)

朱德全

(西南大学教育学部部长、西南大学教育学一流学科建设"首席责任专家"、国家重大人才工程特聘教授、国务院学位委员会学科评议组成员)

序言

当今世界正处于百年未有之大变局,全球经济增长波动、政治不稳定、自然灾害频发、环境卫生事件增多、技术革新带来强劲的发展动力,教育发展面临前所未有的风险和挑战。然而,不论社会充满了多少的不确定性,我们始终可以确定的是,教师是任何时代教育改革与发展的最为重要的决定性因素。因此,全球范围内各个国家都高度重视教师队伍建设,我国对于教师队伍建设的重视也达到前所未有的高度。习近平总书记多次就教师队伍建设发表重要讲话,近年来,中共中央、国务院相继于2018年和2024年发布了《中共中央 国务院关于全面深化新时代教师队伍建设改革的意见》和《中共中央 国务院关于弘扬教育家精神加强新时代高素质专业化教师队伍建设的意见》。

教师专业发展是一个螺旋递增的过程,明确教师队伍建设的方向和路径至关重要。在整个教师队伍中,名师起着重要的引领性和示范性作用。从某种程度上来说,名师代表着教师专业发展的方向,名师成长经验可以为教师专业发展提供直接的借鉴。因此,究竟何为名师？如何促进名师发展？这是新时代教师队伍建设尤为重要的议题。党的十八大以来,习近平总书记就教育改革发展和教师工作发表一系列重要讲话,为我们认识何为好教师、何为名师提供了重要引领。习近平总书记强调,"教师是人类灵魂的工程师,是人类文明的传承者,承载着传播知识、传播思想、传播真理、塑造灵魂、塑造生命、塑造新人的时代重任""广大教师要做学生锤炼品格的引路人,做学生学习知识的引路人,做学生创新思维的引路人,做学生奉献祖国的引路人""全国广大教师要做有理想信念、有道德情操、有扎实学识、有仁爱之心的好老师"。

打造一支师德高尚、业务精湛、结构合理、充满活力的高素质专业化教师队伍，不仅需要坚持以习近平新时代中国特色社会主义思想为指导，弘扬教育家精神，还需要区域创造性的探索和实践智慧。厦门市历来重视名师队伍的培育培养工作，根据教师专业成长规律，经二十年探索，逐步形成了从骨干教师、学科带头人、专家型教师到卓越教师的金字塔式名师阶梯成长体系。对于厦门来说，"卓越"是教师最高的荣誉，也是厦门市赋予名师最高的期望。然而，究竟何为卓越？如何促进教师卓越成长？如何造就一批卓越教师？这对于区域教师队伍建设来说，是充满挑战性的问题。为此，厦门市教育局自2022年起，与西南大学教育学部开展战略合作，共同推进厦门教育高质量发展和教师队伍建设。其中，"厦门市首期卓越教师培育项目"是由厦门市教育局与西南大学教育学部联合倾力打造的精品培训项目，也是厦门市迄今为止最高层次的教师培训项目。经过近三年的探索实践，在项目双方的共同努力下，我们对此有了阶段性的答案。

究竟何为卓越？依托"厦门市首期卓越教师培育项目"，我们认为，卓越教师至少应该富有教育情怀、高尚师德和创新精神，具有鲜明教育教学思想和教学主张，在全市教育教学和教育科研上发挥领军作用，在全省乃至全国有影响力，而"具有鲜明教育教学思想和教学主张"是对卓越教师的核心要求。为此，项目要求每一位卓越教师培育对象形成特色鲜明、理念前沿的教学主张，并以教学主张为中心形成一本专著，29位学员便形成了29本体现学员教学主张的专著，本书则作为其统领性的一本著作，全景性地呈现区域卓越教师培育的经验和初步成效。全书共分为八章。其中，第一章介绍了卓越教师培育的理脉，建立了卓越教师培育的基本理论框架；第二章介绍了卓越教师培育的逻辑，阐述了卓越教师培育的实践框架；第三章介绍了卓越教师培育的密码，呈现了卓越教师培育的特色路径与策略；第四章至第八章从不同的视角呈现了"厦门市首期卓越教师培育项目"的核心成果，即29位各学科、各学段卓越教师培育对象的教学主张。通过本书，尝试为区域名师培育提供政策、制度和路径参考,也尝试为名师凝练教学主张提供借鉴。

《中共中央 国务院关于弘扬教育家精神加强新时代高素质专业化教师队伍建设的意见》强调,"强化中小学名师名校长培养"。其实,何为名师,何为"卓越",不同的区域、不同的人有不同的看法,"卓越"标准存在于每个人的心中,没有最卓越的教师,只有更卓越的教师。一位教师的卓越,要经得起同行的检验,要经得起实践的检验,也要经得起时间的检验。因此,卓越是新时代教师应该始终追求的目标和状态。卓越是优秀教师的专业自觉,也是区域教育高质量发展的内在诉求。本书客观呈现了厦门市卓越教师培育的实践经验,以及卓越教师培育对象的阶段性学习成效。

我们深知,相对"卓越"而言,"厦门市首期卓越教师培育项目"还有很多不足,厦门市首期卓越教师培育对象有诸多不足,本书也还有很多有待完善的地方。然而,除了既定的项目目标和成果以外,"厦门市首期卓越教师培育项目"给我们留下的,最为重要的是,我们项目双方所有成员一颗追求卓越的心。虽然还存在这样那样的不足,但追求卓越,我们永远在路上。

范涌峰

(西南大学教育学部教授、博士生导师)

2024年9月22日

目录

绪论 ·· 001

第一章　边界澄清：卓越教师培育的理脉

第一节　卓越教师的培育定位 ·· 013
第二节　卓越教师的生长画像 ·· 023
第三节　卓越教师的生长逻辑 ·· 030

第二章　整体设计：卓越教师培育的逻辑

第一节　卓越教师培育的理论基础 ······································ 041
第二节　卓越教师培育的实践立场 ······································ 046
第三节　卓越教师培育的目标任务 ······································ 049
第四节　卓越教师培育的课程样态 ······································ 052
第五节　卓越教师培育的研训方式 ······································ 059
第六节　卓越教师培育的实施措施 ······································ 066

第三章　实践集萃：卓越教师培育的密码

第一节　以读为面的对照输入 ·· 075

第二节　以研为基的成果培育……………………………………082
第三节　以创为核的主张凝练……………………………………094
第四节　以传为体的对话论道……………………………………101
第五节　以行为脉的专场展示……………………………………106
第六节　以引为终的辐射示范……………………………………109

第四章　意义追寻：教学主张凝练的价值立场

第一节　张建阳：简约化学……………………………………125
第二节　邹标：精新化学………………………………………129
第三节　蒋艳秋：鲜活思政……………………………………134
第四节　钟振裕：悦语文………………………………………139
第五节　汤吟莹：和润语文……………………………………143
第六节　陆佳音：融通语文……………………………………149

第五章　理实赓续：教学主张凝练的理论立场

第一节　吴智鹉：人本体育……………………………………157
第二节　王淼生：理性数学……………………………………162
第三节　陈茜茜：生活·语文…………………………………165
第四节　傅闰冰：立美美术……………………………………169
第五节　李加前：具身体育……………………………………174

第六章　本质重构：教学主张凝练的学科立场

第一节　苏巧真：真数学………………………………………181
第二节　刘明：惟真物理………………………………………186
第三节　赖景琼：音合教育……………………………………191

第四节　洪进步：本原物理⋯⋯⋯⋯⋯⋯⋯⋯⋯⋯⋯⋯⋯⋯⋯⋯196

第五节　肖珩：经历赋能心育⋯⋯⋯⋯⋯⋯⋯⋯⋯⋯⋯⋯⋯⋯⋯202

第七章　学教交互：教学主张凝练的课堂立场

第一节　黄捷：化形化学⋯⋯⋯⋯⋯⋯⋯⋯⋯⋯⋯⋯⋯⋯⋯⋯⋯211

第二节　陈海烽：灵动课堂⋯⋯⋯⋯⋯⋯⋯⋯⋯⋯⋯⋯⋯⋯⋯⋯215

第三节　黄莲花："三化"教学⋯⋯⋯⋯⋯⋯⋯⋯⋯⋯⋯⋯⋯⋯⋯221

第四节　张雅芬：情理共生的数学课堂⋯⋯⋯⋯⋯⋯⋯⋯⋯⋯⋯226

第五节　邵巧治："适·度"阅读⋯⋯⋯⋯⋯⋯⋯⋯⋯⋯⋯⋯⋯⋯231

第六节　黄芸："简·美"的小学英语⋯⋯⋯⋯⋯⋯⋯⋯⋯⋯⋯⋯236

第八章　路径彰显：教学主张凝练的实践立场

第一节　王翠霞：问·道历史教学⋯⋯⋯⋯⋯⋯⋯⋯⋯⋯⋯⋯⋯243

第二节　沈汝丑：初中地理的"图·思·记"⋯⋯⋯⋯⋯⋯⋯⋯⋯247

第三节　石进德：融创生物⋯⋯⋯⋯⋯⋯⋯⋯⋯⋯⋯⋯⋯⋯⋯⋯251

第四节　李玲玲：融美数学⋯⋯⋯⋯⋯⋯⋯⋯⋯⋯⋯⋯⋯⋯⋯⋯255

第五节　杜紫红："问·达"数学课堂⋯⋯⋯⋯⋯⋯⋯⋯⋯⋯⋯⋯260

第六节　林悦：创美体育⋯⋯⋯⋯⋯⋯⋯⋯⋯⋯⋯⋯⋯⋯⋯⋯⋯265

第七节　徐晨来：小学科学跨域趣探⋯⋯⋯⋯⋯⋯⋯⋯⋯⋯⋯⋯270

附录⋯⋯⋯⋯⋯⋯⋯⋯⋯⋯⋯⋯⋯⋯⋯⋯⋯⋯⋯⋯⋯⋯⋯⋯⋯⋯⋯⋯⋯275

参考文献⋯⋯⋯⋯⋯⋯⋯⋯⋯⋯⋯⋯⋯⋯⋯⋯⋯⋯⋯⋯⋯⋯⋯⋯⋯⋯297

后记⋯⋯⋯⋯⋯⋯⋯⋯⋯⋯⋯⋯⋯⋯⋯⋯⋯⋯⋯⋯⋯⋯⋯⋯⋯⋯⋯⋯⋯301

绪论

百年大计,教育为本。教育大计,教师为本。教师作为教育发展的推动者,承担着知识传承、人才培养的重要使命,教师的素养和专业发展水平直接关系着教育事业的发展。有高质量的教师队伍,才会有高质量的教育,这已经是全世界教育改革与发展的普遍共识。正如习近平总书记2022年4月25日在中国人民大学考察时的讲话中强调的,"好的学校特色各不相同,但有一个共同特点,都有一支优秀教师队伍"。因此,建设高质量的教师队伍,推进教师教育改革和发展已经成为新时代教育领域的一项关键任务,名师成为新时代教师队伍的重要组成部分。

一 缘起:名师培育实践的逻辑

(一)历史逻辑:师道精神历史传承赓续的应然之维

2023年9月9日,习近平总书记在《习近平致全国优秀教师代表的信》中概况凝练了中国特有的教育家精神,即"心有大我、至诚报国的理想信念,言为士则、行为世范的道德情操,启智润心、因材施教的育人智慧,勤学笃行、求是创新的躬耕态度,乐教爱生、甘于奉献的仁爱之心,胸怀天下、以文化人的弘道追求"[1]。这一论断是关于教师队伍建设工作的高度凝练和集中表达,是对中国传统师道精神的根本性归纳与总结,是基础教育教师队伍建设的思想指引、价值基础和根本遵循。

中国作为教育历史悠久的国家,在漫长教育发展进程中形成了独有的师道传统,即教育家精神。"师道"作为教师哲学的一个根本范畴,是教师之为教师的不可或缺的特征,也是教师一生中应当选择的价值立场、遵循的价值原则和孜孜以求的价值理想。自古代到当代,涌现出无数伟大的教育家,形成了中国特有的教育家精神谱系。传统的师道观,不仅将教师职业与人才培养联系起来,而且将教师职业与文化传承、政治教化以及教师自身素养的提高联系起来,如孔子"有教无类"的师道观,又如韩愈的"传道、授业、解惑"的师者职责。现代师道观,与国家和民族的命运紧密相连,如从陶行知提出的"我们深信教师应当做人民的朋友"逐步过渡到毛泽东提出的"为人民服务"。当代师道观,主要反映在习近平总书记对教师和教师工作的重要论述中,如提出"强教必先强师""教

---

[1] 习近平致全国优秀教师代表的信[N].人民日报,2023-09-10(1).

师不能只做传授书本知识的教书匠,而要成为塑造学生品格、品行、品味的'大先生'"等重要论述。

由此,对中国特有的教育家精神的理解、解读和内化应基于对师道传统的历史演变和教育家精神的深厚文化底蕴的认识。认识到教育家精神是对中国几千年师道传统的创造性继承和创新性发展,从而使其成为加强新时代师德师风建设深厚的思想基础和强大的精神动力。

(二)政策逻辑:新时代高质量教育发展的实然之维

在我国教育事业进入质量提升阶段,加强中小学教师队伍建设,培养一大批名师,充分发挥其示范引领作用是当前我国基础教育改革与发展的重要任务。2017年11月,习近平总书记在十九届中央全面深化改革领导小组第一次会议上指出,"全面深化新时代教师队伍建设改革……全面提升教师素质能力,深入推进教师管理体制机制改革,形成优秀人才争相从教、教师人人尽展其才、好老师不断涌现的良好局面。"要实现国家繁荣、民族振兴、教育发展,就要从基础教育抓起,从培养优秀教师队伍做起,积极培养造就一支师德高、业务精、素质好、结构优、活力足的高素质专业化教师队伍,推动涌现出一大批好教师。2018年1月,中共中央、国务院颁发了《中共中央 国务院关于全面深化新时代教师队伍建设改革的意见》,这是新中国成立以来,党中央出台的第一个专门面向教师队伍建设的里程碑式政策文件,对新时代教师队伍建设作出了重大战略部署。该意见在目标任务中提出"到2035年,教师综合素质、专业化水平和创新能力大幅提升,培养造就数以百万计的骨干教师、数以十万计的卓越教师、数以万计的教育家型教师",明确了教师培训和阶梯化的名师成长问题。2022年4月,教育部等八部门印发了《新时代基础教育强师计划》文件,强调了"遵循教师成长发展规律,以高素质教师人才培养为引领,以高水平教师教育体系建设为支撑,以提升教师思想政治素质、师德师风水平和教育教学能力为重点,筑基提质、补短扶弱、做优建强、全面提高教师培养培训质量,整体提升中小学教师队伍教书育人能力素质,促进教师数量、素质、结构协调发展,为构建高质量教育体系奠定坚实的师资基础"。这份文件进一步强调了系统性促进教师专业发展,也明确了促进不同类型名师发展的逻辑。2024年8月《中共中央 国务院关于弘扬教育家精神加强新时代高素质专业化教师队伍建设的意见》发布,提出了"教育家精神成为广大教师的自觉追求""加强中小学学科领军教师培训,培育一批引领基础教育学科教学改革的骨干""强化中小学名师名校长培养"等一系列指向专业化教师队伍建设的要求。同时,各省、市、县(区)、校等都出台了一系列名师培养的政策推动了名师培养工程。实践的热度必然引发对更高质量的追问,也由此产生了对名师培训培养的研究热度。这也是名师培训培养政策能够持续落地的必然要求。

(三)实践逻辑:区域教育实践迭代升级的必然之维

中共厦门市委、市人民政府,以及市教育局历来重视教师培训培养工作,根据国家的文件政策,也相应出台了诸如《厦门市新时代中小学教师培训培养指导意见》《厦门市教育局关于加强新时代教育科学研究工作的通知》等文件。从政策制度层面上完成了厦门市名师培训培养的顶层规划与设计。同时,在多年的探索中,在名师培训培养上,逐步形成了从骨干教师、学科带头人、专家型教师、卓越教师的金字塔式的层级设计。在实践过程中,依据这样一个体系为区域培养了一大批优质名师队伍,极大地推动了区域教育的高质量发展。区域教师队伍建设一直秉持着全面加强党对教师队伍建设工作的领导作用,坚持推进教师队伍建设改革工作的系统思维,坚定不移以创新推动教师队伍建设改革工作。某种意义上来说,今天的社会是否发展不取决于是否有改革,而是取决于改革创新的速度。区域教育不断深化改革,不仅探索理念的创新,还探索路径的创新、方法的创新、措施的创新,如探索师德师风培育的方式与路径,以用年轻教师喜欢听、喜欢看、喜欢做的方式来让师德师风培育入脑入心。高质量的教育发展,必然要不断培育一支高素质、专业化、创新型的教师队伍。名师队伍是高质量教师队伍的核心。为此,以实际的行动不断提高名师队伍的成长高度和切实逐步扩大名师队伍,是区域教育迭代升级的根本选择之一。从宏观层面到微观层面,就是对每一个具体名师培育项目的设计与实施,就是探讨更好的培育定位、培育方式、培育路径及培育支持等,从而实现大系统构建小系统创新,大小系统相辅相成的教师成长培育逻辑。

(四)学术逻辑:已有相关研究持续深化的显然之维

作为教育行政延伸的名师话题在政策上是热点,在实践中更是热点,学者们相继对其展开研究。当前的研究主要集中体现为以下几个方面:其一是名师政策层面的研究,企图厘清的是政策导向是什么,政策变化是什么,及从政策出发,应该做出的实践行动是什么;其二是名师特质的研究,包括名师成长过程等方面,主要想揭示的是什么样的教师能成为名师,成为名师的人有哪些优秀品质,从而启发实践,启发教师如何根据实践经验成为名师,在研究中主要运用了调查研究、个案研究、辩证研究、历史研究等研究方法;其三是名师培养工程的研究,主要是对所开展的一些名师培养项目、名师培训方式等方面的研究,凸显的是用哪些手段和方法来促进名师的成长;其四是教师专业发展周期方面的相关研究,这主要是把名师作为教师整体职业生涯发展的一个方面来进行研究,把名师作为教师专业发展的目标,但对名师的发展层级、境界还缺乏深入研究。当然,还有一些国外的名师政策、制度及实践等方面的研究,主要是介绍性的研究,目的是启发国内的研究与实践。综上所述,目前名师的相关研究可以分为基于实践事实的阐释性研究、基于发展期待的建构性研究和基于学理逻辑的推理性研究。这些研究充分表明,名师成长有其特定规律,研究名师就是要研究其成长逻辑。对于实践,学术研究为更好地实践提供了基础,也为以研究的方式开展实践提供了新思路。

二 判断:名师培育实践的基础

教师学习是有规律的,探究教师专业成长,实质就是以教师学习为中心的教师继续教育的探索与实践。打造一支学习型教师队伍,才是基础教育的强师之路,才是基础教育可持续优质、卓越发展之路。

(一)以教师关键学习行为发生为中心

开展教师培育培训工作,本质是要驱动教师进行积极主动的学习,促进教师在学习中发展转变,改进优化教育教学实践。教师学习是如何发生的呢?是否有培训行为就有教师学习行为发生呢?研究发现,有培训行为不代表有教师学习行为发生,没有学习行为发生就不可能有改进和成效。教师的关键学习行为主要有听、说、读、写、做、探、思、验、查、议、辩、论、用、改、编、建、创等。不同的关键学习行为按照不同的学习逻辑组合构成学习过程,就能够发生学习行为。当前的教师培训更多是以简单的听、说和写为主的简易组合,缺乏混合式的、多样化的学习范式,导致培育培训效果不理想。以教师关键学习行为发生为中心,就是要以不同关键行为点的产生作为根本,基于不同的学习内容,按照不同的学习范式,希望达成的不同学习成果,进行学习范式的建构。也就是说,培训课程的设计不再是基于固定化的课程专家、课程内容,更不是碎片化的课程内容组织,课程组织的基础也不是课程内容的知识逻辑、技能逻辑、方法逻辑、情感逻辑,而是教师的学习实践逻辑。

(二)以教师教育实践智慧生成为中心

成人学习与儿童学习有着巨大的差异。儿童学习就是其生活本然,以系统的知识学习、技能学习、方法学习和情感体验为核心,重点是学习的系统性。而成人学习的重点是指向实践问题的解决,注重的不是系统性,而是实践性。教师学习是成人学习的下位概念,其学习重点在于解决教育教学实践问题和对更好的教育教学实践的追寻,即要以教师教育教学实践智慧的生成为中心。具体地,一是教师学习要建立在教师大量的实践经验的基础上,二是教师学习要助力教师对实践经验进行反思性改进,三是教师学习要助力教师已有优秀实践经验实现智慧化、系统化、理论化。由此,教师学习过程在理论与经验间实现双向互动,以学习实践和教育教学实践的融合为着力点。

(三)以教师持续学习思维方式为中心

教师学习不应当以知识、技能的获得多寡为重点,应当指向终身学习,教师成为终身的积极主动学习者,即教师持续学习行为的发生与教师个人化的学习思维和学习范式的实现。我们应当明确的是,教师是从事教育教学活动的专业人员,但未必是充分掌握如何学习并能够自觉进行高质量学习的专业人员。教师持续学习能力体现为教师具有自主学习能力,能独立开展有效的学习活动。教师研训活动就是助力教师形成各种有效的学习素养,引导教师学会研究、学会合作、学会表达、学会对话等。学会如何学习,不是传授关于学习的知识给教师,而是通过活动设计,让教师在沉浸式体验过程中,自然而然地用有效的学习活动进行学习,从而形成学习的自觉性。由此,以教师学习为中心,就是教师根据科学的学习方法,运用学习工具,进行积极主动的学习,以持续自我迭代更新学习为中心。如阅读是教师最便捷的学习方式,但如何开展有质量的阅读,不仅需要长期坚持的学习方式,更要对阅读什么、如何阅读、如何表达阅读成效等有清晰认识。

(四)以教师学习历程节点设计为中心

教师必须清晰意识到,学习生活是教师生活的本质属性,是教师职业特质所决定的。作为教育者,首先应当是一个学习者。这不是一个论断,而是一个规律认识。学习生活意味着学习是全部生活过程的基本元素。为此,教师应当形成全景全息学习观,时时处处学习实践。当然,这并不意味着专门的教师学习活动不重要,反而更需要专门化的、节点化的学习活动。通过专业的、高质量的节点学习活动设计与实施,将全部学习生活贯穿起来,形成学习链,更可以提高教师学习成效,保障教师学习体验。因此,以教师学习为中心,就是要以教师全过程学习历程背景下节点化的专门学习活动设计为中心。节点化的专门学习活动设计主要有以下方面:一是关注节点本身的聚焦性问题,以聚焦性问题的突破,推进教师持续自主学习;二是关注节点学习活动的前移后续,贯通节点内的正式学习和节点外的非正式学习之间的联系,形成学习活动的逻辑闭环;三是关注不同节点学习活动之间的逻辑关系,不管是并列关系还是递进关系,都是对教师学习行为本身的长程设计,以促进教师长期学习行为的发生为目标,这种链接往往以联系的驱动性任务为体现。

(五)以教师学习成果创作输出为中心

如何检验教师学习成效一直以来都是一个重难点问题。通常以关注教师学习体验、关注课程质量和关注教师实践行为改进程度为标准。这种评价标准常不能够精准地体现学习实践本身。当前也有一些以教师驱动性任务的完成为准,主要包括课题研究完成、论文写作、读书笔记、学习反思、公开课、讲座等一些指标性要求。这些虽能够一定程度反映学习情况,但往往因与培育培训课程没有必然的因果关系,也很难准确衡量。为此,引入学习成果创作要求,将具体的课程学习以问题代入,把具体课程学习转化为具体任务的完成:如,教学成果培育方面的课程,就以教师获得教学成果奖来检验课程学习成效;再如,关于教学主张方面的课程,就设计一个相关文献阅读,通过梳理思维导图的方式,来检验并拓展学习成效。即,教师学习应以教师成果创作输出为中心,让教师学习与实践行为生成形成关联。

三 选择:名师培育实践的探索

在变化的时代,教师最重要的品质不是适应和接受,而是能够成为主动的学习者,成为研究型教师。让研究成为教师的工作方式,是对教师专业发展的核心认识。在这样的认识基础上,开展了名师培育培养的整体探索。为深入贯彻教育家精神,厦门市首期卓越教师培育项目开展了更聚焦的一系列探索与实践。

本书共由两个部分组成,分别呈现卓越教师培育的实践路径和教育教学主张。第一部分是探讨卓越教师培育培养的设计与实践。第一章从边界澄清出发,界定区域名师队伍建设中卓越教师培育对象,描绘卓越教师培育画像,并确立卓越教师的生长逻辑。第二章是从整体设计出发,围绕卓越教师培育的理论基础、实践立场、目标任务、课程样态、研训方式、实施措施等方面探讨卓越教师培育的设计与规划。第三章从卓越教师培育培养过程中,促进教师学习行为发生的角度,进行典型经验的归纳与总结,以期对深化开展教师培育培养工作有所启示。第二部分从第四章到第八章,分别从价值立场、理论立场、学科立场、课堂立场和实践立场维度出发,集中呈现卓越教师培育对象在培育过程中凝练形成的教育教学主张。

任何的探索和实践,都离不开精心的设计和用心的实施,但所有的探索和实践并不能解决全部问题,只是无限逼近某一阶段问题的解决。永远有无限的问题产生,才有无限的实践创新,只有在不断探求问题中,才能走向无限的发展。

第一章

边界澄清：
卓越教师培育的理脉

谢弗勒认为，当口号在字面意义上使用时，它需要字面上的批评。从学术上来说，任何概念的产生都是有风险的，不管是日常性的认知还是已有的使用方式，都会对概念的理解形成潜在的判断。"卓越教师"的提出既需要在学术层面上进行解构与重构，又要形成基于区域实践的定位，在完成认知的边界确定后，就需要在具体的层面上进行限定。为此，我们需要对基于区域实践的卓越教师的生长进行画像，并确立实践逻辑。这是一个基于实践的逻辑探索。

第一节 卓越教师的培育定位

成长是动态、持续发展的过程,成长没有完成时。成长过程是一个不断持续发展的过程,归结于人的发展取向,是对目标及过程的规律性追问。名师的成长强调的是名师作为一个范围的概念,即名师是有层次的,突出的是作为低阶段的名师在内外因共同作用下成长为高阶段的名师的过程。名师的成长着重要探讨的是不同阶段名师发展的内在逻辑问题及采用什么样的路径与方式支持名师再成长。目前,成长为名师的相关研究聚焦在非名师成长为名师的过程及其相关因素、路径等方面,集中体现在教师专业发展阶段论、名师成长特质、成长路径等方面。

一 关于名师内涵的文献分析

通过查阅文献,发现"名师"这一称谓涉及多层概念,有"卓越教师""高端教师""教育家""专家型教师""教学名师""优秀教师"等多种称谓。外国教师教育实践与研究中,则很少使用"名师"之谓,与此相对应的教师培养多采用"教师专业发展"的提法。

第一种观点认为名师有广义与狭义之分。广义的名师含义与我们所理解的名师相差甚远,而狭义的名师专指教育名师。陈钧和程达认为广义的名师是在社会各界都有广泛影响力并拥有众多追随者的知名的杰出人才,狭义的名师特指广大优秀教师在内的教育界的大师和名家。[1]

第二种观点认为名师专指教学名师,不包括其他从事与教育事业相关的工作人员,同时强调名师的区域性特征。周红认为名师是在一定地域范围内有名气、有声望、有影响的著名教师。[2]曾晶指出,名师是一个约定俗成的称呼,顾名

---

[1] 陈钧,程达.呼唤名师[M].北京:科学出版社,2000:44-45.
[2] 周红.高等学校教学名师内涵辨析[J].煤炭高等教育,2004,22(4):65.

思义是指在某一区域范围内具有一定知名度和影响力的教师。[1]童富勇和程其云认为名师就是在一定地域范围内具有一定的知名度、认可度、影响力,且专业素养较高的优秀教师。[2]

第三种观点以名师的素养或特质来定义名师。如李瑾瑜和李泽林认为名师是倾其所爱为教育的奉献者、走进学生情感世界的阳光使者、引领教育创新潮流的探索者以及乐于学习善于学习的终身学习者。[3]还有研究者提出,名师是教师中具有骨干教师的"符号标志"的一批人:如学科带头人、教育教学专家、名校长、名教师,较高的学历、学位,相对较长的教龄,较高的教师职务,一定的教育管理职务,荣誉称号,教育教学科研成果及奖励等。成尚荣提出名师应该具有四个方面的基质:对事业、生活意义、职业价值充满激情;内心不满足;有文化底蕴和才情;有独特的思维。[4]

第四种观点运用渐进法来定义名师。王毓珣认为名师是在一定时空范围内自然而然形成的,具有一定的知名度、认可度、美誉度、影响度和突出成就的专业素养较高的富有创造性的优秀教师。[5]

第五种观点是在政府的"名师工程"话语体系中的定义。如《上海市普教系统名校长名师培养工程实施方案》提出,分两大类培养名师:一类是成熟型的培养,主要是指导总结经验,提炼上升到理论,搭建平台,展示成果,赴国外做高级访问学者,取长补短等;另一类是好苗子的培养,着眼系统地全面地提高,主要有学历学位进修,有国内外学习考察,有课题研究和实践培养等。

二、基于研究视角的文献分析

不同的研究视角,对研究有着极大影响,能够反映不同的需要,从而在共性研究的基础上,找到一些独特性。通过对已有文献资料的分析,当前对名师成长的研究视角主要体现为:名师成长规律视角、具体理论视角、学科学段视角、

---

[1] 曾晶.名师专业化提升的实践与思考[J].中小学管理,2004(4):50.
[2] 童富勇,程其云.中小学名师专业成长的影响因素分析:基于浙江省221位名师的调查[J].教育发展研究,2010,30(2):64.
[3] 李瑾瑜,李泽林."名师"因何而名?[J].西北成人教育学报,2003(2):1.
[4] 成尚荣.名师的基质[J].人民教育,2008(8):37-41.
[5] 王毓珣.名师概念及特征辨析[J].天津市教科院学报,2005(4):42.

名师培养工程视角等方面。

（一）基于成长规律的视角

成长规律探讨的是教师成长中的同一性问题，即教师成长过程中本身所固有的反复起作用的本质联系与必然趋势，是教师成长的"现象中同一的东西"。朱宁波将成长过程具化为教师个人在历经职前师资培育阶段、任教阶段和在职进修的整个过程中都必须持续地学习与研究。[1]丁琦认为名师的成长，一般都要经历适应阶段、熟练阶段、成长阶段、徘徊阶段，然后才能"成名""成家"。[2]关于规律的研究主要集中呈现为教师发展阶段理论及教师关键节点的规律问题。

（二）基于具体理论的视角

这类研究主要表现为运用已经比较成熟的理论来研究名师成长，侧重于解释和实践运用两个方面。吴欣歆运用"金字塔"模型诠释了骨干教师专业成长的核心能力和条件因素。[3]张建指出，融合理论指导与实践取向交互成长的专业发展路径，是实现名师培养的理性选择。[4]闫琦以韦纳成就归因理论中的努力、能力、身心态度、外界环境、任务难度、运气好坏六个要素为归因参考点，结合黄厚江老师的成长历程与成就，用他归因的方式，对黄老师的成功进行归因研究。[5]王艳辉基于生命历程理论视角研究中等职业学校教学名师的成长问题。[6]

（三）基于学科学段的视角

从学科学段着手的研究，主要是聚焦在具体学科名师成长的规律上，如学前教育、小学、中学、中职、高校等不同学段；学科的名师成长研究着重在学科特色及学科名师的案例研究两个方面。曹云霞以学前特级教师为例，总结了学前

---

[1] 转引自刘万海.教师专业发展：内涵、问题与趋同[J].教育探索，2003(12)：104.
[2] 丁琦.中学名师成长规律及培养策略研究：以江苏省苏州中学为案例[D].苏州：苏州大学，2009：1.
[3] 吴欣歆."金字塔"模型：破译骨干教师专业成长的"密码"[J].中小学管理，2015(7)：40.
[4] 张建.名师基地培养模式之缘由、理念及路径[J].教育研究，2015,36(4)：91.
[5] 闫琦.归因理论视野下的语文名师成长路径研究：以黄厚江为例[D].西宁：青海师范大学，2016：23.
[6] 王艳辉.生命历程理论视域下中职名师成长研究[D].曲阜：曲阜师范大学，2018：13.

教育名师的成长规律[1];曾显兰[2]探寻了小学教学名师的成长路径,丁琦[3]、吕亚楠[4]、王凌波[5]等研究了中学名师成长规律和成长机制;冯旭芳和白玲[6]、王艳辉[7]等研究了职业教育名师成长路径;杨柳青[8]等分析了高校教学名师的成长规律与路径。从学科上,闫琦[9]以黄厚江老师为例研究了语文教师的成长路径,周萌[10]、陈彤彤[11]等分别关注了历史学科的名师成长历程与路径,张克歌[12]聚焦了中小学体育名师的成长,吕亚楠[13]关注了高中英语教学名师的成长。不管是从学科还是从学段着手,都意味着名师成长研究不断走向深入,不断细化,开始关注不同学科学段名师的成长问题。

(四)基于名师培养工程的视角

随着国家和政府对教师队伍建设的重视,各地区纷纷开展了名师培养工程,基于名师培养的实践,探讨名师成长有什么意义,有哪些助力,有哪些不足,成为研究重点。

---

[1] 曹云霞.学前名师成长记:以特级教师张群老师为例[D].杭州:杭州师范大学,2016:1.
[2] 曾显兰.小学教学名师成长路径的叙事研究[D].昆明:云南师范大学,2020:1.
[3] 丁琦.中学名师成长规律及培养策略研究:以江苏省苏州中学为案例[D].苏州:苏州大学,2009:1.
[4] 吕亚楠.一名高中英语教学名师成长的叙事研究[D].重庆:西南大学,2017:1.
[5] 王凌波.中学教学名师成长机制的个案研究[D].太原:山西师范大学,2019:1.
[6] 冯旭芳,白玲.基于解释结构模型的职业院校教学名师成长影响因素探析[J].教育理论与实践,2021,41(12):19.
[7] 王艳辉.生命历程理论视域下中职名师成长研究[D].曲阜:曲阜师范大学,2018:13.
[8] 杨柳青.高校教学名师成长的个案研究:以国家级教学名师L为例[D].曲阜:曲阜师范大学,2019:1.
[9] 闫琦.归因理论视野下的语文名师成长路径研究:以黄厚江为例[D].西宁:青海师范大学,2016:23.
[10] 周萌.历史名师成长历程:以徐赐成老师为个案[D].西安:陕西师范大学,2015:1.
[11] 陈彤彤.历史学科名师成长研究:以江苏省高邮市界首中学特级教师陈国兵为个案[D].扬州:扬州大学,2013:1.
[12] 张克歌.青岛市中小学体育名师成长模型的构建研究[D].青岛:青岛大学,2020:1.
[13] 吕亚楠.一名高中英语教学名师成长的叙事研究[D].重庆:西南大学,2017:1.

一是区域名师培养的认识方面。张露霖[1]、巩向凯[2]、王少华[3]等分析了名师培养工程的背景、意义和价值等方面。名师区域化培养,在推进区域教育健康发展方面,以及对区域内名师的成长都有重要意义。国家对教育质量的关注以及社会、学校、家庭对教育名师的呼唤,促使我们国家越来越重视教师的教育质量和名师的培养打造。王笑君、杨孝如认为,梯队式的名师培养工程,有利于锻造新一代的教育领军人物,促进区域内教育力量的均衡发展,教师的发展内驱力是遴选名师培养后备人才的主要考虑因素之一。[4]

二是名师培养的实践方面。这方面主要探讨区域的顶层设计及怎么做的问题。鲁林岳[5]从名师培养的角度,提出了名师培养体系的构建问题。名师培养的过程是主客体角色、知识、经验等重建的过程。许泽能根据名师的内涵及成长规律出发,提出了培养路径要以"走向理性的课堂实施"为根基,以"追求个性的课题研究"为载体,以"共同愿景的专业团队"为支点。[6]名师培养以名师工作室的建设为抓手,建立名师梯队的培养机制,有利于激发名师培养的活力,加快区域内的教育发展,助推地方社会经济的发展。[7]

三是名师培养总结反思方面。这方面主要是对区域实践情况进行反思、比较,总结经验,从而为新的实践提供可能。张露霖[8]通过两个区域名师培养政策、实践情况的比较,来为本区域的实践改进提供参考。王少华则聚焦广西的名师培养实践情况,侧重点在于特色的形成,及具体的实践情况。[9]李爱铭通过对区域名师培养实践的观察与反思,提出名师是可以培养的,但政策视野中的

---

[1] 张露霖.小学语文名师培养模式的比较研究:以福建省和江苏省为例[D].福州:福建师范大学,2015:1.
[2] 巩向凯.中小学名师区域化培养研究[D].济南:山东师范大学,2016:1.
[3] 王少华.广西基础教育名师培养特色研究[D].桂林:广西师范大学,2018:1.
[4] 王笑君,杨孝如.名师培养工程:锻造新一代教育领军人物[J].江苏教育研究,2011(24):9-12.
[5] 鲁林岳.名师名校长培训体系的构想与实践[J].教育研究,2009,30(2):103.
[6] 许泽能.中小学名师培养的目标与路径[J].教学与管理,2016(28):18.
[7] 傅毓海,宋德志.实施梯队培养策略发挥名师引领作用[J].江苏教育研究,2016(33):39.
[8] 张露霖.小学语文名师培养模式的比较研究:以福建省和江苏省为例[D].福州:福建师范大学,2015:1-17.
[9] 王少华.广西基础教育名师培养特色研究[D].桂林:广西师范大学,2018:1.

名师培养,是一种兼顾培养与'赋名'的体制,既有其助推作用,又体现出局限性。[1]胡灵敏从名师培养的目标出发,探索了师范院校"名师实验班"的人才培养模式。[2]

三 基于区域定位的实践分析

为贯彻落实教育部等八部门印发的《新时代基础教育强师计划》,根据《厦门市新时代中小学教师培训培养指导意见》要求,厦门市一直以来着力打造高素质专业化创新型教师队伍,全面提升教师思想政治素质和教育教学能力。着眼厦门市教育未来发展,结合区域教育发展的实际,根据教师专业成长规律,经过多年探索,厦门市逐步构建了从骨干教师、学科带头人、专家型教师到卓越教师的金字塔式名师阶梯成长体系,为教师专业成长提供阶梯和可遵循路径,促进教师队伍的专业化发展和整体素质的提高。

(一)市学科骨干教师

1.目标

成长为"有反思的实践者",具备"课程反思力、教学反思力、学习反思力、理论反思力、实践反思力"。考核通过者确认为"厦门市中小学骨干教师(班主任)"。

2.对象

师德师风优良、教育教学基本功扎实、教育教学业绩突出、具有一定的研究能力和较强学习能力的专任学科教师(班主任);本科学位教师入职转正满五年,硕士学位教师入职转正满三年;博士学位教师可直接入选;参加校长任职资格培训结业,并通过骨干教师考核任务的校长。

3.形式

一是骨干教师(班主任)专项培训班。培养周期为1年,采用集中学习、线上学习、在岗研修和自主研修相结合。集中研修不少于6天,线上学习中通识和学科课程各不少于30学时,分学科在岗研修配备市级学科带头人及以上名

---

[1] 李爱铭.中小学专家型教师培养的政策支持体系研究:以上海"双名工程"为例[D].上海:上海师范大学,2016:117.

[2] 胡灵敏."名师实验班"人才培养模式的改革探索[J].中国高等教育,2012(7):32.

师为导师,开展不少于6次的研修活动,自主研修须完成相关课题研究、阅读交流、公开课等任务。二是依托名师工作室研修培养。市级名师工作室研修人员纳入骨干教师培养对象,三年研修期满后,根据骨干教师选拔与结业标准考核认定。三是依托班主任工作坊研修培养。市级班主任工作坊成员经研修后,根据骨干教师选拔与结业标准,可考核认定为市级骨干班主任。

4.内容

按照"以读为基、以思为核、以改为体、以行为脉、以用为终"逻辑,夯实学员的反思性教育教学能力,提高教书育人的特色化水平。包括但不限于师德师风与思想政治素养的提升、课堂教育教学能力的提升、教育信息化背景下的教师教育观念与行为的转变、教育教学研究的理论与实践、教育教学反思的技术与方法等。

5.考核

由学校、导师和市级综合考核师德表现、育德能力、教育教学能力、示范辐射作用、指导青年教师、课题研究成果、论文等培训任务完成情况,并组织同行评价和学生满意度测评。

(二)市学科带头人

1.目标

成长为"有理论的实践者",具备"课程研发力、评价创新力、研究理论力、人文熏陶力、学生指导力、实践更新力"。考核通过者确认为"厦门市中小学学科(德育)带头人"。

2.对象

师德师风高尚,思想政治素养过硬,奉献精神突出,团队精神和组织协调能力较强,自主学习能力较好,教学业绩突出的骨干教师、骨干班主任或其他符合破格要求的教师,原则上不超过50周岁;参加校长素质提高培训结业,并通过学科带头人考核任务的校长。

3.形式

培育培养周期为2年,采用集中研修、在岗研修、协作研修、任务驱动研修、自主研修相结合。其中,集中研修不少于6周。在岗研修贯穿始终,采用理论与实践"双导师制",聘请高校学者和市级学科带头人及以上名师担任导师,开展基于实践的研修学习。协作研修采取团队协作、师徒带教等方式共同完成研

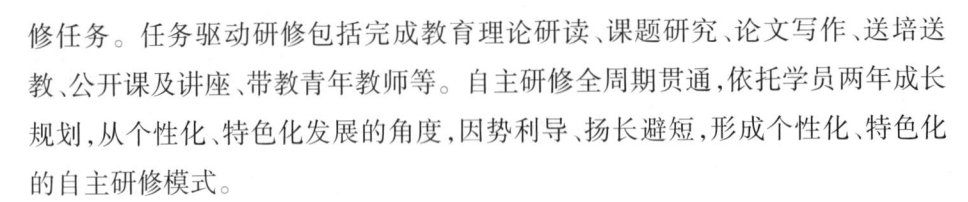

修任务。任务驱动研修包括完成教育理论研读、课题研究、论文写作、送培送教、公开课及讲座、带教青年教师等。自主研修全周期贯通,依托学员两年成长规划,从个性化、特色化发展的角度,因势利导、扬长避短,形成个性化、特色化的自主研修模式。

4.内容

按照"以读为基、以研为核、以传为体、以创为脉、以用为终"逻辑,着眼夯实学员的教育教学理论和实践基础,提高教育科研能力和教学研究水平。课程内容包含但不限于思想政治及师德师风、教育研究方法与操作、教学实践与艺术、课程理念与理论、教育基本理论、教育评价技术与方法、通识文化素养等模块。研修课程中分学科培训课程比例不低于15%,按学科组分配学术导师,培训期间持续跟踪指导学员课题研究和论文撰写。

5.考核

自下而上逐级推荐考核认定,具体程序为本人申请、学校推荐、区级审核、市级考核、最终认定。考核认定内容包括思想政治和师德师风修养、教育教学业绩、自主研修任务及课题研究完成情况、论文发表及辐射作用发挥情况等,并组织同行评价、学生满意率测评及考核认定展示课。

(三)市专家型教师

1.目标

成长为"有思想的实践者",具备"课程研发力、主张生成力、领域研究力、团队建构力、跨界融合力、实践影响力",成为教育专家和教学行家。考核通过者,确认为"厦门市中小学专家型教师(班主任)"。

2.对象

师德师风高尚、思想政治素养过硬、奉献精神突出、教育科研能力较强、教学业绩显著、辐射示范能力突出的市级学科(德育)带头人或其他符合破格要求的教师,年龄不超过50周岁;参加市名校长培育培养结业,并通过专家型教师考核任务的校长。

3.形式

周期为3年,委托知名高校联合培养,以集中研修、协作研修、影子研修、参访研修、对话研修、在岗研修、任务驱动研修和自主研修为主要方式。其中,集中研修不少于12周,分3—5次外出集中培训;协作研修须通过不同形式的团队组合,联合开展学习活动,核心表现为全班共同完成一本著作的撰写与出版;影子研修须进行为期两周的名校跟岗学习,开展学科研究和专题研究;参访研修须依据不同学段的实际情况,参访名校、企业、研究机构等;对话研修须通过设计不同形式的论坛或主题交流活动,让学员在对话输出中学习成长;在岗研修须以学科组为单位,小组协同带教教研组(或团队),开展基于实践改进的研修活动;任务驱动研修须以成果为导向,完成课题研究、论文写作、公开课、讲座、送教下乡、带教教研组建设等任务;自主研修全周期贯通,依托学员的三年成长规划,以个人教育教学主张凝练和教育教学成果奖培育为核心。

4.内容

按照"以研为基、以论为核、以传为体、以创为脉、以行为终"的逻辑,着眼于提升教育教学理论素养,凝练教育教学主张,搭建能力、成果展示的平台,在素质能力等方面得到全面发展,成为教育专家和教学行家。课程内容包含但不限于思想政治及师德师风、教育研究方法论、教育基本理论与课程理论、教育教学主张凝练、教学成果奖培育等模块。研修课程中分学科课程比例不少于20%,按学科组分配学术导师,培训期间持续跟踪指导学员课题研究和论文撰写。

5.考核

自下而上逐级推荐考核认定,具体程序为本人申请、学校推荐、区级审核、市级考核、最终认定。考核认定内容包括思想政治和师德师风修养、教育教学业绩、课题研究及研修任务完成情况、论文发表及辐射作用发挥情况,并组织同行评价、学生满意率测评及考核认定展示课。

(四)市卓越教师

1.目标

成长为"有实践的思想者",具备"课程研发力、理论建构力、成果培育力、综合创生力、学术影响力、思想实践力"。饱含教育情怀、高尚师德,富有创新精神,具有鲜明教育教学思想和教学主张,在全市教育教学和教育科研上发挥领军作用,在全省乃至全国有影响力的高层次教育人才。考核通过者确认为"厦门市中小学卓越教师"。

2.对象

热爱教育事业、教育教学思想和理念先进、个人教育教学主张鲜明、教学业绩显著、教育科研能力突出、热心开展教育教学改革与创新、在同行中享有较高声誉的专家型教师(专家型班主任)、省学科带头人、特级教师、正高级教师等教师(含教科研训机构教科研人员),年龄不超过50周岁。

3.形式

周期为3年,采取委托知名高校培育和个人研修相结合的形式进行培育,以个人研修为主要方式。实行"双导师"培育机制,聘请国内外知名教育专家、学者担任培育对象的学术和实践导师,通过个人自学、高端访学、课题研究、讲学辐射、挂钩帮扶、发表论文、出版专著、提炼教育思想、推广教学主张等方式进行培育。

4.内容

按照"以研为基、以创为核、以传为体、以行为脉、以引为终"的逻辑,围绕教育教学思想主张提炼与推广、优质教师团队建设、教学成果培育、高水平教育教学研究与论文发表、教育教学理念与经验输出、高质量教育资源体系构建、教育教学实践辐射引领等模块。

5.考核

自下而上逐级推荐考核认定,具体程序为本人申请、学校推荐、区级审核、市级考核、最终认定。围绕思想政治和师德师风修养、教育教学业绩、个人教育教学主张专著出版、省级课题主持或国家级课题参与(核心成员)并结题、核心期刊论文发表、名师工作室建设、个人教育教学思想专场汇报活动、教学成果奖培育等任务,完成后并组织同行评价和学生满意度情况测评。

(五)小结

通过以上分析,我们可以形成如下结论:其一,名师的概念有日常话语体系的名师、学术研究意义上的名师和行政实践界定的名师的区别。其二,不同区域对名师的表达有不同的话语体系,如厦门市将市级学科带头人、专家型教师、卓越教师定义为名师范畴。由此,不同区域即使采用了相同的名师概念,因不同地区的名师发展层级不同,表现出来的特质也有所不同。其三,从区域实践角度来看,培育过程到确定为某一层级名师,对名师关注的焦点是培育培养的过程,即成长中的名师。其四,厦门市卓越教师是区域对教师专业发展规律的认识与实践后的区域化界定,与其他区域或学术界定义的卓越教师有差异。其五,培育培养意义上的名师,意味着具体的培育培养工作尤为重要,需要建立一套相应的培育培养理念到实践的体系,并在具体实践中不断优化完善。

第二节 卓越教师的生长画像

前文中,已经明确了本研究中的卓越教师处于区域教师队伍建设中的教师研训生长阶段,是厦门市经实践探索培养起来的,按照从学科骨干教师、学科带头人、专家型教师到卓越教师的金字塔式成长路径演进。从学科培育的角度来说,卓越教师培育目标是成为"有实践的思想者"。那么,这样的卓越教师是什么样的学习者呢?又应当具备什么样的素养呢?

一、卓越教师的多边描绘

卓越教师的定位不是某一方面的高水平,而是全方位的高水平,可以理解为是正在向教育家成长的优秀教师,是教育家精神的积极践行者,也应当是最能够体现教育家精神的一个群体,教育家精神就是卓越教师培育的核心追寻。

(一)积极主动的学习者

一个卓越教师首先应当是一个积极主动的学习者,是一个纯粹的学习者,是一个把学习养成习惯的学习者,不是为了名利而来的学习者,不是单纯为解决实践领域问题而来的学习者。一要有强烈的学习意愿,有强烈的理论与实践联结的潜意识,处于一种将明未明的状态,有明确的自主学习规划、丰富的经验基础、灵活的学习方式。二要把优秀当成习惯,把学习作为生活,处于一个不断把突破、把生长当成生活常态的学习者,这样的学习者永远不会觉得自己已经是名师、已经很优秀。三要有永远在路上的卓越之心,有一往无前的勇气和自我更新、自我否定的力量,能够懂得节制与克制的意义。不会给自己的成长设置边界,把卓越成长当成正在进行时,把培育目标及任务要求当成一种基本要求,是有效学习过程中的必然成果。四要保持批判精神和好奇心,对习以为常的事物或观点能进行批判性审视,对权威的理论和观点能进行合理质疑,对所遇到的事物或理论保持好奇心,有充分的学术想象力。具备这样的基础,方是一名积极主动的学习者,才能持续保持学习状态。

(二)专业深度的研究者

苏霍姆林斯基说过,如果你想让教师的劳动能够给教师一些乐趣,使天天上课不致变成一种枯燥乏味的义务,那你就应当引导每一位教师走上从事研究这条幸福的道路上来。他认为从事研究是教师劳动幸福的根本所在。无数的研究和实践表明,开展研究是教师专业成长的重要路径。是否具备较高的教育教学研究能力,也是评价一个教师是否优秀卓越的重要标准之一。卓越教师应当是一个有专业深度的研究者。一是热爱开展研究,把研究当成自身成长的主要方式和路径,也能够以研究的方式开展教育教学工作,自觉将研究的方式渗透到全部的日常生活中。二是具备较高研究能力,掌握了较为全面的教育教学研究方法,能够独立或者带领团队开展较高水平的课题研究。三是具有较高水平的科研成果,高水平研究成果是衡量研究水平的一个重要标准。四是有较为集中的研究领域,一个高水平研究者一定会有一个或多个专业研究领域,卓越教师应当是在各自的学科教育教学领域做了较多并较深的研究,并在该领域中有一定的影响力的人。

(三)学科建设的领航者

一个卓越教师应当是一个学科领域的领军者,对自己的学科领域有独到的认识与理解,长期耕耘于学科的教育教学实践活动,并在学科建设上取得较高水平的成果,在一定区域范围内的学科建设上有较大影响力。学科建设不是一成不变的,而是随着时代发展需要不断地迭代发展。能够不断处在一个学科建设前沿,并不断助力推进或参与学科建设的发展,是卓越教师的生长期待。具体来说,一是要深度掌握学科的知识、思维与工具、方法等,特别是能开展高水平的学科教育教学实践活动;二是能进行学科建设的课程规划,这考验的是对学科课程的理解与认识水平;三是能准确判定学科课程建设与教育教学实践的前沿,熟知学科的发展规律,学科课程建设的历史发展进程;四是形成了相对成熟的学科教育教学活动范式,有一整套从课标到教材到实践的方法体系,形成了独具一格的教育教学风格;五是掌握了学科建设的评估与评价方式,能够开展学科课程育人的评价工具开发及评价实施与分析,能够对学校及区域的学科建设情况进行诊断,并提出对应的改进策略;六是能够在常识意义上的课程建设中拓展学科教育教学活动的边界,如探索"学科+跨学科"主题学习的设计与实施,如围绕学科某一特定领域进行校本化课程开发;七是能够带领好一个学科团队,开展学科建设实践活动。

(四)专业生长的示范者

著名教育家陶行知先生说过,学高为师,身正为范。我国自古以来有重视"言传身教"的传统,也有"师者,所以传道授业解惑也"的传承。教师作为示范者是传统师道精神的表征,也是教师职业的特殊性所在。作为教育事业的承担者,教师蕴含着教育的意蕴。教师成为学生生长的示范者,这是职业的基本要求,是底线标准。卓越教师应当是高质量、深内涵、远影响学生生长的示范者,不只是"经师"更是"人师"。同时,卓越教师还应当是教师群体的示范者,是教师从业者的典范,不论是精神层面还是技术层面,都应当能够引领教师更好地生长。作为优秀的示范者,有一批被吸引的"粉丝"或者"追随者",是一个重要的标志。作为专业生长的示范者:一是,热爱并真诚地开展引领工作,愿意分享自己的智慧,并遵循"有教无类"的理念开展引领工作,助力每个愿意努力生长的人更好地生长;二是,熟知并能准确判断引领对象的生长情况,能够描述其生长状态,并形成相应的认知结果;三是,具有专业的引领生长的技术与方法,能够高效地开展引领工作;四是,不仅是进行专业层面的引领,更要能进行精神层面的引领,对引领对象进行精神境界的影响与重塑,拓展引领对象的事业认知与实践,不断引领出更加优秀乃至超越自身水平的追梦人。我们坚信,最好的引领者不仅在于引领的实践行动,更在于自身成为生长追梦人,通过自己不断追寻卓越之路的实践,成为其他人争相模仿和比拟的对象,从而实现"不言之教"。

(五)成果培育的领衔者

以往对优秀教师更多的期待是扎扎实实地教书育人,默默无私地敬业奉献,对教师开展什么样的研究,形成什么样的成果,并没有太多的关注。随着时代的发展,学校教育教学面临着无数不确定性的挑战,推进改革需要各种来自学校教育教学实践领域的突破创新,从而为学校教育教学活动形成新节律、新常态、新动能提供基础。同时,对学校教育教学的评价也更加多元,不再只关注成绩或升学,而是聚焦指向学校教育实践更综合性表征的教学成果奖。我们应当有一个认识,教学成果奖或者科研成果奖或者其他有分量的成果奖,都是来自长期探索、长期坚持的结果,是正确教育价值选择的长期实践,能为学校教育教学发展提供新模样。卓越教师天然应成为学校成果培育的领衔者。一是能够基于教育教学发展规律,选择正确的发展特色;二是能够从模糊意识到明确的整体规划,明确发展方向;三是能够带领团队不断形成成果,多维度多层面的成果形式的表达,需要来自对同一个领域或主题的协同实践;四是能够搭建推广运用的平台,卓越教师具有较强的学术影响力和实践影响力,这为成果的实践检验和推广运用提供了基础与可能。拒绝功利化的成果培育,需要坚持正确的价值导向,长期带领团队精耕细作,并在协作与传承中得到自然生长。

(六)突破创新的探索者

著名教育家叶澜先生说过,没有教师的创造性劳动,就不可能有新的教育世界,而教师只有进行创造性的劳动,才会体验到职业的内在尊严与欢乐,才能在发展学生精神力量的同时,焕发自身的生命活力。我们应当认识到创造性劳动,或者说创新性实践,是教育教学活动的基本属性,也是教师职业的核心要求。同时,从教育教学活动是一门艺术的角度来说,教育教学活动在共同的育人基础上,可能存在无数种可能性的回答,关键在于根据基本原理进行突破创新的探索。一是对习以为常的常识进行突破创新的重构,站在新的时代背景和教育场域中,寻求新的认知与实践。二是拓展边界与制约,从新的立场来重建实践的场域,如以往更多关注课堂中的实践,在学生学习为中心的理念下,需要将学生的全部生活实践进行统筹判断,发现更多的育人元素,更全面地保障学习的持续性和生活性要求。三是以突破创新的方式开展工作,把创新作为实践的基本方式,开展的是创新的教育教学活动,让突破创新素养在突破创新的实践中逐步孕育。突破创新是建立在丰富的、深度的实践探索基础上的,没有足够的积累,突破创新将失去可能。

二 卓越教师的核心素养

在以上的多边描绘中,逐步厘清了卓越教师的生长尺度。为了实现培育活动的全面落地实践,就必然需要对卓越教师画像进一步具象化,即要从中凝练出卓越教师的生长素养。

(一)理论建构力

卓越教师要成为"有实践的思想者",就得形成自己的教育教学思想,有相对成体系的理论。因此,在学习思想、研究理论、提炼理念中,就需要具备理论建构能力。在实践中,把卓越教师的教育教学思想具象为个人教育教学主张。

一是要有大量优秀实践的累积力。大量的实践经验积累,是形成教育教学主张的基础,通过对累积的实践案例进行分析提炼,教育教学主张提炼才能成为可能。二是要有深厚的理论内化力。任何思想、观念或理论的形成,都不是无源之水、无根之木,一定是建立在已有的理论或思想的基础上。因此,需要具备将已有相关理论或思想消化吸收的能力,获取形成自身理论或思想的养分。三是要有充分的概念体系的建构力。一个教育教学主张的提出,不只是一个概念的形成,更是一个概念系统的形成。提出概念,并遵循逻辑规律,形成概念群,是理论或思想建构的核心。

(二)课程研发力

通常来说,教师是已有规定课程的诠释者和实践者,将课程标准及教科书的教育教学认知与理解转化为实践,将规定的要求转化为学生学习实践活动,实现从规定课程到教师课程,再到学生课程的转化。教师的课程能力链接了课程规定及学生的学习。卓越教师往往具有丰富的、深厚的课程素养,能够进行学科课程建设,并且进行转化实践。在倡导国家课程校本化实施和基于校本的课程开发导向下,优秀教师特别是卓越教师应具有较强的课程研发力。一是课程开发力。根据区域或学生发展的实际需要,对国家课程进行特色化、专业化的再研发,使之更适合学生的发展需要。二是课程领导力。能够引领一个学科课程建设或一个领域的课程建构,熟知课程研发的相关学理要求及技术方法,带领团队进行实践性课程建设。三是课程生长力。能够持续推进课程迭代,促进课程建设的自组织化发展,不断自我更新、自我迭代,使课程能够不断适应发展需要。同时,作为最为优秀教师群体的代表,卓越教师应当能够将自身的教育教学智慧形成教师学习课程,使之成为教师专业成长的系统性课程。

(三)成果培育力

新时代的教育呼吁成果多样化,以成果为导向的教师专业活动成为应然之举。卓越教师作为区域教师群体最优秀的代表,理应成为新时代教育教学成果培育的担当者。这里的成果指向是多元的,教学成果、科研成果、竞赛成果等都是重要的表征形式。高水平的成果往往代表了一个区域教育教学水平,通过不断培育产生的成果,能够推进区域教育的变革,能够促使区域教育不断形成新常态、新节律。成果培育需要以下能力:一是长期坚持一个领域实践的意志力,而这样的实践是符合教育教学活动基本规律的,是能够代表教育教学发展趋势的。二是成果培育规划能力,一个成果的形成是有意识的规划设计与实践探索过程,绝不是临时起意,也不是对过去实践的戴帽子工程。三是成果培育的推广能力,有价值的成果是可复制、可推广的,不是建立在特殊资源、特殊条件下形成的,当然一个成果在推广过程中不断检验,方具有普遍价值。四是成果培育的领导能力,一个成果的形成绝不可能是独立个体完成的,而是需要一个强大而协同的团队共同完成的,卓越教师应当成为这个团队的首席、探索突破的领衔人。

(四)综合创生力

教师在创作、创新中学习,不是用创新的方式培育人掌握或学会固有的,而是通过创新的方式来探索创生出新的。综合创生能力是过去,也是当下,更是未来最宝贵的品质与素养。卓越教师在面对复杂的、不确定的、内卷化的教育教学现实时,更需要有创生能力去破解问题,探索新路径、新方向,共同营造新生态。无数的研究与实践已经证明,经验的作用与价值在不断弱化,不是谁掌握了更多经验,就能够有更好的教育教学成效,而是谁更具有学习能力和创生能力,才掌握了生长的密码,才能不断创造奇迹,创生新的实践形态。教育教学活动的内卷不再是经验积累的竞争,而是不同层级创生水平的竞争。综合创生力包括:一是要有即时综合创生能力,不是成熟了才形成成果,不是完美了才实践改进,而是当下的即时成就体验,是即时性的选择、判断与实践。二是要有长期的综合创生能力,当前点状、碎片化的教育教学活动创生层出不穷,但如何把碎片化的、随机的创生变成常态化的,累积成创生的生态,就是要有长期的坚持。三是要有多种类型的综合创生能力,不仅是学术研究上,还包括自主研修、教育活动、教学实践等方面。四是要有边界拓展的综合创生能力,能够不断融合新的元素、新的形态,推进教育教学活动或学科建设边界的拓展,不断趋向综合化的发展路径。五是要有基于实践行动过程的综合创生能力,也就是场景中的创生,不是为了实践创生,而是实践本身就是创生的过程。综合创生能力,应是卓越教师的底色,是全部培育实践的核心。

(五)学术影响力

教育教学活动是专业活动,专业活动离不开专业研究。高水平的专业研究活动,驱动着教育教学活动的发展,也代表了区域教育中某个领域或学科的发展水平。卓越教师作为专业研究者,应当成为某一领域或学科建设的高层次人才。而这往往需要教师在一定范围内有一定的学术影响力。一个只有实践影响力,或者说在实践层面上取得优异教育教学成效的教师,只能说是一个优秀的教育者,还不能冠以卓越教师的称号。学术影响力的形成,是一个长期专业研究的过程,有一些具体的表征。一是要主持或参与高水平的研究项目,如完成过省级及以上的研究项目,乃至国家级课题;二是要有高水平的科研成果,特别是在高水平的期刊发表过研究论文,或者是正式出版过学术性专著;三是有成体系化的某一领域或某一学科建设的理论体系;四是相关研究成果获得过一些较高水平的奖项,特别是一些专业领域的评选;五是学术观点或理论影响过一批教师的成长,能够获得一定范围内的认同与支持。学术影响力是卓越教师的生命线,是教师通往卓越的必由之路。

(六)思想实践力

卓越教师需要从实践中提炼教育教学主张,形成独具特色的教育思想。所提出的思想是对已有实践基础的提升,也是对已有理论的内化。不管是什么样的思想,终究是要回到实践中去检验,在实践中深化拓展,实现理论与实践的双向共生。首先,思想来自实践,即思想有实践属性,根植于实践,来源于实践,是对实践的规律性的提炼与总结。其次,思想的实践性表达问题,能够对所形成的思想进行实践化的表达,能够通过具体的语言表达、文字表达、成果表达等方式来输出思想,即思想是清晰的,能够表达出来的。再次,思想是能够具体在教育教学活动中表达的,是能够解决教育教学问题的,是可以提高育人成效和教育教学质量的,是能够通往教育幸福彼岸的。最后,思想的实践是有具体载体的,是具象化的,如可以通过教育教学设计、教材解读、教育故事、作业设计、学科实践性活动方案等来进行思想实践。

第三节 卓越教师的生长逻辑

理念决定实践,价值理念影响着实践的水平与层次。每个教师培育培养项目都有具体的理念支撑,也就是一个项目执行方案设计的愿景和底层逻辑。厦门市首期卓越教师培育项目是目前厦门市中小学教师最高层级名师培育项目,其培育对象已然是区域内中小学各学段各学科的领军型人才。由此,其项目的逻辑起点必然与其他项目会有显著差异。在充分的调查分析和文献研究基础上,以教师学习者"学为中心"的教师研训为目标,在关注教师关键学习行为发生的基础上,要探讨的就是项目设计与实施的理念,即生长逻辑。

一、有序地生长:从反思过去到设计未来

教师培训中,教师往往被认为拥有大量的教育教学经验,唯独缺少理论认知,因此,许多培训包括参训教师本身都认为培训就是学习理论,就是补上理论不足这一块,目的是为自己的实践找到相应的理论支撑。但往往又存在另外一种现象,多数教师都不喜欢相对理论化的培训课程,并不认为理论化的培训有实际的用途,认为应该增加实践性的课程,希望学习一些具体怎么做的课程。这种培训悖论的实际存在,诸多时候是因为学习者并不能完全准确地进行自我认知,对经验和理论的认识存在偏差。当然,也更多是因为当下的诸多培训是基于反思过去的逻辑,强调的是对教师已有实践经验的提取,强调的是对过去经验的改造,探寻的是所谓正确的理念与有效的做法。

事实上,不管因时代发展变化而产生怎样的教育变化,从而对教师专业素养提出的新要求,从教师的持续专业成长来说,需要更多关注的是指向未来的实践路径,也就是培训指向如何更好地实践,而不是总结过去。因此,培训项目的设计应以设计未来的实践为逻辑,探讨新常态、新节律、新范式下,教师的教育教学行为和实践选择。这里既有理念的选择、目标的确立、价值的排序、方法的匹配、策略的建构等方面,也有直接指向培训后实践的实践性经验积累和认

知准备问题,更有新的实践方案的形成问题。由此,教师培训应当更多关注发展趋势、操作实践和行为改进的设计思维与设计实践过程。

二 有度地生长:从单向输入到多向互动

当前教师培训的主流形式还是授课式,更多强调的是专家对教师进行教育教学理论、技术方法及价值观等方面的输入式学习。然而,不管是专家讲座,还是参观、观摩等形式,都是单向输入式的培训,参训教师学习得怎样,有什么样的摄入与思考,能对实践起到什么样作用或变化,并没有得到关注。可以抽象为课程资源提供者对课程消费者的单向输入,成效取决于课程资源提供的优劣与匹配度和学习者自身的主观能动性。虽然当前诸多培训也在积极改进并调整,通过如需求调查、学员自主管理、学员点评、任务驱动、互动对话等方式来改进培训方式,改变纯粹的单向输入的培训,但培训的根本逻辑没有转变,还是以专家主题授课为主。如开展了需求调查,但需求调查与培训课程设计往往并没有什么直接的关联,沦为了新的形式主义。

借鉴学习金字塔理论,采用多样化的交流、操作等相结合的培训,效果才会更好。从培训的主体关系来说,就是要实现多向互动。一是强化课程资源提供者与课程消费者的互动,建立共同的对话基础,围绕一个共同的主题展开探讨,如加强对授课专家的学术观点、学术成长历程等方面的了解,可以强化对课程内容的快速理解。二是强化学员与学员之间的互动,组建学习共同体,设定具体的协同驱动任务,设置多边关系,让学员在多边交往中成长,在班级学员协同中,充分运用榜样效应和同伴协作效应,提高学习的积极性。三是强化不同培训项目之间的互动,可以搭建对话、研讨等平台,促进不同学科、不同学段、不同区域的参训教师之间的互动,在感知差异中成长,在多元资源中成长。四是强化同一主体不同学习时段的互动,把集中培训与在岗研训关联起来,实现从学习摄入、实践设计到实践操作之间的关联,形成基于实践的学习迭代闭环。当然,也可以从其他视角来实现多向互动,比如内容层面、形式层面、方法层面等。多边互动的核心就是发挥学习场域的多元育人价值,充分理解培训成长不只是在专家主题授课的过程中。

三 有向地生长：从点状学习到系统学习

在数智化时代，数字化、生成式人工智能、创新、综合变革……正成为新的时尚和新的态势。时时、处处、人人学习，正成为可能。教师的学习无时无刻不在发生，这应当成为基本共识。但我们要追问的是，发生什么样的学习、学习了什么内容及学习的效果等问题。当下诸多教师培训碎片化、点状化，往往是一些主题讲座的拼凑组合，看似内容丰富，主题多元，但实际上对很多内容都是浅尝辄止，并没有帮助教师形成新的观念、新的结构和新的实践体系。当然这还缘于教师对相关内容的已有经验基础本身就是碎片化的、多点实践性经验的。同时，点状学习也一定程度造成不断的低水平重复学习，虽然不同的培训项目中都开设了相同或类似的课程，但教师还未形成结构化的认识与理解，也很难真正起到迭代生长的作用。

针对当前教师学习出现的问题，应竭力推进教师学习的系统化进程。其一，聚焦于教师的终身学习，要注重针对性，推进个性化菜单式的培训。每个教师的学习基础、发展特质、成长方向及学习效率等都有较大差异，教师应在对自身职业发展的评估与判断的基础上，在不同时空中学习相应的内容。教师应当在相对系统的学习准备中，不断根据实践需要选择相应学习内容。其二，构建基于教师专业基本素养的内环素养测评体系和基于发展变化的延展专业素养的外环素养测评体系，内外环联动，为教师的学习选择提供测评基础，助力教师有针对性地进行学习，提高教师学习效用。其三，推进培训项目课程设计的系统性，围绕知识、技能、情感与价值、操作实践等教师学习闭环的关键行为，设计培训课程，促使课程能够有效转化为教师实践，即基于教师实践转化的系统性课程设计。其四，推进专题内容学习的系统性。许多课程内容不是一次专题讲座能够解决的，需要通过一系列的课程来学习，方能避免片面化。如教育科研课程，关系到科研认识与理解、科研规划与设计、科研方法、科研项目实施、科研成果形成、科研成果推广等一系列内容，绝不是一个主题能够涵盖的，需要通过系列主题学习，才能够逐步形成系统认知与实践素养。其五，加强教师教育基础认知的系统课程学习。部分教师可能在学科专业上具有合格的乃至优秀的教育教学认知和实践素养，但在学校教育整体认知上存在偏差。往往表现为部分教师只知道学科而不知教育，从学科看教育，而没有从教育看学科的素养。所以，应不断加强教师对学校教育教学基本规律、基本常识和基本原理的系统学习。从根本来说,系统学习就是强化教育教学专业的基础素养学习,形成对教育教学专业活动的整体认知,形成结构化的专业素养。

四 有质地生长:从经验实践到理论实践

教师学习中,不可回避的问题是理论与实践脱轨问题,所学理论不能解决实践问题或优化教师的教育教学实践,教师丰富的实践性经验更多是基于长期实践累积的碎片化智慧,缺乏理论自觉,缺乏系统性、整体性的结构化认知,甚至出现违背教育教学规律及常识的"有效实践性智慧"。相比于脱轨问题,我们日常话语体系中的"经验"、"实践"与"理论"可能是未经审视的概念,我们可能处于一种模糊的感觉认知中,并不能理解其大致的探讨范畴与边界。也就是说,日常生活中我们大部分时候关于"经验"、"实践"与"理论"的对话、研讨,可能并不处在一个共同的基础上,由此失去了对话的可能。不可否认的是,一些教师在使用"经验""实践"及类似概念或话语时,存在如高德胜教授所说的"一线优越感",使用"理论"及类似概念或话语时,存在着某种模糊的二元对立的拒绝与疏离式的崇拜,实际上多数情况下,存在情绪化的悖论现象。经验实践还存在这样一种现象,不少教师依照着自己所经历过的教师实践方式或思维方式进行教育教学,曾经的教育经历成为多数教师的实践基础。即依照经历过的、经历着的累积起来的个人化及机制化、制度化的经验进行着教育教学实践。

理论实践是从整体性的角度进行的探讨,是群体性或层级性的基础实践,这涉及什么是值得探讨或实践的理论,理论是何以形成逻辑的,理论的实践转化可能是什么。为此,理论实践就是根据普遍性共识的教育教学规律进行专业化活动的过程。掌握理论的程度,理论学习的系统性和边界延展程度,对理论的认知与实践转化的水平,是教师培训成效理论实践导向的核心要求。一是厘清理论与实践、经验的关系,加强理解程度,从而转变观念,进行有逻辑、有结构的表达。二是聚焦实践的理论性,注重通过理论对各自有的实践经验、实践案例进行深度剖析,而不是把理论当作帽子,用理论去生硬解释实践的正确性,而是相互激荡、相互生成的过程。三是聚焦理论的实践性,要明确真正的理论来自实践,因为其对实践有诠释与指导的作用,任何空中楼阁的理论都不能称为理论,只能是一种学术想象或空间幻象。具体在实践操作中,理论的学习要以操作式、体验式、对话式、创作式等实践性的方式来进行,同时,理论的学习需要基于实践案例的分析、实践案例或产品的形成等以实践性表征来实现。

五 有限地生长:从割裂成果到整体成果

检验教师培训成效的根本是评估教师回到教育教学场域中进行实践改进和自我优化的水平。由于实践成效呈现的延迟性和不可控性,往往很难真实检验实践的作用。为此,为了呈现培训成效,也是为了实现培训内容的即时内化,让任务驱动方式贯穿培训过程成为常态化的选择,即通过设置一些可量化、可视化的任务指标或要求作为培训成果。事实上,多数教师通过培训能够提升的相当有限,企图通过一个培训就解决问题,实现教师素养的提升,这显然是不现实的。但如果没有不断深化推进的教师培训或教师学习活动,就更不可能有教师素养的提升和实践的改进。教师培训往往是高投入低产出的,这与教育的复杂性、长期性有必然的关系。我们这里要探讨的是教师培训任务指标或要求设计的合理性和匹配性问题。当前一些反映教师培训成效的成果,很难说与培训有必然的联系,存在成果与培训活动之间的割裂,也存在成果与实践转化需要之间的割裂。

认识到教师培训效用的有限性,通过对学习的整体规划和整体成果导向的实施,可以最大可能提高培训的效用,导向有限度的教师专业生长。为此,教师培训要追求教师成长的整体成果。一是,整体成果以导向教育教学活动改进为根本,即成果应当是指向教育教学活动的基本元素,如教育教学活动方案、教学设计、教材解读、作业设计、试题研制、教学互动活动展示等。二是,整体成果是指成果与培训课程紧密相关,紧密相关方能反映培训起到了成效,如培训要求论文写作,那论文写作是否有课程来检验,是否与课程主题有关联,这应当是检验的核心。三是,整体成果是指培训期间全部任务或成果形式的内在一致性,不同的任务设计应有内在逻辑的一致性,都能够指向培训项目的目标要求,是培训目标的具象化和载体化。四是,整体成果是指任务或成果设计应导向促进教师学习行为的发生,是匹配课程形式和课程内容的,是基于教师学习行为发生整体过程的统一表征,如主题授课后、小组研讨内化、个体研修反思及教师学习延伸等主题应当是一致的,是一个主题学习的后续拓展与迭代升级,从而深化学习,提高学习成效。成果要求或考核要求,必然倒逼教师进行学习行为选择,整体成果的关注是让学习自然而然发生,让学习成果自然而然生长出来,让学习成为有明确导向的生长过程。

六 有和地生长:从个人立场到共享立场

无数研究和实践都表明,学习是个体行为,学习是个人的生长。组织的学习迭代依赖于个体的学习成长,没有个体的学习成长,就不可能有组织的学习产生。所有教师培训活动的逻辑起点或者说首要目标在于教师要成为积极主动的学习者。没有教师的主动学习需求,他们的学习意愿就不会被唤醒,真正的教师学习行为就很难发生。个人立场是教师学习行为发生的基础,同时也要重视在群体环境中的学习,就如《礼记·学记》中所说,独学而无友,则孤陋而寡闻。一个人学习,不接触外部环境是行不通的。只有与朋友共同学习,集思广益、取长补短,才能弥补自身的缺憾,并获得更多知识。同时,成人学习建立在丰富的实践性经验基础上,各自又都会有相对成熟的学习方式,对所学习内容或多或少已有一些认知和实践感悟,各自也是潜在的课程资源提供者。这为共享学习提供了基础。以共享立场开展学习活动,是为了推进多元、多向互动,让各自的学习基础相互激荡、相互生成,从而最大程度拓展学习资源,营造全面、全程、全景、全息的学习生长环境。

基于共享立场的教师培训项目设计与实施,需要在促进多重互动中实现。其一,学习基础的共享。将学习者各自的经验基础唤醒点燃,因教师学习者总是具有类似或相同的教育实践经历,这样的共享,可以唤醒彼此的对话基础和情感共鸣,从而形成学习基础。其二,学习目标的共享。虽然一个培训项目大多有明确的共同目标和任务要求,但共同愿景的产生,需要实现目标与要求和个人实践期待的相互化成,从而形成共同愿景。其三,学习资源的共享。教师学习者不是学习白板,有着丰富的资源和经验基础,各自掌握的资源占有量和占有类往往有着巨大差异。共享学习资源,可以扩大彼此的资源占有,形成共同的学习资源池,从而可以相互补充、相互玉成。其四,学习方式的共享。学习方式的差异是成人学习者的另一个巨大差异,也是人生长差异的主要原因之一。不同的学习者往往拥有各自特定的学习方式,这种特定的学习方式差异造

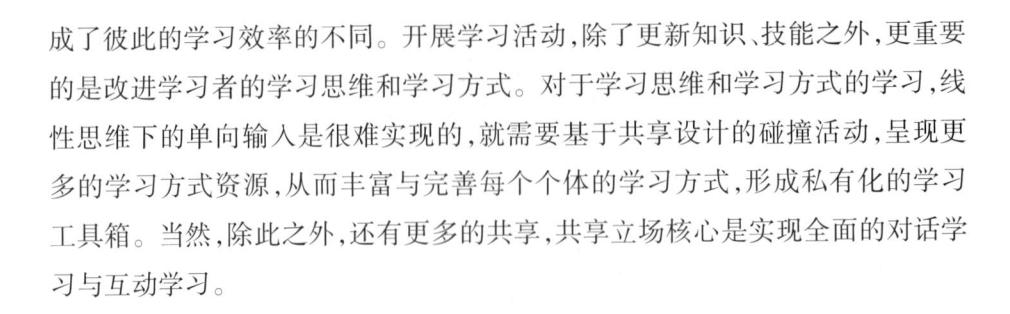

成了彼此的学习效率的不同。开展学习活动,除了更新知识、技能之外,更重要的是改进学习者的学习思维和学习方式。对于学习思维和学习方式的学习,线性思维下的单向输入是很难实现的,就需要基于共享设计的碰撞活动,呈现更多的学习方式资源,从而丰富与完善每个个体的学习方式,形成私有化的学习工具箱。当然,除此之外,还有更多的共享,共享立场核心是实现全面的对话学习与互动学习。

七 有术地生长:从碎片研修到范式研修

教师研训领域往往有一种认识误区,认为只有外出集中培训、集中授课和专家授课,才是学习活动。教师有培训的概念,有教研的概念,但没有形成研修的概念,也就是没有形成全过程学习的理念,把学习当成是一个节点的活动,而没有与日常生活实践建立链接。将一些培训项目分为集中研修、在岗研修、线上研修、自主研修等,导致存在割裂现象:一是集中研修的课程是碎片化的,课程与课程之间,课程与自主研修之间,没有逻辑关联;二是集中研修与在岗研修之间是割裂的任务,没有必然的逻辑联系;三是研修实践与自主研修是弱关联,任务驱动没有形成线索,即不同的研修活动没有依据教师实践性学习的规律形成合力,从而使教师的学习活动泛化了。以上这些现象,可以统称为碎片研修,核心是相关研修活动的设计没有以驱动教师自主研修活动为目标进行整体设计与实施。

有效率地学习,一定是有明确主题、清晰过程及方法的。人的学习是有规律的,只有通过一定的流程及活动设计,才能提高学习成效,即要形成学习范式或者说是研修范式。其一,研修范式的设计要以教师自主研修行为为基础,人作为学习主体,学习主观能动性的发挥,需要建立在教师的自主学习意愿和学习投入的基础上。其二,研修范式是基于听、说、读、写、做等基本行为的行动组合,是一系列学习行为的结果。如通过大量的主题文献阅读、专家现场授课、分组讨论内化、自主反思提升、拓展研究提炼、实践转化落地,形成了不同学习行为的综合组合,形成了一个研修范式。其三,研修范式是以评价转化落地实践为终点,教师的研修归根结底是要改进实践,提升实践成效。因此不管是什么样的研修范式,实践转化都是不可或缺的环节。其四,研修范式是节点活动的前移后续,并且在全过程的学习行为中发生,不是只有节点活动才是研修活动。研修范式的探讨,是对教师学习者学习思维和学习方式的探讨,是全过程学习观的探讨。

八 有梦地生长:从利己主义到利他主义

学习是为了更好地生长,这是一个普遍的共识。但这里有一个核心问题,是利己主义的更好生长还是利他主义的更好生长,抑或利己与利他存在一种怎样的共存逻辑。当前的教师研训存在许多利己的现象,特别是一些名师培育项目,培育对象更多考虑的是自己个人能够获得什么,目的是追求个人的名利。过分追求通过培育达到评为名师,参加培育仅为了评职称或评各种荣誉,而没有秉承为了更好服务实践的观念,这就显然偏离了名师培育的本质目的。当前确实存在根据目标或任务指标而进行的学习,旨在完成任务,达到考核标准,没有不断探寻最大发展可能的意识,缺乏卓越之心,这是不少名师培育项目中的常见现象。秉持纯粹的学习观,为了探求真知而学习,为了解决未知的困惑而学习,是学习者的第一要义。

在学习中获得生长,应当是一种纯粹的梦想。强调的是在生长价值导向下的学习观,进而以生长更好地作用于实践的利他主义。其一,研习的逻辑起点是源自解决教育教学实践活动的困顿,是为了更好地实践而需要学习,不是因为要评为名师而去参加学习。其二,培育过程中关注任务指标的完成,但更在于探求更多不可能,努力追求人生长的上限。其三,研习重在主体的群体性规划,不是从个体立场出发的需求满足,而是从群体出发的双向奔赴,相互成就、相互引领。其四,遵循为他人着想的研修实践过程,促进群体间真诚的互动,实现培育中的学术性对话,在学术氛围中探讨学习的根本。其五,着力立足于改进教育教学实践活动,以更好的实践为第一标准,探索发现并尝试实践更好的教育教学活动。利他,方能利己。

研训逻辑的探讨,是对教师学习观和专业成长观的探讨,是着力从以教师学习为中心出发进行的思想实验活动。厘清观念,方能为具体的项目设计提供基础。

第二章

整体设计：
卓越教师培育的逻辑

俗话说,有项目必规划,无设计不动工。若想要项目高质量达成目标,乃至超越目标,必然离不开精心的设计。为此,我们围绕着卓越教师的培育,从培育的理论基础、实践立场、目标任务、课程样态、研训方式和实施措施等方面展开具体的设计,在厘清逻辑的过程中,明确具体的行动路径,为有效实施项目奠定基础。

第一节 卓越教师培育的理论基础

观念决定行动。有什么样的观念,就会有什么样的设计方案和行动过程。在推进厦门市卓越教师培育过程中,从整体设计到阶段设计,从宏观设计到微观设计,从理念设计到行动设计,都是建立在一定的认知基础上的。

不同学者从教师学习的角度出发,探讨了教师学习的独特性。美国学者舒尔曼认为教师学习与发展要在一个专业发展社群中,教师学习必备六个关键元素,分别是愿景、动机、理解、实践、反思和社群。[1]吕立杰进一步阐述了科瑟根提出的教师学习与发展受到环境、行为、能力、信念、专业认同、使命六个方面的影响。[2]李志厚认为教师学习过程是一个建构的过程,学会教学、学会反思、学会研究、学会为师是教师学习的基本追求。[3]桑国元梳理了国内外教师学习研究发展变化的基本特征和趋势。[4]通过对教师学习理论的分析,综合借鉴多种学习理论,为构建名师成长模型奠定基础。核心要推进解决的是不同发展阶段的名师以何种方式来进行学习,从而更好促进名师的再发展问题。

一 自我导向学习理论

教师学习作为成人学习的下位概念,是其组成部分之一。成人学习研究是教师学习研究的基础,教师学习研究更多关注基于教师职业的特殊性。诺尔斯概括了成人学习的主要特征:(1)成人具有独立自主的自我概念;(2)成人拥有丰富多样且人格化了的经验;(3)成人的学习意向与其承担的社会角色及其发展任务紧密相关;(4)成人的学习活动主要以解决实际问题为中心,而不是以传

---

[1] SHULMAN L S, SHULMAN J H. How and what teachers learn: A shifting perspective[J]. Journal of curriculum studies, 2004, 36(2):259.
[2] 吕立杰.教师学习理论对教师教育课程的启示[J].教育发展研究,2010(22):60-61.
[3] 李志厚.论教师学习的基本追求[J].华南师范大学学报(社会科学版),2006(4):99.
[4] 桑国元.教师作为学习者:教师学习研究的进展与趋势[J].首都师范大学学报(社会科学版),2017(1):142.

统的学科学习为中心;(5)成人学习主要受内在动机(使自己与"发展着的社会""变化着的任务"保持平衡)驱动。①在此基础上,塔富探索性提出了自我导向学习这一概念。随后,诺尔斯对自我导向学习进一步研究,认为自我导向学习是一个过程,在这一过程中,个体主动地诊断他们的学习需要,明确地表述学习目标,鉴别并确定学习所需要的人力、物力资源,选择并实施适当的学习策略以及学习评价结果,期间不需要其他人的帮助。②同时,他提出了自我导向学习的三个理由:第一,学习时主动的人比被动的人效果更好;第二,自导式学习更符合我们心理发展的自然处理过程;第三,教育中的新进展促使学习者形成学习的主动性。③这启示教师培训项目设计要关注学习者的需求、关注基于任务的自我导向学习,以满足需要的任务驱动,不断促使学习者在个体互动、自我定义和驱动导向中实现生长。同时,一些课程的安排不在于是否好,学习者是否想要,而应当是匹配学习者的任务完成过程。

二 分布式认知理论

20世纪80年代,加利福尼亚大学的赫钦斯等人明确地提出了分布式认知的概念,并认为它是重新思考所有领域的认知现象的一种新的基本范式。分布式认知是从功能系统的组织出发来研究认知的问题,把认知过程看作是信息的传播和转化过程,也就是认知是表征现象通过不同媒介的传播过程。④分布式认知认为要在由个体与其他个体、人工产品所构成的功能系统层面来解释认知现象。⑤

罗格将分布式认知的内涵表述为:认知是内外表征在人、人工物及媒介等之间,分布并交互作用的过程,该过程中的活动超越了个体,包括行为(语言和

---

① 转引自张华,王亚军,张姝.现代教师教与学[M].北京:科学出版社,2017:136-137.
② KNOWLES M S.Self-directed learning.A guide for learners and teachers[M].Chicago:Association Press Follett Publishing Company,1975:18.
③ 转引自刘名卓,祝智庭.自导式网络课程的设计与开发[J].开放教育研究,2009(4):48.
④ 祝敏君.基于分布式认知理论的数学深度学习研究:以普通高中数学为例[D].福州:福建师范大学,2023:41.
⑤ 任剑锋,李克东.分布式认知理论及其在CSCL系统设计中的应用[J].电化教育研究,2004(8):3.

非语言)、组织(合作机制和交流形式)、表征与媒介、知识代理和知识获取与共享的方式等。[1]赫钦斯提出认知活动总是在特定的文化历史背景下发生和分布的,他人、技术人工物、外在表征和环境是共同构成认知实现必不可少的部分。[2]认知活动是通过将个体内部和外部表征媒介相互协调的功能系统的运作来进行的,交流是分布式认知的必备条件。[3]分布式认知认为,个人的心智内外世界都分布着知识表征;分布式认知研究的认知过程就是知识表征在各种内部和外部要素中的传播过程,认知活动发生时,表征在个体、技术人工物之间传播,与此同时个体内部和各种外部要素的结构也发生了变化。[4]也就是说,认知不仅存在于头脑内部,还存在于个体之间和媒介、环境、文化之中。社会环境和文化对个体认知有着重要的影响,在设计并实施相关学习活动过程中,要关注个体内外部因素的影响。

三 转化学习理论

转化学习理论又称质变学习理论或转换学习理论。麦基罗认为转化学习是使用先前的解释分析一个新的或者修订某一经验意义的解释并作为未来行动向导的过程。[5]转化学习的发生分为10个阶段:(1)因自身认识不足而陷入困境;(2)因所处困境而带来恐惧、羞耻感等自我体验;(3)对自身开始批判性分析;(4)认识到自身不足之处并开始寻求向新角色的转变方法;(5)为实现新角色转变提供选择方案;(6)为新角色转变制定行动计划;(7)获取新角色所需的知识与技能;(8)开始尝试着进入新角色;(9)在新角色中尝试着建立自信;(10)

---

[1] ROGERS Y.Distributed cognition and communication[J].Encyclopedia of language and linguistics,2006(6):731-733.
[2] HUTCHINS E.Roots of Human Sociality:Culture,Cognition and Interaction[M].Oxford: Berg Publishers,2006:375-398.
[3] HUTCHINS E. The Cultural Ecosystem of Human Cognition[J]. Philosophical Psychology, 2014,27(1):34-49.
[4] 祝敏君.基于分布式认知理论的数学深度学习研究:以普通高中数学为例[D].福州:福建师范大学,2023:40-44.
[5] 转引自叶贝,黄雁."双减"背景下校外培训机构教师的质变学习[J].高等继续教育学报,2022,35(4):47.

以新角色的身份重新融入生活。[1]质变学习是建立在信任基础上的一种相互依赖的关系。[2]质变学习理论由经验、质疑与批判性反思三个维度构成,且相互关联,高度契合成人教育学习的特点,[3]其过程也比较重视情绪、文化、情境的作用。经验是成人转化学习发生的前提条件之一,批判性反思是成人转化学习的决定性因素和必要条件,理性的对话是转化学习的催化剂。成人在与相同情境下、有着相似经验的学习者进行对话和交流时,能够促进彼此乃至整个学习群体对问题的深刻理解和判断,加深学习者的批判性反思,推动对已有经验的重新审视,使学习者对新观点或认知的理解得以拓展和提升,达到既定学习目标。[4]

四 经验学习理论

经验学习理论认为学习即知识、技能的获得,学习的过程亦即获得知识技能的过程,而这个过程必须由学习者亲自参与。杜威为经验学习理论奠定了基石。杜威认为经验包含着行动或尝试和所经受的结果之间的联结。我们对事物有所作为,然后它回过来对我们有所影响,这就是一种特殊的结合。[5]杜威基于学习者经验的获得与增长,提出了"怀疑—推测—调查—假设—检验"五步骤学习法。大卫·库伯在前人的研究基础上,完整地提出了经验学习理论,他认为学习是通过经验的转换而创造知识的过程,知识是一个不断变化的过程,它不断被创造和重构。[6]因此,经验学习理论中的学习过程设计与实施,需要秉持如下基本观点:经验学习强调过程而不是结果;经验学习要重视先前经验的基础作用;经验学习是在辩证对立中解决冲突;经验学习是适应世界的完整的过程;经验

---

[1] 转引自陈春华."转化学习理论"视角下教师学习的困境与策略[J].中国成人教育,2016(5):19.
[2] 梅里安 雪伦 B.成人学习理论的新进展[M].黄健等,译.北京:中国人民大学出版社,2006:28.
[3] 王清华.质变学习理论及其对我国成人教育的启示[J].中国成人教育,2018(20):24.
[4] 殷蕾.转化学习理论视角下教师培训的困境与出路[J].中国教育学刊,2018(10):88.
[5] 杜威.民主主义与教育[M].王承绪,译.北京:人民教育出版社,1990:148-161.
[6] KOLB D A.Experiential Learning:Experience as the Source of Learning and Development[M].Englewood Cliffs:Prentice Hall,1984:38.

学习是个体与环境相互作用的过程;经验学习是一个知识生成的过程。①

五 学习型组织理论

彼得·圣吉认为,系统思考、自我超越、心智模式、共同愿景、团队学习是学习型组织的五项修炼。具体地,系统思考是一个概念框架,它的功能是让各类系统模式全部清晰可见;自我超越是不断澄清和加深我们的个人愿景的修炼,是持续集中我们的能力、增加我们的毅力,并客观地观察现实的修炼;心智模式是学习如何把我们内心的、有关世界的图像披露出来,让它们"浮出水面",并严格仔细地加以审查;共同愿景是组织用共同的身份和命运归属感把人们成功地凝聚在一起;团队学习不仅能做出非同寻常的成绩,而且每个成员都能比在其他情况下更迅速地成长。②这对于培训项目设计与实施的启示:要推进基于对话、协作的项目设计,同伴效应和任务协同完成,实现学习能量的内部转化。

---

① 张玉.库伯经验学习理论视角下的教师学习研究[D].太原:山西大学,2016:7-8.
② 圣吉.第五项修炼:学习型组织的艺术和实践[M].张成林,译.北京:中信出版社,2009:5-10.

第二节 卓越教师培育的实践立场

从理论出发,探讨的是一个项目从设计到实施背后的学理逻辑,影响的是教师培训者的实践性智慧。对于具体的项目设计与实施来说,教师培训者的实践立场直接影响着项目设计与实施本身。教师培训者需要有宏观的设计视野、中观的设计视界,也要有微观的设计视窗。同时,教师培训者不仅要成为有培训管理艺术的管理者和有培训学习智慧的学习者,更要成为有教师学习研究的研究者。

一、坚持学员立场,不断为教师成长自觉化赋"能"

教师培训工作的开展,要关注教师的发展需求。在如何关注教师需求方面,一些培训项目采取了需求调研、个别访谈等方式,这虽然在一定程度上反映了学员的成长需要,但往往是片面的、形式化的。坚持学员立场,就是要建立在对学员的充分认识与理解的基础上,在需求调研的基础上,对学员的作品进行分析、对学员的成长路径进行分析,为学员建立成长档案,系统了解学员的素养水平。事实上,很多学员在自身专业认知上存在差异,如对理论与实践的认知存在悖论,对个体成长的功利化需求与职业岗位的实践性需求存在矛盾等。坚持学员立场,应当是坚持学员是作为学习者的立场,学习者立场的教师培训工作目标,不应当局限在技术主义、知识主义,而应当聚焦在如何实现学员的内生式成长,即让学员成为自我教育者、自主学习者、自觉更新者。基于这样的认识,坚持学员立场:一是要以学习者为中心,聚焦学习者关键学习行为发生的培训实践活动;二是要以实践性素养为中心,聚焦学员在实践中开展自主学习、自主探究、自主迭代的行动范式;三是要以长期主义为中心,聚焦学员开展持续学习的意识和提高自觉化学习水平,就必然要助力学员形成自主性的结构化认知与实践体系;四是要以成果输出为中心,聚焦学员在学习实践中的直接产出,这样的产出应当是基于具体岗位实践的提取与凝练。

二 坚持专业立场,不断把课程设计系统性抬"高"

教师培训工作是一项专业化的工作,要坚守教师培训工作的专业立场。作为教师培训管理者,专业的教师培训需要有专业的项目设计,专业的项目设计来自对成人学习的研究,特别是对教师学习规律和逻辑的研究。对于教师培训工作专业化的探索,最为紧要的是培训者的专业发展问题、教师培训课程设计的系统性问题和教师培训实施的科学性问题。其中,课程设计的系统性最为关键。为此,要不断抬"高"课程设计的系统性。一是抬"高"不同培训项目的课程系统性主张,逐步清晰不同教师培训项目的发展取向;二是抬"高"同一课程内容设计的系统化系列,使教师培训课程从碎片化走向整体性,如可以尝试推进区域教师培训精品课程建设培育项目;三是抬"高"整体教师培训课程的系统性框架,围绕教师专业素养,站在未来发展需要的高度,探索多样化、多类型、多层级、多领域的教师培训课程系统。

三 坚持技术立场,不断借教师培训信息化增"值"

泰德·赛泽说过,教育界之所以难有重大改变,是因为一个重大变化往往要求周遭的一切跟着变化。当前人工智能、物联网等几乎改变了人类社会生活的一切领域,但对教育的改变还微乎其微。当然,这来源于学校教育的发展惯性,致使在这个快速变化的时代,学校教育面临着变化的微妙性和不易觉察性。但我们更需警惕的是自我观念的封闭与保守。约翰·肯尼迪曾说过,变化是生命的法则,那些沉湎于过去或停留于当下的人,必将错过未来。从未来发展的角度来看,要实现精准培训,实现赋能增效,就必然要大力转变教师培训工作的观念,要摒弃不加思考就按照以前的老方法来促进一件事的惯性思维方式,要有"把现在当成未来的某个过去时代来看待"的思维,重视信息技术在教师培训工作中的运用,让教育信息化为教师培训、教师学习赋能增值。具体来说:一是着力加快推进教师培训信息化平台建设,让信息多跑路,让教师少跑腿,提高教师培训工作的效率;二是着力加快推进教师学习的信息化,推动构建教师学习资源信息化平台,让"人人有学习、时时可学习、处处能学习"成为可能;三是着力加快不同区域、不同学校教师学习的互联互通,让优质的名优学校的发展资源和名优教师的成长资源实现共享共通共融,从而充分发挥区域教师专业发展示范性学校建设的实践价值与辐射作用。

四 坚持实践立场，不断使培训实施创新性搞"活"

知名创新实践研究专家王可越老师曾提出，在不确定的时代，创新不是选修课，而是自我救赎的必修课。创新是当下及未来社会发展优势保持的核心张力。应当深刻意识到，这是一个不创新发展、不迭代发展，就是退步、就是落后的时代。不创新，无未来。创新时代对学校教育的强大冲击，也就必然要求教师培训工作要紧跟时代步伐，不断搞活教师培训工作。当然，也应当明确，创新是为了实践，还是实践为了创新，应当坚持教师培训工作创新的实践立场。一是培训项目的创新，紧贴时代前沿，抓住当前教育的热点、弱点、节点来开展有针对性的培训项目。二是培训模式的创新，深入研究教师学习的规律与特点，不断探索适合教师高质量学习的培训模式，不断探索构建基于沉浸式学习、操作式学习、研究性学习、体验式学习、项目式学习等的培训模式。三是培训评价的创新，在培训成效评价上要辩证地认识与理解"破五唯"的政治意义和实践转化，应探索更多基于培训的实践改进评价方式、方法与标准。四是培训思维的创新，要着力以创新思维破解经费使用、课程设计、工学矛盾突出等新问题，保质保量完成教师培训工作，并创生新的典型经验。

同时，我们也应当进一步思考如何践行"赋能增效"的理念，探索如何实现机制赋能、设计赋能、创新赋能及迭代赋能，不断践行与时俱进的教师培育培养工作。

第三节 卓越教师培育的目标任务

前面已经梳理了卓越教师的区域性认识,并根据区域教育发展需要,对卓越教师的能力水平及相关素养要求进行了描绘。那具体项目的推进,就需要进一步明确培育对象原有的基础、项目总体目标及细化目标,并能够转化为具体化的、可测量的、可评价的目标,才能够确保项目是能够精准实施的。

一 培育对象的成长基础

培育对象是从厦门市中小学幼儿园的专家型教师、省学科带头人、特级教师等一线教师中选拔的,有以下要求:

(一)热爱教育事业,认真贯彻执行党的教育方针,认真履行教师职责,依法从教,教书育人,为人师表,具有良好的思想品德、学术诚信和崇高的职业道德。

(二)具有先进的教育思想、较高的教育理论素养、有鲜明的教学风格,教学水平高,教学成绩好,教育教学关键作用凸显,深受广大师生好评,在本学科领域和同行中享有较高的声誉。

(三)具有较强的教育科研能力,积极参加教育教学改革与创新,教科研成果显著。近5年,主持完成1项市级及以上教育教学科研课题;在CN刊物发表3篇及以上或在核心刊物上发表1篇具有较高水平的教育教学论文;在市级及以上开设过较高水平的公开课或专题讲座2次以上。

(四)具有本科及以上学历和中小学高级教师职称的专任教师,年龄原则上在50周岁以下,身体健康。特别优秀者可以适当放宽年限。

二 培育对象的总体成长目标

经过培育,打造一支具有教育情怀、高尚师德,富有创新精神,具有鲜明教育教学思想和教学风格,在全市教育教学和教育科研上发挥领军作用,在全省乃至全国有影响力的卓越教师队伍。

三 培育对象的具体成长目标

培育对象的具体成长目标可概括为"博""精""远""卓"。

（一）"博方向"。使卓越教师具有个人特色的教研和科研学术方向。

（二）"精主张"。使卓越教师具有个人特色的教育理念和学术主张。

（三）"远影响"。使卓越教师在全国本学科领域内产生一定的影响力。

（四）"卓引领"。使卓越教师有能力，能够引领本学科进行发展。

四 培育对象的物化成果目标

（一）一个名师工作室。培育期间，建设市级及以上名师工作室，在教学、教科研领域能发挥引领辐射示范作用，承担培养3名及以上青年教师的培养任务，在区级以上优质课、青年教师基本功竞赛、课堂教学创新大赛、教师教学技能大赛等活动中获奖。

（二）一篇高质量论文。培育期间，每年至少要在CN刊物发表1篇教育教学论文，其中至少有1篇发表在核心刊物上。

（三）一项高水平研究。培育期间主持完成省级及以上教育教学科研课题1项；或作为核心成员完成国家级课题研究1项；或研究成果获得省级教学成果奖二等奖及以上。

（四）一本个人学术专著。具有鲜明的、现代化的先进教育思想或教学主张，培养期间出版一本20万字以上能体现自己教育思想或教学主张的个人专著。

（五）一群成长资源体。给每位学员配备理论导师和实践导师，充分调动学员所在单位的资源，为学员提供不少于2次参与省内外高端教育教学研讨会的机会，从而促进学员高质量专业发展。

（六）一个教育教学主张。每位学员在导师指导下提炼一个自己的教育教学主张，围绕教育教学主张进行理论阐释和实践范式建构。

（七）一批示范辐射引领。培育期间，每年在市级及以上开设教学示范课、观摩研讨课或学科讲座1次以上，其中至少1次在省级开设；或在国家级基础教育论坛或教育教学研讨会上进行主旨或专题发言1次。

（八）一个教师培训课程。每位学员都具有丰富的成长经验和教育教学实践性知识,他们的成长历程及在实践中发现的教育教学常识具有极大的价值。因此,积极支持学员开发教师培训课程,使之成为其他教师专业成长的高端资源。每位学员需要完成不少于18学时的基于一个主题的理论与实践相结合的教师培训课程。

(九)一场个人专场活动。每位学员需要在市级及以上平台上,完成一场个人教育教学主张汇报的专场活动,围绕个人教育教学主张开设一节公开课、一个专题讲座、呈现一个带教团队的互动对话。

第四节 卓越教师培育的课程样态

方向和目标明确了后,就需要明确怎样去实现,做什么事情以及怎么做事情成为必然的主题。卓越教师培育项目是一个为期三年的项目,其间要进行不同类型的研修活动,完成各种研修任务,具体如何开展,如何推进,用什么样的课程来推进学习的完成,是项目设计的重中之重。

集中研修的课程以产出导向为理念,坚持任务驱动法,综合运用"听""说""读""写""会"五种途径,通过多种授课方法,逐步定位学员研究方向,规范研究路径,培养研究的通用素养,把握教育前沿理念。形成讨论集、辩论集、案例集、读书反思集等系列成果,为学员完成个人教学主张丛书提供递进式支持,使学员构建和完善个人特色研究方向,扩大影响力,引领相关学科建设走近前沿。在这一基础上,设置了集中研修的课程。

一 教育前沿理论课程模块

随着教育的发展,不断涌现出各种各样的前沿教育理论,这些理论对诠释和解决新的教育复杂性有着重要作用。加强对前沿理论学习,能够不断更新认知,并紧跟时代的教育变革。这些前沿理论,如跨学科学习、深度学习、项目式学习、单元整体教学、核心素养等,也是当前新一轮课程改革的主要理论主张。为此,需要通过专题讲座、读书交流、主题分享等方式来促进学员对前沿理论的学习与关注,并不断内化为自身的理论素养。同时,通过理论学习,可以为学员提炼教育教学主张提供理论基础。

二 教育研究素养课程模块

虽然多数卓越教师培育对象有过教育研究相关内容的学习,也完成过一些课题研究及发表过一些研究论文。但总体上,存在掌握得不够系统、成果质量不够高、专业研究素养不足等问题。为此,重视通过以案例式研修、对话式研修、沉浸式研修等方式,在完成驱动性任务的过程中,进一步提升学员的研究素养,这包括研究方法和研究工具的运用、高水平研究成果的认识与形成、高质量课题研究的推进与完成等方面。

三 引领团队建设课程模块

卓越教师作为区域学科建设的领军人物,不仅在学科建设上要有自己独到的认识和理解,更要能够引领其他教师进行学科建设及专业发展,这必然需要其具备团队建设素养。具体的驱动性任务为能够组建一个市级名师工作室。如何组建名师工作室,并带领团队获得良好发展,需要具备一些专门的素养。这还包括如何带教培养青年教师,如何开发教师培训课程等,即团队建设本身需要有专业的设计、专业的研修范式,需要有对教师专业发展规律及方法的认识与理解。

四 教学主张构建课程模块

卓越教师培育对象凝练形成教育教学主张是培育的核心任务。教学主张的凝练不是一朝一夕完成的,也不是凭空产生的,而是根植于培育对象一直以来的教育教学实践经验,是根植于对教育基本理论的认知与内化,是根植于对学科当下及未来发展的判断与选择。教育教学主张的提出是一个复杂的、不确定性的实践过程。由此,需要提供教育教学主张的内涵理解、理论基础、整体架构、实践转化、成果表征等方面的课程内容,从而实现对培育对象主张提出的递进式支持。

五 教学转化实践课程模块

任何的培育培养最终目标都是要回到实践当中,实践是检验培育培养质量的根本标准。一重转化是教育教学碎片化经验的系统性理论性转化,二重转化是教育前沿理论的教育教学活动的实践性转化,三重转化是教育教学主张与实践活动的互证式转化,四重转化是不同培育对象之间的教育教学主张及实践活动的互补式转化。转化实践不能是由教师独立完成或返回实践场域的转化,而应当成为集中研修活动的重要组成部分,是培育对象与专家课程实施的组成部分,这样才能保障转化实践的质量。

六 成果培育推广课程模块

教学成果奖是教师教育教学实践性智慧的全面表达,是教育教学活动成效的重要检验方式。卓越教师培育对象作为区域教育教学的领军人物,教学成果奖的培育是必然的使命,也是最好的成果体现方式。这一课程模块主体包括教学成果的规划与设计、教学成果的凝练与表达、教学成果的运用与推广。这不仅包括教学业绩、学生发展水平,还包括高级别课题研究、高水平论文发表、高难度竞赛获奖等方面。由此,专门开设了系列课程来强化对教学成果奖培育的认识、理解与实践。

根据以上课程模块,按照三年的时间跨度进行了主题化、系统化、递进化、多元化的课程建构,形成了集中研修课程规划,如表2-1所示。同时,预期了各阶段的实现目标:第一阶段目标为定位个人研究方向,把握教育前沿理念,规范研究路径;第二阶段目标为掌握研究方法,了解研究工具,培养学术素养;第三阶段目标为基于个人教育教学主张,掌握课堂教学实践提升的前沿理论和方法;第四阶段目标为了解教育评价新趋势,明确个人教育教学主张,构建后期辐射拓展体系,凝练培育成果。

表2-1 集中研修课程规划

阶段	课程模块	主题
第一阶段	模块一:选题及教育前沿	(课前任务:个人研究现状与实践总结) 初评自画像 个人研究现状与实践总结 如何选择和定位研究方向:当前基础教育热点 文献查阅与综述阅读 个人教育教学主张初构 个人教育教学主张的核心内涵界定(上)(下) 个人教育教学主张的理论基础:人工智能与教育变革 个人教育教学主张的理论基础:核心知识与批判性思维

续表

阶段	课程模块	主题
第一阶段	模块二:研究规划及设计	理论基础综述及构建(上)(下) 教育教学主张研究方案设计与架构途径 个人教育教学主张的主要观点和内容 个人教育教学主张观点与内容框架(上)(下)
	模块三:团队建设	前沿教育理论发展演变历程 个人教育教学主张的演变历程 教育教学主张与教学成果奖培育案例 参访讲授:国家级教学成果奖的培育与典型案例 教育教学主张与团队引领 参访讲授:名师工作室、学习共同体的打造及运行 开题报告与研究规划撰写 基于个人教育教学主张的成果培育及引领规划 开题与规划报告(上)(下) 阶段性小结
第二阶段	模块一:教育研究方法与工具	(课前任务:阅读相关论文,撰写综述) 教育研究与教育测评方法概述 基于不同研究方向的方法选择 行动研究法理论及应用 基于个人教育教学主张的行动研究方案 观察、调查与个案研究法概述及应用 基于个人教育教学主张的观察、调查与个案研究方案 教育统计与数据处理(上)(下)
	模块二:学术素养	教育综述与研究报告撰写规范 教育教学研究综述 学术伦理在教育教学研究中的主要问题 教育教学研究中的伦理两难困境 教育教学研究中的学术礼仪 学术报告逻辑与讲演 教育教学主张综述片段分享(上)(下) 学术大会及论坛的准备、组织与实施 主题式学术论坛分组筹备 围绕个人教育教学主张分组设置主题式学术论坛(上)(下) 个人教育教学主张书稿初构 个人成果阶段性汇报 阶段性成长评价

续表

阶段	课程模块	主题
第三阶段（一）	模块一：课堂实践提升的前沿理论及案例	（课前任务：个人教育教学主张书稿框架） 教学实践理论之高阶思维：理论、进展与应用 高阶思维的学科普适性 参访讲授：高阶思维的教学实践应用 高阶思维与个人教育教学主张 教学实践理论之深度学习：理论、进展与实施路径 深度学习的实践困境与应对 参访讲授：深度学习的教学实践应用 深度学习与个人教育教学主张 教学实践理论之核心素养：理论、进展与应用 各学科核心素养在实践中的困境 参访讲授：核心素养的教学实践应用
	模块二：课堂教学实践切磋	核心素养与个人教育教学主张 个人教育教学主张的案例支撑与反思 基于个人教育教学主张的同课异构(1)(2)(3)(4) 实践切磋总结：教育教学主张的教材理解和教学策略 实践切磋反思：个人教育教学主张的案例合理性 个人教育教学主张的案例分享（上）（下） 书稿与个人成长阶段性汇报（上）（下）
第三阶段（二）	模块一：课堂实践提升的前沿理论及案例	（课前任务：学习任务群、单元整体教学、STEM教学案例） 教学实践理论之学习任务群：理论、进展与案例 学习任务群应用于不同学科的差异 参访讲授：学习任务群的教学实践应用 学习任务群与个人教育教学主张 教学实践理论之单元整体教学：理论、进展与实施路径 单元整体教学在不同学科中的实践 参访讲授：单元整体教学的实践应用 单元整体教学与个人教育教学主张 教学实践理论之STEM：理论、进展与应用 STEM理念在各学科实践中的问题 参访讲授：STEM理念的教学实践应用 STEM理念与个人教育教学主张 教学实践理论之有效学习：理论、进展与经典案例 各学科实施有效学习的实际情况 参访讲授：有效学习的教学实践应用 有效学习与个人教育教学主张

续表

阶段	课程模块	主题
第三阶段（二）	模块二：课堂教学实践切磋	本期教学相关前沿理论实践总结与反思(上)(下) 围绕本期主题，基于个人教育教学主张的异课同构(1)(2)(3)(4) 实践切磋总结与反思(上)(下) 个人教育教学主张书稿具象与扩展(上)(下) 个人研究成果阶段性汇报 阶段性成长评价
第四阶段（一）	模块一：教育评价新趋势	(课前任务：个人教育教学主张书稿，团队建设规划) 教育评价研究前沿(一)：理论、类型、指标 教育评价研究前沿(二)：成长(增值)评估 教育评价改革对不同学科的影响 教育评价改革的实践困境与应对 个人教育教学主张中的教育评价反思 个人教育教学主张中的教育评价分享 "双新改革"专题(一)：政策背景、体系构建 "双新改革"专题(二)：课堂教学实践改革 本学科"双新改革"后的变化 本学科新课程实践心得与困惑 参访讲授："双新改革"背景下的课题变革 基于个人教育教学主张的"双新改革"参访反思 个人教育教学主张支持"双新改革"的举措(上)(下)
	模块二：团队引领及教师培训	团队引领(一)：校本规划与校本课程(个人教育教学主张助力校本规划与校本课程) 团队引领(二)：城市文化与教育文化(基于个人教学主张，引领本学科构建具有城市特色的基础教育) 团队引领(三)：教师培训课程的开发与培育(教师培育课程思考与构建) 团队引领方案及成效汇报(上)(下) 个人教育教学主张阶段性汇报(上)(下)

续表

阶段	课程模块	主题
第四阶段（二）	模块一：培养成果凝练	(课前任务：个人教育教学主张成书，成果资源包) 个人教育教学主张书稿成果展示(上)(下) 基于个人教育教学主张的课件及案例集整合(上)(下) 基于个人教育教学主张的教师培训课程方案(上)(下) 三年培育讨论集、辩论集、即兴演讲集回顾与整合(上)(下) 名师工作室成果汇报 名师工作室规划方案(标识、理念、主张、范式、执行细则)
	模块二：成果辐射与拓展	个人研究成果辐射及应用路径(上)(下) 成果辐射及团队可持续发展规划汇报(上)(下) 结题报告与研究论文撰写 培育成果展示与结题答辩(上)(下) 厦门市首批中小学卓越教师三年培育项目成果汇报会

第五节 卓越教师培育的研训方式

对卓越教师项目采用的是"培育",而不是"培养",我们的理解是卓越教师不能培养出来的,更强调的是教师要自我成长,自主追寻专业发展的最大可能。为此,重在搭建平台,以最大公约数的硬性指标来驱动培育对象的专业成长。同时,从全过程培训的视角来看,集中培训只是节点活动,基于任务的完成与成长才是串起全部过程的线。教师是在过程中的成长,不是集中培训的成长,也不是自然而然的成长。如何将教师日常的工作生活与集中学习培训及具体任务完成相结合,这就要依托精心设计并实施的研训方式了。

一、诊断式研训

"诊断"一词原是医学领域的专用词,是指从医学角度对人们的精神和体质状态作出的判断,是治疗、预后、预防的前提。一般来说,诊断是围绕诊断的事项进行资料收集、资料评价、分析推理判断、实践验证等。卓越教师培育对象是从厦门市已经确认的专家型教师中遴选出来的优秀代表,各自都具有丰富的实践经验和一定的理论素养,是在某一个或多个教育教学领域具有一定独特专长的教师,但彼此在各方面都有着明显差异。如何从各自已有基础出发,为他们提供个性化的支持方案,成为培育方案设计的基础。同时,在培育过程中,为充分达成既定的培育目标,并发扬个人所长,需要进行阶段性的发展及任务完成情况的诊断。

为此,主要开展了如下工作:其一,个人成长自述,培育启动之初,就让学员进行成长自述,通过自我回顾、自我反思的方式,了解学员的成长基础;其二,阶段成长总结,每个年度在本地开展一次阶段成长总结活动,通过设计量表,围绕培育任务进行评价,通过自主评价、同伴评价及专家评价等方式,实现以诊断促规划、以诊断促成长;其三,专项诊断支持,学员的核心任务主要有教学成果奖申报、省级及以上课题申报、核心期刊论文撰写、市级及以上名师工作室申报、教学主张凝练提出及个人专著撰写等，分阶段分小组对不同的专项进行专家诊断，对学员所完成的相关任务进行诊断式指导，从而提升相关任务的完成质量。诊断式研训以高校高水平专家为依托，持续贯穿在整个研训过程中，超越一般意义的集中授课，从而助力高质量地培育产出。

二 协作式研训

一个人可以走得更快，但一个团队可以走得更远。从学习的角度来说，个体的学习体验是至关重要的，学习往往也是个人的。但我们都知道，学习环境是人实现有效学习的重要因素。学习环境其中一个要素就是学习群体的协同关系。《礼记·学记》中有云，比年入学，中年考校。一年视离经辨志，三年视敬业乐群，五年视博习亲师，七年视论学取友，谓之小成。协作学习能力历来是教育评价的重要部分，也可以理解为，历来重视在同伴协作中开展学习活动。在今天这个快速迭代的时代中，唯有团队协同发展才能更快更远。信息或资讯的集成、经验立场的交互、思想观念的共识、实践验证的共振，都证明了团队效应。不可否认，教师的专业成长最终都是每个人自己的，但学习成长的过程不是单向的，而是需要通过协同共享的方式来实现同频共振地成长。在卓越教师项目实施过程中，不仅有班级内部的协同、不同班级之间的协同、专家与学员的协同，更有教育行政部门、教育业务部门、高校承办方、学员等不同主体的多方协同，还可能有来自线上线下无数潜在朋友的协同，只有让学员浸润在一个全息全景的学习环境中，才能真正成为高质量的成长资源。

由此，为了实现协作式研训，主要进行了如下协作。其一，任务协作。有共同愿景，方能实现团队协同。但卓越教师培训项目的共同愿景是努力实现个体最大生长可能下的相同任务各自达成，是彼此相同的任务，没有共同的具象化愿景。因此，卓越教师培训项目需要通过设置一系列的任务来驱动成长，彼此有一个参照系，又能够相互启发，相互引领。如拍摄基于个人教学主张的专业成长故事，在共性要求下，协同设计共同的范本和基本标准，从而保障群体视频质量。又如每个培育对象组建名师工作室，是共同任务，但需要彼此协同，彼此配合，在相互取经中实现从组建到实施的成就体验。其二，主体协作。在培训项目中，每个培育对象都需要承担多种不同的角色，构建多重多边关系，在复杂的关系协同中,实现多主体的交互,从而确保整体发展。如构建打破学段学科的行政小组、基于研究倾向的导师小组、基于生活倾向的生活小组、基于高校导师与实践导师的双边学习小组、基于首席专家与助理及班主任等不同交往关系的临时小组等。多主体协同,演绎出多边关系,从而实现学员在多重锤炼中发展。其三,生长协作,边界协作。协作的目的是尽可能拓展人的生长边界,促使将原有的单一线性设计,转化为纵横协同的设计,从而极大丰富生长资源,在协作中拓展生长边界,这虽不是项目设计的核心要求,但这是项目实施可以探索的可能。

三 输出式研训

在这样一个数智化时代中,海量的资讯充斥着人全部的生活,人每天都在遭受着海量资讯的冲击。碎片化的资讯摄入和信息茧房的资讯偏差,造成了人的资讯结构性缺失和浅表化的信息记忆及臃肿化的信息堆砌,真实有效的学习并没有真正地发生,往往还造成了越努力越无效的现象。我们应当清晰地意识到,生成式人工智能时代的到来,不是意味着知识不重要,而是要追问知识是以何种结构化方式存在的,知识何以作用在人的认知思维和实践思维中。一直以来,在教师培训中,好的课程、好的授课专家被认为是第一位的,但最前沿的理论认为教师既是课程的消费者,更是课程的生产者。教师本身就是课程,其关键就是重视教师的自有经验和实践性智慧,以适合教师的方式来设计学习活动。我们认为全景全息地设计教师学习路径,围绕教师学习行为的发生是第一位的。由此,必然是以学习发生的关键行为事件来形成培训课程,让教师在操作、体验、输出、对话、研究、研讨、辩论、指导等关键学习行为方面快速成长。输出是一种典型的有效的教师学习方式,高频度快节奏的输出能够促进教师快速高效地学习。教师要实现有质量的输出,就必然需要更高质量、更主动性、更自觉性的广泛输入,从而让成长在自然而然中实现。

为了充分进行多样化的输出式研训,设计并开展了一系列相关活动。其一,同主题分享活动。在每次集中授课开始前,由一位学员对专家授课主题进行二十分钟左右的主题分享。通过这种方式,不仅能够锻炼学员的表达水平,还能够加强对专家授课主题的认知与理解,发现自身的盲点,从而提高学习效率。其二，主题论坛活动。开展论坛活动是一种高频率高层次的输出式学习活动，学员只有围绕主题进行专题学习和研究，才能确保论坛质量，由此，通过这种方式倒逼学员更加专注地学习。同时，通过多类型主体之间的对话论坛活动，增加体验感，也在论坛的不同角色中实现不同方式和不同内容的输出。其三，主题授课活动。验证是否学会，或者说学习的成效，最好的方式就是让学习者去传授给其他人。为此，设计并实施了学员对本科生、研究生专题授课的活动，在校本科生和研究生与基础教育学员及在岗教师的培训有着巨大差异，在既定的课程范围内进行主题授课，对学员就是一种学习成效的检验。其四，个人专场活动。每个学员在培育过程中，需要形成自己的教育教学主张，既是对个人以往实践经验的提炼，也是对理论的实践转化。所提出的教育教学主张是否具有实践性和思想性，就需要在实践中检验并传播。为此，设计了卓越教师培育对象教育教学主张的专场汇报活动，围绕教育教学主张开设一节展示课、一个专题分享及一场沙龙对话为核心的个人专场活动。这种综合性比较强的活动，是一种鲜明的输出活动，既能助力学员成长，也能助力学员的实践与理论的双向互动。当然，还有许许多多的输出式研训，将不同主体、不同对象广泛地联合起来，努力实现研训不是课程生产与课程消费的关系，而是在多重关系转换中，实现有效实践性生成的场域。

四 转化式研训

随着时代的变化，学校教育也在不断地变化，对教师的专业素养要求也一直在更新。教师研训就是为了让教师走向专业化的教育教学活动，通过不断地迭代更新，以适应新的教育教学要求。教师研训的本质目的是作用于实践，更新实践，也就是实践转化是检验教师研训成效的唯一标准。在整个项目执行过程中，要坚持学习成果的即时转化。当下，每个人都处于碎片化学习状态中，学习成效的差异往往在于个人是否有即时转化的能力，在于个人是否有充分的系统性的开放结构来实现学习转化。重点不仅在于教育教学实践场域的转化，更在于所学能够在学习方式中转化，即即时消化、内化。教师的学习经历很重要，这毋庸置疑。但只是关注了教师学习的过程，显然是不够的，任何学习成效，不是经历了就会结出果实，不是回到实践场域了就能实现有效转化。转化式研训，应当遵循的是即时成就体验原则，将学习成果渗透在学习过程中，让成果在多样实践经历中形成，逐步实现改变就在经历中，成果产生在过程中。

在项目推进过程中，一直在进行以下几种转化。其一，经验的结构化转化。卓越教师培育对象具有丰富的教育教学经验，这些经验多数表达为实践性智慧和散点化的理论认知，要思考如何通过研训活动设计，让学员将有效的实践性经验按照理论的结构化思维进行转化，以教育教学主张为核心载体，实现第一次的转化。其二，理论的融合化转化。学习理论，不是为了成为理论的传播者或运用者，而是为了让学员将已有的成熟理论与结构化的实践经验进行匹配性诠释，为结构化实践经验发现理论思维，从而助力学员形成自身的实践性思想。其三，认知的输出化转化。有独立的认知和理解，有相对结构化思维的理论，但如果不能准确地产品化输出，就没有事实上的认知转化。所以，理论语言表达的精确程度，反映了学员对自身所构建的理论的转化水平。这就决定了需要通过一系列的专题分享、论道活动等，不断实现从思想层面到语言诠释层面的转化。其四，理论的实践化转化。学员完成了自己的教育教学主张体系的构建，并能够准确诠释其内涵与外延，如果没有再进行实践转化，即所探索的理论认知不能有效地解决实践问题，或者说在具体的教育教学活动中表征出来，也不可能有实际的价值。开展个人教育教学主张专场活动，就是将理论与实践进行双向融通的活动。转化式研训的意义在于，不仅要设计并实施关键节点活动或关键行为，更是要关注不同节点活动或关键行为之间是如何进行有效转化的，探讨的是行动的逻辑。

五　创作式研训

《义务教育课程方案（2022年版）》提出"做中学，用中学，创中学"的理念，让人在创造、创新、创作中的成长逐步显性化表达。我们需要认识到的是，学习不是为了实践做准备，学习不是为了获取知识或技能或思维方法等，学习的过程就是创造、创新、创作的过程。人在创造、创新、创作过程中，实现学习的完成，也可以理解为是直接指向问题解决或项目设计或产品生产过程中所需要的知识、技能、思维与方法、情感与价值等的关联学习过程。教师学习的实践性特点，也决定了学习的核心不仅是完成知识的建构或技能的掌握，更是直接基于教育教学过程中所遇到问题的解决行为方式或行为路径的转变。当前在教师诸多研训中强调任务驱动,通过规定性的任务完成来实现研训过程,也可以理解为是一种实践性研训活动。只是并没有特别指出研训过程与研训任务的匹配性问题和创作性问题。

创作式研训根据产出的表现方式不同,有很多不同的实践方式。在卓越教师培育项目中,主要采取了如下方式。其一,个人著作的创作。在培育过程中,学员需要围绕各自的教育教学主张进行专题研究,并形成体现个人教育教学主张的专著。其二,教学成果奖的获得。教学成果奖需要经过长期的培育,更加需要基于有意识的整体规划与设计上才能获得。卓越教师培育项目把教学成果奖的培育作为核心课程内容,不是要求学员培育过程中获得教学成果奖,而是通过专题课程来认识,并开展有意识的教学成果奖培育规划,形成可获得教学成果奖的实践方案。其三,培训课程的创作。卓越教师不仅有丰富的实践经验,还具有一定的理论水平,他们既是课程的消费者,又是课程的生产者,要促进他们开发并践行教师培训课程,需要建立在创作的基础上。其四,演说视频的创作。把培育对象的基于教育教学主张形成的教师专业发展,通过视频的方式呈现,就是用演说的方式来实现对教育教学主张的创新性表达。当然,还有许多类型的创作方式,具体需要根据不同的项目类型和不同的对象进行个性化的、菜单式的实践。

六 融通式研训

美国著名的学习专家爱德加·戴尔提出的"学习金字塔"理论,研究采用不同的学习方式,学习者在两周以后还能记住内容(平均学习保持率)的多少。该理论指出,针对听讲、阅读、声音或图片学习、示范、小组讨论、实际演练、教别人等七种传统学习方式,学习效果在30%以下的都是个人学习或被动学习;而学习效果在50%以上的,都是团队学习、主动学习和参与式学习。这表明,任何一项学习活动,都不能采取单一的学习方法。人的学习活动,是一个复杂行为活动,是一系列相关的关键行为的行动逻辑。就"听、说、读、写、做"几个学习关键行为来说,有效的学习活动应是不同元素的组合,通过不同的组合来构建一个学习闭环,从而在不同的学习行为组合中,形成高效的学习方式方法。也就是说,研训活动的设计不应是单一的活动设计,而应当是融通式的多元活动设计。

多元融通式的研训设计与实施,应当关注以下几点:其一,基于诊断导向的融通,把在诊断中成长作为核心,设计相应的行为过程,最终在诊断中实现阶段性的成长。其二,基于协作导向的融通,即所有学习闭环以团队协作协同作为关键要点,促进教师学习成长的读、写、演、议、论等一系列学习行为都应是以团队协作协同为基础,让竞争与合作贯穿始终。其三,基于输出导向的融通,强调输出,如果把输出作为单一的学习路径,没有形成输入与输出相结合的多重循环,学习活动就成为无源之水,无根之木。根据输出的载体不同,也就有了不同的输入方式和不同的输入与输出的循环方式。其四,基于转化导向的融通,转化是行为表征,也是关联机制,更是实践方法,强调的是不同关键行为方式或不同行为闭环的逻辑演绎。其五,基于创作导向的融通。什么样的行为过程可以导向创作行为的产生?如何通过关键行为来推进创作,把创作作为过程,也作为结果,表达为学习活动的产品化结果?不是学习了来实践,而是在创作实践中实现对相关内容的学习。融通式研训,也可以理解为是混合式研训,即根据不同的学习内容、学习场景、学习对象等,设计相应的多元学习过程,而非单一的学习活动。

第六节 卓越教师培育的实施措施

歌德说过,理论是灰色的,而生命之树常青,灰色的理论常常孕育在新鲜的日常生活中。实践重于理论,行动高于设计。项目实施取得成效,除了要重视项目各要素的周密、深入的规划外,还要有具体行动的方案,具体采用的实践措施。

一 总体实施思路

根据总体目标要求、研训方式、研训内容等,结合已有的经验基础和实施条件,确立了如下项目实施思路。

(一)体系化培育

形成"需求分析—目标确定—方案设计—方案论证—组织实施—阶段调整—效果评估"的培育链路,提高培育专业化、精细化、科学化水平。

(二)高端化培育

重视搭建高端研修平台,采取组织培育对象到名校参访学习、参加国内高层次学术会议和高峰论坛、承担省级师训教学任务等形式,引领推动名师快速成长。

(三)主题化培育

集中研修主题鲜明、内容聚焦,以阶段性补充课程和节点性回看课程为核心主题,坚持问题导向和结果导向,采用任务驱动,提升培训的针对性和实效性。

(四)课题化培育

组织培育对象逐渐生成具有个人特色的研究方向,以项目立言,凝练个人教育教学主张,基于教育教学主张进行课题研究,在凝聚特色和教育教学思想的同时,实现教育教学主张的推广运用,提升培育对象理性思维、学术素养和科研水平,实现从知识传授型向研究型、从经验型向专家型的转变。

(五)个性化培育

项目基于"一人一案"进行个性化培育,"一人一案"重点体现在研究方向、主张、成果奖培育、专著撰写、团队建设、资源题开发的指导引领等方面的个性化。通过导师的个性指导,帮助培育对象明晰方向、形成特色以及辐射推广。

二 具体实施措施

厦门市卓越教师培育是一个三年周期的项目。从总体措施来看,主要采取委托国内部属高校或教科研机构培养和个人研修相结合的形式进行培育,以个人研修为主要方式,实行"双导师"培育机制,聘请国内外知名教育专家、学者担任培育对象的学术与实践导师。通过个人自学、高端访学、课题研究、讲学辐射、挂钩帮扶、发表论文、出版专著、提炼教育思想、推广教学主张等方式的培育措施。

(一)以自主研修贯穿全过程

结合原有教学特色和实践经验,确立个人研究方向,贯穿三年,进行相关课题研究。以卓越教师三年成长规划为核心,指导培育对象根据任务要求,自主安排三年的阶段发展计划。同时,对具体的细项自主研修,也提供一些助力。如自主阅读方面,由理论导师提供建议书单,指导培养对象查阅国内外学术期刊,提供相关学科的线上资源及平台,由培养对象自学,撰写研修笔记。培育对象积极开展自主学习,自主进行论文撰写、成果申报等。自主实践探索中,形成具有个人特色的教学理论和学术主张,发表相关论文和著作。自主开办巡回讲座,在国内本学科领域产生一定的影响力和知名度。

(二)以集中研训突破核心点

集中培训以混合研讨式工作坊形式进行。围绕精品课程、教育科研等专题,利用寒暑假及周末,每年集中培训4周,分2次进行。让培育对象走进高校(或导师走进学校),接受教育思想、教育观念、专业知识、教学技能等方面的学习,整体提升卓越教师培育对象的素质。

1.专题讲座

理论性较强的内容采用专题讲座方式,例如:科研选题及论证逻辑等由专家进行专题讲解,培育对象与专家互动交流,强化项目的系统设计思路。

2.案例解析

对于较为抽象或具有一定理解难度的知识、同时又是培育对象迫切需要的技术和能力,主要采用案例解析的方法进行讲解。例如:教育研究中的量化设计、教育研究中的质化设计、教育研究中的实验设计、教育文献的收集与分析等。运用案例解析的教学方式,要求案例具有典型性、新颖性、可操作性,以便加深培育对象的理解,利于训后迅速运用到课题设计论证中。

3.参与式研训

通过分组讨论、案例分析、访谈等方法,对科研项目选题、研究方法选择和使用等问题与专家及小组成员进行探讨交流,实质性参与研训活动,激发针对实际问题的思考。

4.任务驱动

为培育对象提供项目选题和体验式设计等问题情境,围绕特定问题的研究设计等任务展开学习,以任务的完成结果来检验和总结学习过程,使培育对象主动探究、实践、思考和解决问题。

5.问题研讨、交流互动

让培育对象通过对一些共同的问题或困惑以专题讨论、主题沙龙等形式进行充分讨论交流,提高培育对象对问题的解决能力,促进培育对象间的经验分享和相互学习,进一步强化培育对象的研究能力。

(三)以阶段诊断链接多节点

三年培育期间,专家团队每年到厦门进行本地指导,对培育对象进行专题诊断指导。一是进行三年发展整体规划指导,引导培育对象将培育任务进行三年的规划,由专家组进行诊断指导,引导形成合理的规划;二是进行节点诊断指导,每年定期进行一次诊断指导,把握发展节点,链接集中培训方案实施和个性化指导方案,建立培育对象成长档案;三是进行专题诊断指导,围绕论文撰写、课题申报、教学成果奖申报、书稿撰写、教学主张专场汇报活动等方面,组织专家不定期地根据学员需求进行诊断指导,提供个性化服务。表2-2是专家团队设计的科研发展规划表格,作为诊断指导的依据。

表 2-2　卓越教师培育对象科研发展规划

姓名		学历		单位	
		职称			
成果	目前发展情况			项目周期内(3年)发展目标	中长期发展规划
论文	（先总体说明数量级别等情况,再列5篇代表性论文）				
课题	（先总体说明数量级别等情况,再列5个代表性课题）				
教学成果奖	（先总体说明数量级别等情况,再呈现清单）				
获奖/荣誉	（先总体说明数量级别等情况,再呈现5个代表性获奖/荣誉）				
著作情况	（先总体说明数量级别等情况,再呈现清单）				
其他					
发展困惑和需要指导的问题					
对项目的期望和建议					

(四)以双导师制闭合个性化

结合培育对象的实际情况,根据人文、自然、艺体、语文、数学、外语学科背景将培育对象分为6个组,每个组配备理论导师和实践导师各1名,理论导师由西南大学教育学部知名教授担任,实践导师由重庆市内外国家级或省级名师、特级教师、教育部教学指导委员会专家担任,实现对培育对象的个性化指导,由理论导师所在的教育学部、实践导师所在的名校教研组共同体构成教师学习研修的资源场。各"学习共同体"围绕培育对象的学习任务,由导师跟踪教师学习任务完成情况,进行个性化跟踪指导。为培育对象安排导师进行一对一指导,每年指导12~16次。每位培育对象根据自身发展需要制订个性化专业发展规划,理论导师和实践导师共同帮助教师完成学习任务,尤其是帮助培育对象晋升高一级职称或者获得有关称号和荣誉。与此同时,以"名师面对面"的方式,与结对子的实践名师及团队进行教学实践的切磋。由双方拟定切磋形式,可采用公开课(如同课异构、异课同构等)、教学研讨、优课新课案例分析等方式,可线上或线下,可邀请全国各地学科内的教师进行观摩。培育对象结合已有的或自行联系的名师工作室或学习共同体,进行实践辐射,打造影响力。(如图2-1所示)

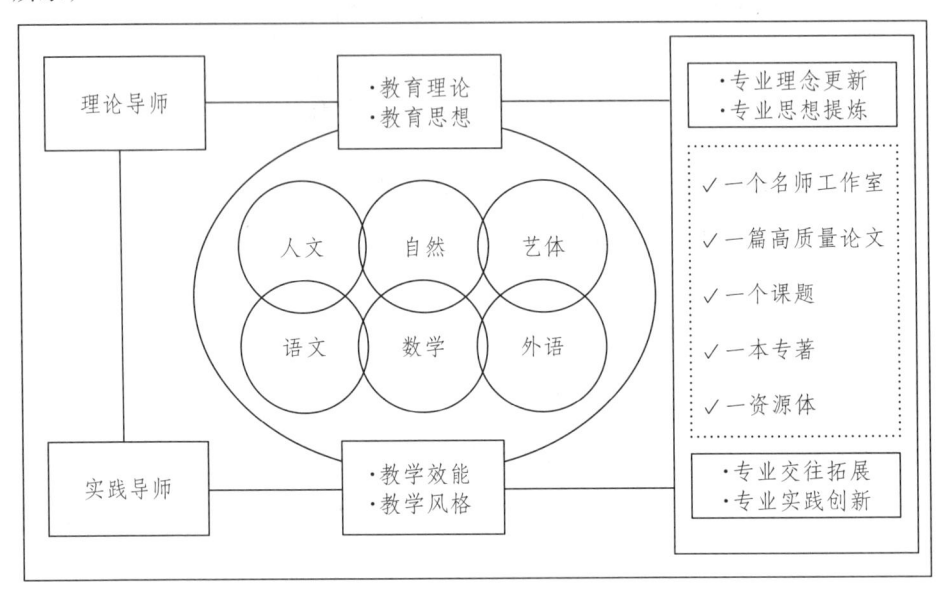

图2-1 目标驱动、双导师制的学习共同体

(五)以"U-T-S"联动学术交流

构建"U-T-S"联动的学术交流机制,促进培育对象进行多层面的学术交流。"U-T-S"中"U"是University(大学)的简称,"T"是Teacher Training School(地方教师研修机构)的简称,"S"是School(中小学校)的简称。"U-T-S"联动是以探讨中小学教育教学问题、促进中小学教师专业发展为目标,由高校、教师研修机构、中小学共同组成的多主体参与行动实施的教师专业成长共同体,是以学术交流为主要载体的机制。以西南大学为主体,联动教育部其他部属师范大学、教师研修机构、知名中小学,构建开放、协同、联动的教师发展资源体系。

1.学习共同体内部交流

根据不同学科培养对象的发展需求,在理论导师的指导下,培育对象自行组织学术沙龙。要求每位培育对象每年至少组织一次学术沙龙,由培育对象自拟主题,安排沙龙方案,邀请相关领域专家、教师参与沙龙,培育对象主持沙龙,进行学术研讨并总结。另外,不定期组织开展读书报告会。

2.全国范围内学术交流

一是参加学术会议或论坛。在理论导师的指导下,培育对象根据会议通知自行投递学术论文摘要,参与国内外具有影响力的权威会议或论坛,在会议上进行主旨发言,并与参会的其他专家进行交流。二是学术外访交流。在理论导师的指导下,由培育对象组织团队进行学科针对性的外访。

3.实践交流学习

工作坊、影子培训(进入实践导师所在学校跟岗学习)等,让培育对象到培训所在地知名学校或教研机构现场交流学习,联合开展教研活动和科研活动。

(六)以多维评价保障落脚点

项目实施中,坚持形成性、总结性的评价方式相结合,让项目方案实施的预期目标能落到实处,驱动培育对象阶段化的目标性成长。对培养对象进行每学年的阶段性评价,评价包括培育对象自评、导师评价、管理团队评价等三个部分。考核采用"四级评价制"(优、良、中、差)。

1.培育对象自评

培育项目启动后,培育对象根据管理团队的指导,对自己进行"初评自画像"。之后每学年年终时,进行"二评自画像""三评自画像"和"终评自画像",对自己的阶段性学习进行自评。

2.导师评价

与培育对象结对的理论导师和实践导师,每学年根据学习内容,对培育对象进行评价。

3.管理团队评价

管理团队根据培育对象的任务完成监测情况,每学年对培育对象进行评价。每学年培育对象的导师评价和管理团队评价等级,若为"差",则培育对象被淘汰,不再参与下一学年的学习。

4.圆桌会议与阶段展示

每学年由项目双边人员开展圆桌会议一次。交流培育对象专业发展的思想与实践,调整与完善下一阶段的培训方案。同时,开展项目阶段性成果观摩、展示活动。项目结束时,开展项目执行情况和培育对象学习效果评估,并进行项目总结和成果展示。

综上所述,通过自主研修、集中培训、双导师制、"U-T-S"联动学术交流和多维评价机制等举措,构建了一体化、全方位的教师研修体系。(如图2-2所示)

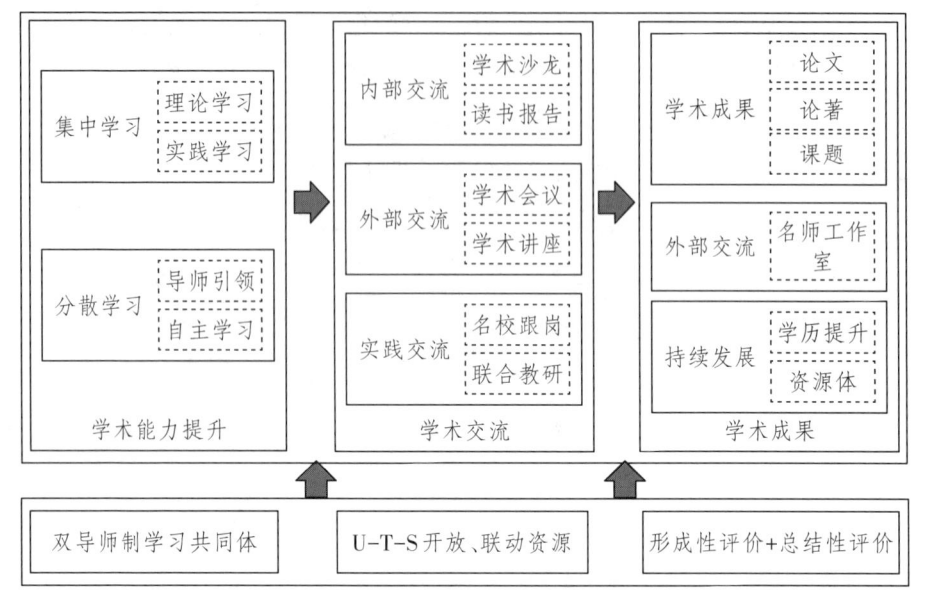

图2-2　一体化、全方位的教师研修体系

第三章

实践集萃：
卓越教师培育的密码

我们都知道，决定设计高度的是格局，决定实践水平的是技术。回顾卓越教师培育项目实施的历程，不是对设计方案的简单执行，而是基于实践的动态调整，核心是对研训逻辑实践表征的多重理解。从丰富的实践案例出发，归纳总结了卓越教师培育项目以读为面的对照输入、以研为基的成果培育、以创为核的主张凝练、以传为体的对话论道、以行为脉的专场展示，以及以引为终的辐射示范等六个方面的关键经验。这些经验既是卓越教师的成长密码，也是项目实践的卓越奥秘。

第一节 以读为面的对照输入

中央电视台节目策划人巴丹说过,阅读不能改变人生的长度,但可以改变人生的宽度。阅读不能改变人生的起点,但可以改变人生的终点。阅读是教师最直接、最便利的成长方式。教师应当培养浓厚的阅读兴趣;应当把阅读当成习惯,能够长期坚持阅读;应当把阅读作为一种工作方式,以阅读学习作为工作起点,秉持学以致用的阅读观;应当把阅读当成一种修行,形成在阅读中不断迭代自我、更新自我;应当把阅读践行成一种生活,达成阅读的生命自觉,"滋养"教育实践生活的"温度"。在卓越教师培育过程中,始终坚持推进教师的阅读活动,设计一些实现阅读的关键行为,把阅读做成助力卓越教师成长的基本面。

一 以对话阅读拓展认知突破的边界

我们期待每个人都能够自觉独立阅读,但事实证明,能够把阅读当成生活习惯和自觉追求的人,是极少数。卓越教师培育对象不仅需要自身是一个阅读者,还需要成长为一个阅读影响者,通过研修任务,开展了一系列的阅读活动。对话是一种有效的方式,不仅是一种任务,也是一种潜在的评价方式,更是一种突破方式,可以促进阅读动能的再开发,可以实现阅读生态的优化。由此,围绕成长进行的对话阅读,主要有全班共读一本书、工作室阅读行动、同主题分享阅读、与博士生共读一本书等活动。全班共读一本书是通过全体学员共同独立完成一本书的阅读,通过分组对话、全班对话、教授点评等环节,促进学员之间的阅读对话。工作室阅读行动是每个学员都要建设一个市级名师工作室,作为领衔人带领工作室团队开展阅读活动,以研修活动为节点,以工作室公众号为平台,在自主阅读、主题阅读分享、阅读心得等行动中,实现学员不仅自己阅读,还能够引领更多人阅读。同主题分享阅读是学员根据专家授课主题内容,对专家的学术研究情况及相应主题的研究情况进行画像式阅读和文献综述式阅读,在面向专家及全班学员的分享中,实现阅读对话。与博士生共读一本书是研究者与实践者的对话,在对同一本书独立阅读、混合分组阅读、小组代表分享、主题导读领航及教授点评引领等方式中完成各自的生长,拓展各自的认知边界。西南大学教育学部博士生一支部"教育致行·科研行"与厦门市首期卓越教师"共读一本书"活动成为一个品牌活动,受到了媒体的关注。《重庆日报》专门报道了这一活动,以下是报道中的部分内容。

西南大学教育学部博士生一支部"教育致行·科研行"与厦门市首期卓越教师"共读一本书"活动再次起航,品读经典名著,共享教育经验,弘扬教育家精神,让教育在理论与实践间架起沟通桥梁,让读书在精神世界与客观世界中实现价值共鸣,是"我与教师共成长"的重要主题。

比如,围绕雅思贝尔斯的《什么是教育》,赖景琼老师从教育的根本问题入手,以己观书,以书观己,以人的生成论、人的陶冶论、人的超越论为基础,对"为谁培养人,培养什么人,如何培养人"等问题提出了自己的新理解;"生命不息,读书不止!生命不息,追光不止!"是张雅芬老师对教育与个人成长的理解;"做一个灯一样的教师",是钟振裕老师结合当下中小学生现实处境对仁爱教师的呼唤;"抗拒灵魂的平庸",是洪进步老师从著作和教学实践出发对教师个体精神价值的追求。

博士生党员随国栋为教师们分享了走向意义学习的课例研究,其中"以学为中心的教学变革"为一线教育实践工作者提供了思想启迪。博士生党员张玉对文献研究法的概念内涵、使用方法及注意事项,文献综述的写作方法与成果转换进行了细致讲解,并为一线教师在文献研究过程中常遇到的"读不进""记不住""想不开"三大问题提出了应对之策,助力教师更好地实现研究者与实践者的统一。

二 以省思阅读探索自我生长的可能

人是过往一切经历的总和。每个卓越教师培育对象都具有丰富的教育教学实践经验和专业成长智慧,只是这些智慧历来未受到重视,未曾被重新审视。事实上,反思性成长是教师成长的最好方式。对教师以往的经历和经验,可以萃取智慧,也需经过审慎判断。阅读自己的经历、阅读自己的经验、阅读自己的成长故事,这些也应当是教师阅读活动的组成部分。这种阅读,我们可以命名为省思阅读，可以通过这种持续的省思，不断逼近自我生长的可能性。在卓越教师培育过程中，进行了阶段成长自我诊断、印象最深刻的一件事、专业成长关键词、成长心路历程回顾等方面的省思阅读活动。

印象事件的萃取可以寻找到每个人成长的关键要素，为每人一案的培育培养提供基础。从人终身成长的角度来看，人的成长是持续性的，是长期主义的。从具体的成长过程来看，成长又是非连续性的，总是有一些"遭遇"，对人的成长起着关键作用，还有每个人面对选择时，做出不同的决定，也影响着人成长的不同道路。

黄芸老师说，三年卓越教师的培育，令我最难忘、最痛苦的一件事就是"画图"。我们组的导师是艾兴老师，艾老师在指导我写专著时，给我提的问题就是"你的教学主张是什么？内涵界定的框架是什么？理论建模是什么？教学模型是什么？"一开始，我压根就听不懂，我觉得我提供的文字已经把内涵界定解释清楚了。而艾老师说，不仅要文字的阐释，更要有建模、建模图，然后他给了我几张建模图作参考。虽然有了其他人的样稿作参考，我依然云里雾里。我尝试将自己"简·美"英语的内涵和四个维度用导图的方式呈现，但画了一稿又一稿，艾老师总不满意，"你这图画得不能体现你教学主张的四个维度""你的图太生硬，太线性了""你的图太单一了，不全面""你的图有点样子了，但没有灵性和动感"……一张"简·美"英语内涵界定的建模图，我改了几十稿，改到快崩溃了，然后还有教学流程建模图、维度关系建模图、"简·取""简·品""简·评""简·思"每个维度实施的模型图、结构教学流程图等诸多的图，让我感到极其痛苦。但改着改着，画着画着，我逐渐发现，"图"的好处。对阅读者而言，"图"可以给阅读者更直观、更逻辑、更辩证的感官感受；对编写者我而言，"图"让我的文字表述锦上添花，可以更有效地佐证和辅助我的文字表述，同时，自己画图的过程，也是对自己教学主张不断研磨、打造、厘清思路、逻辑建构的过程。因此"画图"的过程是痛并快乐的过程。

这样痛并快乐的成长过程，不仅黄芸老师经历了，很多在努力生长的教师都经历了。也正是因为有这些难忘的、深刻的关键事件，才造就了他们的精彩。

成长的关键是采取自我提炼的方式，凝练影响自身成长的关键要素或行为，从而厘清卓越教师的精神世界和成长价值观。

陈茜茜老师通过省思自身的专业成长过程，提出自我生长的关键在于："心空静"——能够排除内心干扰及外在环境的纷扰，静心自修，空心求进；"生命力"——全身心投入日常工作和学习的一种能力;"自组织"——形成专业发展的组织结构、自我发展和自我运动的迭代更新。再如,刘明老师回顾自身的专业成长,在走向卓越教师的过程中,是源于:坚定信念,心怀成长的愿景,相信自己的努力,面临挫折的坚守;坚持学习,持续地阅读,实践中研讨,反思中写作;坚决行动,想到了,就去做,不一定能成功,但始终走在可能成功的路上。

通过自我回忆叙事的方式回顾成长心路历程,发现成长中的温暖与坚持,从而找到行动的关键,丰盈精神世界。

赖景琼老师用自身的教学经历分享了自己在从教生涯中最为深刻的感悟。第一,教师应致力于成为全面发展的个体,这包括提升个人专业水平、教育教学能力及学术研究素养,这是成为一名优秀教师的基本素质,鼓励学生珍惜在校的学习时光,好好把握每一次的学习机会。第二,善于找准特色方向,当下,特色办学才能适应学生的个性发展,才能为各种人才的成长开辟不同的道路,同样,作为一名教师要懂得去挖掘适合自己教学特色的项目,并不断提升品质,使之成为学校的特色课程,从而推动学校的特色发展,并且这也将成为教师专业成长的利器。第三,在特定教学领域坚持不懈,有厚实的积淀,并形成传统优势,一以贯之地深入研究,持续发展,形成自己的教学思想。第四,要养成终身学习的习惯,学无止境,教学是一种不断追求卓越的艺术,任何成功的教学模式都只能作为借鉴而非简单复制,教师应当勤于读书、思考,努力成为一位乐学善思的教育者。

阶段成长自我诊断可以不断明确自身发展状态,按照既定的目标去努力,而不偏离方向。项目组专门设计了成长自我诊断表,进行阶段反馈,也为专家的诊断性指导提供参考,最终促进培育对象的自主研修。

三 以梳理阅读厚植教学主张的深度

教育教学主张的凝练是卓越教师培育的最为关键性的任务和成长线索。我们深知,一个教育教学主张的提出,绝不是一个概念的提出,或者一个口号的提出,而是一个系统的概念体系的形成,是基于学术逻辑的建构,是纵向理论研读、横向比较研读的结合,是自内探求与自外探求的结合。一个主张的提出,需要根植于培育对象已有的教育教学实践历程、实践经验、学习经历,需要对所属学科或领域的名师名家的主张或思想进行横向对比研究,需要基于相关教育理论或教育思想发展脉络进行主张的理论建构。为此,就需要对自身、对他人、对理论进行多重维度的研读并梳理,从而逐步构建出教学主张的理论。其中,培育对象开展了"教学历程经验萃取""同学科教学主张比较""中外教育思想史巡览""主张理论基础分享"等阅读活动,推进每个培育对象萃取出教学主张凝练的理论基础,从而逐步构建出主张的理论概念体系。

苏巧真老师的"真数学"主张的提出源于陶行知先生的"千教万教,教人求真;千学万学,学做真人"的教育思想、真实性学习理论、深度学习理论三个理论。再如肖珩老师"经历赋能心育"的建构基础主要有四个方面:一是哲学研究的厚重基础;二是教育对时代发展的召唤;三是儿童学习心理的本性需求;四是发展生态学为人的成长提供一种现代视角。又如汤吟莹老师从多元智能理论、建构主义理论、中国和文化、叶圣陶的儿童观四个理论或思想提出了"和润语文"的教学主张。

四 以伴随阅读开启学习现场的参与

当前多数集中授课培训还是以专家主题讲座为主,较少有学员参与互动,也很少在具体了解学员的基础上来设计主题讲座内容,授课内容往往以知识经验逻辑为主体。然而,大多数教师在进入学习现场之前往往具有一定的经验基础或经验预期,这种经验基础或预期很难让教师对相关学习主题建立有关联的认知基础或系统化的认知逻辑,从而造成教师参与度不高,吸收度不高的问题。由此,为了教师能够更好地参与到现场的学习中,我们设计了基于阅读和经验省思的"同主题分享"活动,每次专家授课前,由学员根据专家的授课主题,在广泛阅读和梳理的基础上,制作课件,进行20分钟左右的同一主题分享,具体包括对这主题进行文献阅读与梳理、已有实践基础上的思考与判断、专家对这一主题的相关研究文献的综述、对该主题内容分享结构的尝试构建等方面内容。

这样的阅读活动是一种基于输入输出相结合的伴随阅读活动,其核心目的是让学习现场有更深度的参与。同主题分享活动,能够促进学员进行自主的专题式阅读活动,能够促进学员"知行合一"地认识到自己的不足及对该主题需要深度学习的内容,能够促进学员自觉将自身的思维与专家的思维进行比较,同时,也能够促进专家对学员学习基础的判断,从而及时调整或优化授课内容,实现专家与学员更好地互动。同主题分享活动成为卓越教师项目实施的一个举措,极大优化改进了集中授课的生态。厦门市首期卓越教师培育对象同主题分享如下表3-1所示。

表3-1 厦门市首期卓越教师培育对象"同主题分享"列表

姓名	同主题分享
吴智鹍	教师心理和压力管理
傅闰冰	悟道·行道·智道——新时代卓越教师的成长路径
李加前	新兴信息技术支持的课堂教学改革
林悦	体育之成人成己
赖景琼	试析基础教育教学成果奖
蒋艳秋	腹有诗书气自华——现代教师言传素养的提升
沈汝丑	守正出新,扎实推进课堂教学优化
王翠霞	做走向卓越而幸福的教师
黄捷	"乡建四杰"与近代北碚的乡村建设运动
张建阳	推动教育高质量发展:普通高中的视角
洪进步	2022教学研究热点报告
刘明	撼谈高品质学校的建设
邹标	为未来而教,为未知而学
石进德	实践融合与创新发展——教育研究报告撰写与新问题产生
钟振裕	适宜·多元·活泼——在经典阅读中实现课程思政滴灌
陆佳音	以礼养德,以行育人——卓越教师的师德与礼仪规范
黄芸	新课程视角下学科研究热点探析
肖珩	揭开教育研究中量化研究的面纱
徐晨来	核心素养背景下"全息育人"理念的基本内涵和实践策略
陈海烽	质性设计:质性教育研究的蓝图
王淼生	情怀之人与育人之师

续表

姓名	同主题分享
黄莲花	生成式人工智能支持下的教师反馈
苏巧真	中国古代传统教学智慧的现代诠释
杜紫红	脑科学与学生创造力培养
陈茜茜	回归生活的朴素教育观——高品质学校建设
张雅芬	教育研究中的逻辑
李玲玲	项目化学习的实践研究
邵巧治	课堂教学有效设计与评价
汤吟莹	从叠加到迭代——素养导向下非纸笔测评的思考实践

五、以沉浸阅读发现教育迷恋的空间

阅读的认识与实践，不能仅仅停留在阅读文献上，还包括阅读实践、阅读经验、阅读世界等。卓越教师培育过程中，注重开展多种层面的阅读。在深入阅读文献的基础上，也需要加深对世界的理解，在相互印证、相互比照、相互启迪中，进一步认识、理解并深耕教育情怀。由此，开展了参观学习的名校阅读活动、观摩对话的名企阅读活动、场馆体悟的名人阅读活动等一系列活动。

在卓越教师培育对象集体参访了厦门安踏创新中心后，陆佳音老师说，"在这场独特的跨界观察调研中，培训教师们在思考：一个企业，从优秀到卓越，超越的背后蕴藏怎样的秘密"。安踏从"制造"到"智造"的过程，得益于安踏的创新生产模式：构建"大脑"，铺设"神经系统"，为每件衣服制定最优生产方案。车间里，机器与人完美配合，机器的精准、高效，与人的智慧、经验，彼此嵌入，互补优化，产生了新的创造力。最后，感慨"为一个企业注入澎湃动力的，核心是人的智慧！"

这样的认知和感慨转变，告诉我们需要重视跨界的沉浸式阅读，这样才能不断为教育的新认知提供动能。

第二节 以研为基的成果培育

"科研兴教、科研兴校"早已成为基础教育界的普遍共识,也是基础教育走向实践性变革研究的必然之路,被广泛重视的教学成果奖和教育科研成果便是力证。研究表明,科研是促进教师专业发展的关键因素之一,是教师走向独立自主、走向实践自觉发展的起点与终点。由此,名师培养工程实践中要提升的是什么样的科研、如何基于实践设计科研课程、如何用研究的方法及思维来解决问题进而改进实践,实现让教师从被动研究、隐性研究、形式研究到主动研究、显性研究、本质研究的转变,这些问题值得深思。

一、卓越教师培育中科研的意蕴认知

(一)作为目标的科研:教师科研成长的整体规划

科研是名师成长系列中不可或缺的环节。教师科研能力和水平是作为名师选拔的依据之一,也是名师培养的核心目标之一。其核心理念是让研究成为教师的专业生存方式,让教师以研究的方式来开展实践性教育教学工作。将卓越教师定位为做有实践的思想者。从科研定位的角度来说,卓越教师能够基于职业生涯探索形成教育教学主张,并开展实践的研究、运用与推广。从科研素养的要求来说,卓越教师需要以项目研究的方式开展基于实践的变革性研究。

(二)作为课程的科研:教师科研成长的梯度设计

要提升卓越教师培育对象的科研素养,就需要通过相应的课程来落实。其一,指向逻辑的课程设计,作为课程的科研,是指向在培训项目课程设计中按照一定的课程逻辑所建构的科研课程方案,如并列式的、螺旋式的、阶梯式的、辐射式的、升级式的、涟漪式的、混合式的等。其二,系列梯度的科研课程,卓越教师重在运用、推广的成果式科研课程。其三,整体优化的科研课程,科研课程是一个系统,是一个庞大的体系,涉及了科研选题、科研方法、科研伦理、科研成果等方面。科研方法的模块中,涉及了文献研究、调查研究、实验研究、行动研究、

观察研究等课程内容。其四,导向关联的科研课程,从课程模块来看,科研课程作为一个模块和其他课程模块构成了培训项目的课程主张,从而落实了课程目标。

(三)作为过程的科研:教师科研成长的操作体验

科研课程学习不同于理论学习或理念学习,其有效学习依赖于具体的操作实践,需要在操作实践中学习。作为过程的科研就是培训中的操作体验。一是作为课题推进本身的过程,把开展课题研究的任务作为核心要求,参训学员需完成课题选题、申报书撰写、课题开题、中期答辩及结题答辩等环节,从而让学员在培训过程中完成一个课题研究,以此培育学员课题研究能力。二是作为链接培训过程的科研,让科研行为成为串联碎片化课程内容的线索,以问题解决或任务驱动的方式来实现培训内容的及时消化。三是作为在岗研修的科研过程,培训项目中注重集中研修与在岗研修的结合,如果没有一个具体的课题研究任务,在岗研修就会无主题、无目标。把课题研究内容作为在岗研修的抓手,让学员在岗研修的研讨围绕着课题方向展开,从而提升在岗研修的针对性和整体性。

(四)作为载体的科研:教师科研成长的综合表达

课题研究及其成果因其综合性、复杂性、伸缩性,能够实现对教师专业发展的综合表达,能多元反映教师的成长,也能够将不同的发展需要聚合在一起,从而成为教师专业发展中最为重要的载体之一。其一,作为培养对象的选拔要求之一。其二,作为参训教师培训评价标准之一,把参训学员是否完成论文写作及课题研究作为认定的标准之一。其三,作为培训项目开展的形式之一,如典型科研活动的学术论坛,就是项目实施的重要标志性活动之一。其四,作为培训成果表达的形式之一,科研的综合性,能够整体反映培训项目的成效,正如每位卓越教师培育对象都需要完成一本个人专著。

当然,应当认识到的是,在当前学校教育"破五唯"背景下,强调教师科研能力的提升并不等于唯独强调论文,强调教师科研实践的落地不等于唯独强调研究,而是要追寻科研育人和基于问题解决的实践性研究之路。

二 卓越教师培育中典型的科研实践

高素质专业化创新型的研究型教师是高质量教育的保障。卓越教师不仅是教育教学水平高的教师，更应当是能进行高水平的研究工作，不断开创教育教学研究新领域、发现新趋势、形成新判断的研究型教师。

（一）论文写作：学术前沿的高维探索

论文不是评价教师教育教学水平的核心标准，但作为研究型教师的卓越教师一定要能够进行以论文写作为代表的科研实践，而且应当能进行高水平的论文写作与发表。发表高水平论文是教师研究水平、科研水平的核心评价标准，也是教师进行学术前沿探索的根本。对于区域来说，广大教师的扎实实践，不断提高教书育人水平，是区域教育发展的基础，高水平研究论文及研究成果则能表达区域教育发展的核心竞争力和发展潜力。如果一个区域没有高水平的研究成果，那就只能亦步亦趋地跟随着先行者的步伐，不可能实现区域教育的卓越前沿发展，不可能有区域教育的影响力，不可能有参与教育发展标准及发展趋向的探索，终将在不断发展竞争中，沦为跟跑者。因此，在扎根铸魂的育人实践中，保证教育发展基础的同时，也要不断有一批卓越的高水平研究者。卓越教师培育对象都具有较好的研究能力和论文写作水平，但较少有教师能够独立自主发表高水平论文。由此，以发表北大中文核心期刊论文为基本目标之一，通过自主研修探索和高校专业学者的指导，实现论文写作并发表，最终探索发现高水平论文写作的密码。

（二）课题研究：理论创新的实践耕耘

论文写作和课题研究是科研的不同形式，但有内在的逻辑关联，多数研究论文都是课题研究的结果表达。中小学教师是在教育教学实践中发现问题，并按照课题研究的方法逻辑与实践逻辑，结合实践，展开问题解决的过程。实践是理论创新的根源，理论创新进一步高位指导实践创新。课题研究是把教师碎片化的实践性智慧进行有规划、有节奏、有行动的生成，把潜意识或无意识的实践性智慧生成转化为必然性、科学化的实践性智慧生成，也是在实践探索的过程中形成实践到理论，理论再到实践验证的过程。其核心是实践的理论化和理论实践化的双向互动过程。卓越教师培育对象具有丰富的课题研究经验，但存在科学性不够、系统性不足、层次性不高等问题，就需要基于已有经验，以课题研究申报、实践为任务,对其进行个性化指导和阶段化的知识与技能补充,来提高科研实践水平,从而促进卓越教师培育对象更好地自主生长。厦门市首期卓越教师培育对象主要课题研究如表3-2所示。

表3-2　厦门市首期卓越教师培育对象主要课题研究

姓名	课题名称	立项单位	立项时间	结题时间
吴智鹉	大单元视角下初中体育"教会勤练常赛适评"一体化教学的实践	福建省教育科学规划领导小组办公室	2022年9月	2024年9月
	基于体育学科核心素养的"闽南童玩"校本课程开发的实践研究	全国教育科学规划领导小组办公室	2017年11月	2022年10月
	初中体育教育质量监测标准及工具研制	厦门市教育科学研究院	2019年10月	2021年12月
	劳动教育融入初中、高中体育学科教学研究	厦门市教育局	2020年9月	2022年6月
	五育并举融入初中、高中体育学科教学研究	厦门市教育科学研究院	2020年9月	2022年6月
	高中气排球校本课程的实践研究——以集美区为例	厦门市教育科学研究院	2020年5月	2022年12月
	省考背景下初三体育学困生的转化策略研究	厦门市教育科研规划领导小组办公室	2020年12月	2022年6月
李加前	基于学科核心素养的初中体育体能教学策略研究	福建省普通教育教学研究室	2019年10月	2021年10月
	基于学科核心素养的初中田径课堂学习评价的实践研究	福建省普通教育教学研究室	2020年10月	2022年10月
	基于学科核心素养的高中体能教学策略研究	厦门市教育科学研究院	2020年5月	2022年12月
	基于具身认知理论的体育核心素养培养的实践研究	福建省教育科学规划领导小组办公室	2023年9月	待定

续表

姓名	课题名称	立项单位	立项时间	结题时间
林悦	提升中小学初任体育教师职后教学技能水平的实践研究	福建省教育科学规划领导小组办公室	2020年9月	2022年8月
	核心素养背景下教师教学技能的培育研究——以中学初任体育教师为例	厦门市教育科学研究院	2020年9月	2022年10月
	中学初任体育教师职后教学技能的测评研究	厦门市教育科学研究院	2020年5月	2022年12月
	基于体美融合的"创美体育"教学主张实践探索	厦门市教育局中小学教师继续教育办公室	2022年12月	待定
	基于体美融合的创美体育课堂教学模式构建与实践研究	福建省教育科学规划领导小组办公室	2023年9月	待定
傅闰冰	人文教育视野下中小学美术"欣赏·评述"学习领域课堂学习评价的实践研究	福建省普通教育教学研究室	2020年12月	2023年8月
	中学美术"立美美术"教学主张的建构与实践研究	厦门市教育局中小学教师继续教育办公室	2022年12月	待定
	中学"立美美术"教学主张下跨学科融合教学实践研究	厦门市教育科研规划领导小组办公室	2023年11月	待定
赖景琼	体验式教学在音乐学科核心素养培育中的策略研究	福建省教育科学规划领导小组办公室	2021年9月	2024年8月
	基于核心素养的中学音乐教学法多样性融合	厦门市教育科学研究院	2020年5月	2022年12月
	教育戏剧在中学音乐教学中的实践应用探索	厦门市教育科学研究院	2020年5月	2022年12月
	指向备、教、学、评一体化的音合教学模式构建研究	福建省普通教育教学研究室	2023年11月	待定

续表

姓名	课题名称	立项单位	立项时间	结题时间
蒋艳秋	道德与法治有效利用校本德育资源的实践研究	厦门市教育科学研究院	2020年9月	2023年6月
	数字教育背景下的"智·融"劳动教育探讨	福建省教育科学规划领导小组办公室	2023年9月	待定
	数字化背景下的鲜活思政备、教、学、评一体化实践研究	福建省普通教育教学研究室	2023年11月	待定
沈汝丑	网络学习空间应用的初中生地理课程个性化学习研究	福建省教育科学规划领导小组办公室	2019年9月	2022年8月
	基于网络空间的初中生地理个性化学习研究	中共厦门市委教育工委组织处、厦门市教育科学研究院	2021年3月	2022年12月
	核心素养下初中地理"图·思·记"一体化教学案例研究	厦门市教育局中小学教师继续教育办公室	2022年12月	待定
王翠霞	基于CIPP评价模型的中小学劳动教育评价体系研究	全国教育科学规划领导小组办公室	2021年7月	待定
	基于社区教育资源的校本课程的实践研究	福建省教育科学规划领导小组办公室	2019年9月	2021年8月
	历史"问题链"教学应用研究	福建省教育厅	2021年2月	2022年6月
	基于问题链的初中历史课堂高阶思维培养路径研究	厦门市教育科学研究院	2022年12月	待定
黄捷	素养导向下基于微课的化学校本课程开发研究	厦门市教育科学研究院	2020年9月	2022年12月
	"科学美学"视域下高中化学单元教学实践研究	福建省教育科学规划领导小组办公室	2023年6月	待定

087

续表

姓名	课题名称	立项单位	立项时间	结题时间
张建阳	基于区块链技术的中学生综合素质评价征信系统构建及应用研究	全国教育科学规划领导小组办公室	2019年8月	2022年1月
	以校本研训为载体成熟型教师"二次成长"的路径研究	福建省教育科学规划领导小组办公室	2020年8月	2021年8月
	指向问题解决的高中化学实验项目式学习研究	福建省教育科学规划领导小组办公室	2022年8月	待定
	项目式学习培育高中化学关键能力的策略研究	厦门市教育科研规划领导小组办公室	2022年8月	2022年12月
洪进步	活动学习：指向"学习力提升"的物理课堂教学新样态研究	福建省教育科学规划领导小组办公室	2020年9月	2022年9月
	基于学习进阶的初高中理化实验教学的衔接研究	福建省教育科学规划领导小组办公室	2019年9月	2021年9月
刘明	指向深度学习的高中物理实验教学设计与实践研究	福建省教育科学规划领导小组办公室	2020年9月	2022年8月
邹标	精惟新办学主张指导下的教学实践研究	教育部福建师范大学基础教育课程研究中心	2019年11月	2021年12月
	基于科学探究的高中化学课堂学习评价的实践研究	福建省普通教育教学研究室	2020年12月	2023年8月
	一贯制学校优秀传统文化校本课程开发与实施	厦门市教育科学研究院	2020年3月	2021年12月
	一贯制学校"五个四"校本作业实践研究	厦门市教育科研规划领导小组办公室	2021年3月	2024年6月
	教育精准扶贫与巩固教育精准扶贫成果的研究	全国教育科学规划领导小组办公室	2017年11月	2022年7月

续表

姓名	课题名称	立项单位	立项时间	结题时间
邹标	学科核心素养视角下活动教学设计的行动研究	全国教育科学规划领导小组办公室	2017年11月	2022年8月
石进德	高中生物探究课程设计与实践研究	福建省教育厅	2020年12月	2022年10月
	基于STEM教育的高中生物实验教学研究	福建省教育科学规划领导小组办公室	2021年9月	2023年8月
	基于STEAM理念的中学生物一体融通式实验体系构建及深度学习策略研究	福建省教育科学规划领导小组办公室	2023年9月	待定
	基于备教学评一体化的跨学科主题学习实践研究	福建省普通教育教学研究室	2023年5月	待定
	STEM视域下生物探究课程设计与实践研究	厦门市教育科学研究院	2020年5月	2022年8月
钟振裕	以"统编版"小学语文教材之"语文要素"促进学生语文核心素养发展的教学策略研究	全国教育科学规划领导小组办公室	2019年12月	2023年11月
陆佳音	语文学习任务群视域下小学"中华优秀传统文化"主题的教学实践研究	福建省教育科学规划领导小组办公室	2022年9月	2024年8月
黄芸	基于"创中学"的小学英语跨学科主题学习课程设计与实施研究	福建省教育厅	2022年12月	待定
	重大主题教育融入小学跨学科主题学习的长效机制研究	全国教育科学规划领导小组办公室	2023年8月	待定
	小学英语简美教学的策略研究	厦门市教育科学研究院	2020年12月	待定
肖珩	指向教学评一致性的小学课堂即时评价模型建构与应用研究	福建省教育科学规划领导小组办公室	2023年10月	待定

续表

姓名	课题名称	立项单位	立项时间	结题时间
肖珩	引领学习经历重构的小学育人模式变革研究	福建省教育厅	2023年11月	待定
徐晨来	基于场馆视域的科学场馆研学课程建设实践研究	全国教育科学规划领导小组办公室	2019年12月	2023年6月
徐晨来	厦门市小学高段公共安全实操课的开发与实践研究	厦门市教育科研规划领导小组办公室	2021年6月	2024年6月
徐晨来	基于场馆视域的小学科学跨学科课程建设实践研究	福建省教育科学规划领导小组办公室	2023年12月	待定
陈海烽	基于高阶思维培养的初中数学灵动课堂构建行动研究	福建省教育科学规划领导小组办公室	2019年8月	2021年8月
陈海烽	类chatGPT视域下的数学课堂教学改进研究	福建省教育科学规划领导小组办公室	2023年8月	待定
王淼生	深度学习下概率统计概念教学研究	福建省教育科学规划领导小组办公室	2020年9月	2022年9月
黄莲花	基于模型思想的小学数学结构化学习实践研究	福建省教育科学规划领导小组办公室	2019年10月	2021年8月
黄莲花	小学数学建模教学过程最优化实践研究	厦门市教育科学研究院	2020年8月	2022年12月
黄莲花	基于PASS理论的小学数学建模研究	福建省教育科学规划领导小组办公室	2021年9月	2024年10月
苏巧真	"生活实践"教育视域下校本课程建设行动研究	福建省教育科学规划领导小组办公室	2022年9月	待定
苏巧真	小学数学"求真课堂"构建的探索与实践	厦门市教育局中小学教师继续教育办公室	2022年12月	待定
苏巧真	学习素养视角下的小学数学项目化学习研究	厦门市教育科学研究院	2022年12月	待定
杜紫红	小学数学学·思课堂构建的实践研究	福建省教育科学规划领导小组办公室	2021年9月	2023年8月

续表

姓名	课题名称	立项单位	立项时间	结题时间
杜紫红	素养导向的小学数学学·思课堂教学实践研究	厦门市教育局中小学教师继续教育办公室	2022年12月	待定
	素养导向下的小学单元整体教学设计研究	福建省教育科学规划领导小组办公室	2023年11月	待定
陈茜茜	基于OMO教学模式的高中生数字阅读素养提升路径研究	福建省教育科学规划领导小组办公室	2021年9月	2024年8月
张雅芬	核心素养背景下小学生数学语言表达能力实践研究	福建省教育科学规划领导小组办公室	2021年9月	2024年8月
李玲玲	全人教育理念下的小学"融美课堂"实践研究	福建省教育科学规划领导小组办公室	2021年9月	2023年8月
	大美育视角下的小学跨学科主题学习实践研究	福建省教育科学规划领导小组办公室	2023年9月	待定
邵巧治	跨学科视域下的整本书阅读课程设计研究	福建省教育科学规划领导小组办公室	2022年9月	2024年8月
	基于核心素养培育的小语中高段单元整体教学的实践研究	厦门市教育科学研究院	2020年9月	2022年9月
	劳动教育融入小学语文学科教学研究	厦门市教育局	2020年9月	2022年6月
汤吟莹	国际阅读素养框架下的我国小学阅读教学和测试改革的实践研究	福建省教育科学规划领导小组办公室	2019年7月	2021年7月
	线上线下混合式学习推进整本书阅读	厦门市教育科研规划领导小组办公室	2020年6月	2022年6月

(三)学术著作:教学主张的整体表达

论文写作是对一个点的探讨与研究,注重的是前沿性。学术著作是长期对一个领域的探索,是系统化的、整体性的表达,其根植于长久的学术研究和系列

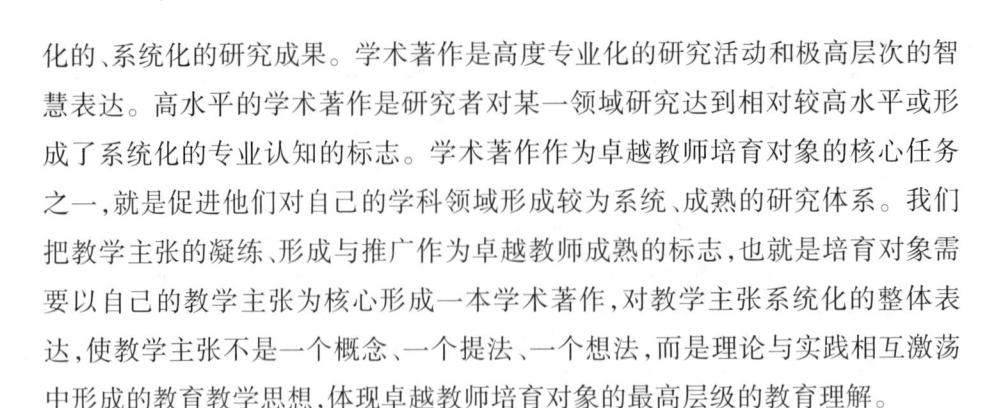

化的、系统化的研究成果。学术著作是高度专业化的研究活动和极高层次的智慧表达。高水平的学术著作是研究者对某一领域研究达到相对较高水平或形成了系统化的专业认知的标志。学术著作作为卓越教师培育对象的核心任务之一,就是促进他们对自己的学科领域形成较为系统、成熟的研究体系。我们把教学主张的凝练、形成与推广作为卓越教师成熟的标志,也就是培育对象需要以自己的教学主张为核心形成一本学术著作,对教学主张系统化的整体表达,使教学主张不是一个概念、一个提法、一个想法,而是理论与实践相互激荡中形成的教育教学思想,体现卓越教师培育对象的最高层级的教育理解。

(四)教学成果奖:教学实践的历史表现

教学成果奖是目前基础教育领域最高级别的奖项,是最高教育教学实践成果的表达,是教育教学业绩的综合性体现。教学成果获奖,主要有长期性、理论性、实践性、综合性、创新性和规律性等方面的特质要求。在卓越教师培育过程中,把指导和引领培育对象规划、设计、提炼、表达教学成果作为关键驱动性任务之一,不仅助力培育对象生成科学化的实践性智慧,更对教学实践的历史表现进行重构,触发培育对象的教育教学实践从追随者到引领者的转变,从无意识实践到自主创新的自觉追求。在项目实施过程中,也产生了一批教学成果奖。主要有邹标老师的教学成果《中学化学"五融合"实验改进与应用》获省一等奖、汤吟莹老师的教学成果《国际阅读素养框架下的我国小学阅读教学和测试改革的实践研究》获得省一等奖、徐晨来老师的教学成果《跨域趣探——小学科学立体化教学模式创新与实践》获省一等奖、陆佳音老师的教学成果《大同中华文化课:传统文化校本课程项目式学习的探索与实践》获省二等奖、张建阳老师的教学成果《项目化、系统化:高中化学实验活动课程18年研究》获市教学成果一等奖等。当然,我们也要明确,教学成果获奖并不只是结果期待,更是过程期待,是引导培育对象不断自觉生长的载体。

(五)培训课程:教育智慧的综合传递

名优教师队伍的培育培养工程,不是为了打造名义上的名师的形象工程,而是为了培育一批教师群体的"先锋模范"。这些"先锋模范"的名师队伍,不仅是驱动教育教学变革,探索教育发展新趋向、新路径、新常态的先行者,还是广大教师教育教学实践性智慧的集成者。要提高教师群体的整体教育教学水平,除了寄希望于更多优秀的群体进入教师行业和教师的自觉性专业成长外,更离不开持续性的教师培育。不管是常态的师徒带教、教研组、备课组等专业组织的建设行动,还是各级各类的教师培训活动、教研活动等,都离不开优秀名优教师的引领。高质量的教师研训,离不开高质量的教师研训课程资源。名优教师往往是最为重要的教师研训课程资源的提供者,但往往存在名优教师所形成的课程资源碎片化和名优教师的自觉提炼水平不高等问题。如何把名优教师群体的实践性教育教学智慧进行主题化、系统化、系列化的开发,不仅是认识问题和实践问题,更是技术性问题和引领性问题。卓越教师是区域最优质的教师代表,要引导其开发形成教师培训精品课程,让他们的实践性智慧不只是碎片化的主题讲座或浅表化的经验传递,而应当是能够基于课程开发的逻辑与技术方法来形成主题化的一门课程,最终实现教育智慧的综合传递。

第三节 以创为核的主张凝练

创作式学习应当是卓越教师的核心学习方式,让卓越教师在创作式的任务驱动中进行创作的行为,就是最好的驱动卓越教师再成长的过程,实现让卓越教师在创作、创造、创新中成长。教育教学主张的凝练与建构是卓越教师培育对象的核心任务,并且围绕着教育教学主张完成课题研究、论文写作、专著写作、团队建设、个人专场汇报会等一系列任务。为此,什么是卓越教师的教学主张,如何在培育过程中形成教学主张,是项目实施中需要解决的重要问题。在整个项目实施中,始终将教学主张的凝练、表达、实践、推广等作为关键线索。本节主要呈现的是对教学主张内涵的认识和卓越教师教学主张形成过程的探索。

一、教学主张内涵的认识

《现代汉语词典》(第7版)中"主张"被阐释为:对于如何行动持有某种见解;对于如何行动所持有的见解。[1]这包含了动词和名词两方面的意义,不管词性如何,主张都含有观点、见解之意,但又区别于观点和见解,观点倾向于对事物或问题所形成的客观的分析和看法,见解强调的是在对事物或问题了解基础上的个人理解,带有明确的个人判断,而主张涉及的是对事物及问题的处理方法,直接指向行动,是更高一级的建议,与观点和见解相比更具有介入性。[2]

主张包含三层含义:第一,主张是一种认识和理解,并且是个体基于具体的事物或问题所形成的,具有相对的稳定性。第二,主张关联着行动,与实践联系紧密。主张的形成来源于实践,是在不断地总结积累中形成的。同时,主张又为实践服务,直接指向个体的行动。第三,主张具有鲜明的个体性,强调人的主

---

[1] 中国社会科学院语言研究所词典编辑室.现代汉语词典[M].7版.北京:商务印书馆,2016:1712.
[2] 葛倩玲.中小学名师教学主张生成的个案研究[D].芜湖:安徽师范大学,2017:14.

体性,具有个性特征。

教学主张是对教育教学的认识和理解,是教师教学知识、教学认识、教学意志等相结合的产物,本质可以看作是一种个体的教育教学理论。成尚荣在为管建刚的《我的作文教学主张》作序时提出,主张、教学主张、教育主张,一定是教育思想、教育理念的具体化和个人化,是属于自己的、独特的。它是长期实践中经提炼而形成的,比较成熟,而且比较坚定。主张是教学风格、教育风格,以至于教学流派、教育流派的内在。[①]

从特征来看,教学主张具有稳定性、系统性和个体性等特点,这与"主张"的内涵相对应。首先,教学主张具有稳定性,教学主张是长期积累和提炼的成果,代表的是教师在长时间的教育教学过程中形成的相对稳定而成熟的观念与做法。其次,教学主张具有一定的系统性,是教师个体关于如何认识教学以及如何开展教学等各方面的观念和行动的统一,其内部还能按照一定的标准再次划分,比如个体的教学观念主张、教学行动主张等。此外,教学主张与教师个体对教育教学的认识和理解密切相关,由于每位教师的教育背景、思维方式、行为习惯等各方面都存在差异,教师对教育教学的认识就不尽相同,教师自身的个体性也导致教学主张拥有了个体性,成为融入了教师个性和特色的一种个体教学理论。

综上,"教学主张"可视为是教师个体在长期的教育教学实践中形成的,是对教育教学稳定的、系统的、独特的认知和理解,对教育教学实践的有效开展具有重要的指向作用。

二 教学主张生成的过程

教学主张的生成是一个复杂且漫长的过程,是发现问题,以问题为起点,提炼出核心概念,构建理论框架并创设实施模式的过程。要求教师在丰富的教学实践经验基础上,为解决问题而主动思考,形成自己对教学的理解。

(一)问题提出

教师长期扎根于学校,整个职业生涯的大部分时间都在学校度过,在教育

[①] 管建刚.我的作文教学主张[M].福州:福建教育出版社,2015:2.

教学实践中,在与学生的相处中,不断地发现问题,探索解决问题的方法,并产生自己的一些感悟。这些感悟或基于教学问题,或基于学生管理问题,抑或基于教育本质及教育体制呈现出的问题,正是由于敏锐地捕捉到了教育中的一些现象,名师们对其产生疑问,谋求变通,渴望以某种新的思想理念来加以引导,不断探究问题背后的本质,努力提出自己的教学主张。

比如徐晨来老师,长期从事小学科学教学,在刚刚进入教师行业之时就发现现有科学课堂沉闷乏味,难以引起学生兴趣,也没什么实际的教学效果,甚至科学课在很多学校并不受到重视,处于学科的边缘地带。从此以后,提升科学课的趣味,将其与学生生活贯通就成了徐晨来老师的奋斗目标,她在生活中积极观察,发现教学素材,将身边的动植物引进课堂,引导学生主动探索。在之后数十年的实践中不断总结提炼,形成了自己的教学主张:跨域趣探——小学科学教学探新。她将日常生活中所见之物与课堂进行关联,同时进行跨学科探索,让小学科学课堂趣味横生,不断以新鲜事物激发学生兴趣,又不脱离生活实际,以此培养学生的核心素养。

又如陆佳音老师,在语文教学领域深耕数十年,深刻认识到语文的学习是要让学生形成语文素养,获得理解与感悟语言文字、表达交流的能力。而很多老师在教学中专注于字词听写,课文讲解,忽视学生的主动性与创造性,忽视实践运用。于是在反复思考之后,陆佳音老师提出了融通语文的教学主张,努力使语文真正和生活融通,和学生的认知融通,和教材融通,和学生的实践应用融通。让语文不再是课堂上的单向讲解与字词的反复训练,而是真正与学生相关联,注重他们的发展水平,注重他们的日常锻炼,让语文融入学习生活的方方面面,让学生无时无刻不在学习、运用语文,从而真正实现语文核心素养的培养,促进学生的成长发展。

问题的发现往往代表了一种思想的萌芽,发现了问题才会去思考其背后所隐含的意义,思考问题发生的原因,从而不断探究,想方设法去解决问题,在探索和思考中形成自己对于教育教学独特的认识和理解,形成自己的教学主张。问题提出是教学主张生成过程的第一步。

(二)概念凝练

在提出问题之后,名师会在实践中不断思考探究,形成自己的一些初步的理解。但这些理解往往比较模糊、散乱,不成体系,甚至只是一点若有若无的感受,难以准确表达。此时,概念的凝练就成为必需。概念是思维的基本形式之一,反映客观事物的一般的、本质的特征。人类在认识过程中,把所感觉到的事物的共同特点抽象出来,加以概括,就成为概念。[1]概念必须包含对事物的明确指称,同时赋予其必备的逻辑关系演绎。概念并不是凭空而生,常常是在一定的经验积累之后,在反思中逐渐提炼而来。名师教师的教学经验,是指教师个人在教育教学实践过程中慢慢积累和收获的一些解决教育教学问题的策略、方法、措施和成效。中小学名师的教学经验是其凝练教学主张的资源宝库。[2]

对于名师而言,长期的实践是他们得天独厚的优势,这些实践积累了丰富的经验,这是行外人和新手教师难以企及的。而经验毕竟只是个人的,是个人在实践中所得,也只能进一步影响个人的实践,只能自然地在自己的行动中产生,无法产生什么实质性的影响。要让经验显现,就必须提取出概念。只有具备了概念,经验才能让名师个人对教育产生更加清晰的认知,才能发挥对他人的影响作用。提炼教学主张本质上就是要提炼出概念,让经验产生确定的名称,让模糊的理解具象化、显象化。

一位名师的出现并非易事,往往伴随着多年的一线教学,丰富的研修经历、丰硕的科研成果,有些名师还有数年的行政经验,这些经历是无法复制的,掺杂着名师个人的独特理解。他们的教学必然是有效的,学校的行政管理是突出的,正是因为具备了超越他人的成绩,他们才成为名师,这也意味着他们的经验和理解是有价值的,值得他人的模仿和借鉴的。将其概念化既是名师突破瓶颈,获得持续性专业成长的需要,也是为年轻教师提供学习榜样的需要。

在提出问题后,教师们积极寻求解决问题的方法,在这个过程中获得了丰富的经验,将经验概念化,予其明确的命名成为下一步工作。经验的命名要求"名副其实",概念的寻找则要"寻根究底"。教学主张的概念提炼必须做好两件事:一是明确指称,即对教学主张中出现的每一个词语反复斟酌,它们是必须出现的,不可缺少的,但又绝对不会重复或是语义模糊的。二是厘清逻辑关系。概念中出现的词语之间必须有紧密的关联,这也正是教学主张的实际内容,将经验以明确的事物指称在清晰的逻辑关系下串联起来,以概念对经验下定义,

---

[1] 翰林辞书编写组.现代汉语大词典:最新版[M].南昌:江西教育出版社,2014:319.
[2] 郭春芳,张贤金,陈秀鸿,等.中小学名优教师教学主张:内涵、价值与形成[J].中小学教师培训,2017(10):11.

解释自己所做之事,解释自己所解之问,展示出自身对于教育的个性化认知,即生成自己的教学主张。

(三)理论建构

概念让名师的经验由模糊走向清晰,由抽象走向具体,但这个概念是否科学严谨,是否真正有意义还需要理论的支撑与验证。理论是概念、原理的体系,是系统化了的理性认识,具有全面性、逻辑性和系统性的特征。[①]对教学主张下的定义,确定下来的概念只是对其是什么的简单描述,是否真的具有逻辑意义,经历了怎样的归纳演绎路径还需要理论的系统阐释。理论的作用在于论证,需要对事物进行全面描述、深层揭示、过程阐明、因果解释等,讲清其来龙去脉。首先是全面描述。理论追求对事物的全面性认识,是对事物的方方面面进行研究之后概括出来的结论。教学主张中涉及的名词,需要进行全面描述,弄清楚其内涵和外延,甚至需要与类似词汇相区分,谨防歧义。其次是深层揭示。仅仅是对事物表面所呈现的特征等进行描述是不够的,还需要对其深层的内在机理进行揭示,厘清事物运行的内在机制。对于教学主张而言,作用的对象是学生,是活生生的个人,阐明其内在机理还意味着要证明这个主张是可行的,作用在人身上能产生正向效果,而不能违背伦理,对学生产生负面影响。再次,理论还要阐明事物的形成过程,在动态的维度上理解事物的过去、现在和未来。对于教学主张而言,就是要从主张的萌芽、成长到成熟做出系统解释,表明主张不是凭空想象出来的,自有其根源。最后,理论还要解释事物与其他事物之间的因果关系,以实现对事物前因后果的认识和理解。通过对事物的方方面面、里里外外、来龙去脉的研究,理论可以揭示出事物存在与发展的内在逻辑,达到对事物的系统认识、深度理解和本质把握,透彻地解释事物"何以如此"的问题。这样,理论就能超越事物存在与发展的偶然性,把握事物存在与发展的必然性,证明事物"必然如此";超越事物存在与发展的孤立性,在不同事物或事物不同层面与阶段的相互关系中系统性地把握事物。[②]

经验是个体在实践中逐渐积累起来的,蕴含着个性化的理解,具有偶然性和孤立性,这也导致其难以复制。此时,理论的重要意义得以彰显。在学校场

[①] 大辞海哲学委员会.大辞海:哲学卷[M].上海:上海辞书出版社,2015:109.
[②] 余文森,龙安邦.提炼教学主张:名师专业成长的必修课[J].教育科学,2022,38(2):26.

域中,虽然名师能迅速判断出各种教学活动的实效性并处理和解决好教学中产生的各种问题,但是却难以进行更深层次的思考,无法追问各种教学现象和问题背后的本质与规律。囿于实践,虽在自己的教学岗位上做得很好,但也难以得到更进一步的发展。理论思维恰恰就是很多名师发展面临的"大山"。只有突破这一瓶颈,从经验思维进入理论思维的层次,才能得到真正的突破,向教育家迈进。这也是很多名师培养计划的重中之重。访谈发现,不少培养对象在刚刚开始参与研修的时候都对理论思维和理论研究有强烈的畏难情绪,虽然对教学实践方式等能够侃侃而谈,但一旦涉及理论,面对"概念""论证""逻辑""体系"等往往无所适从。这是名师修炼过程中最痛苦的,却不得不经历的阶段。名师与经验型教师的本质区别在于是否建构出自己的教育思想。[1]理论构建是名师生成自己的教学主张必经的环节,对于明确自己对于教学的认识和理解具有重要意义。

(四)模式创设

构建出教学主张的基本理论之后,就要对其进行进一步完善,加之以教学模式的设计。教师需要探寻教学主张的理论依据、价值定位、操作环节、实现条件等,从而形成教学主张的理论体系。理论依据的确定需要从教育学、哲学、心理学、社会学等方面找到与教学主张的理论内核密切相关的理论,为教学主张的合理性提供支撑。价值定位需要依据理论所表现的功能取向,确定教学主张发挥什么样的育人功能、促进哪些方面的教师专业发展、如何提升教学效果以及支持何种教育教学理论的发展等。操作环节即教学模式的设计,要求结合教学实践,将理论转化成为具体的行动流程和方式,明确教学活动的操作程序,阐明每个步骤或环节的任务,这与实践息息相关,应是名师所擅长之处。在设计教学模式的同时还要分析实现条件,探讨理论在何种条件和状态下才能符合教育教学规律,以及相应的操作环节及程序如何有序、有效地实现教学目标,如需要何种体系的课程、何种教学组织、何种氛围的教学环境等。经过上述系列的探讨与分析,教学主张就形成了完备的理论体系,实现了面向实践的模式化构建。

在经历了问题提出、概念凝练、理论建构和模式创设之后,教学主张已经形成了基本完备的体系。名师在提炼过程中会不断审视自己的主张,试图对其命

---

[1] 朱宁波,秦丽楠.新时代中小学教学名师的培养策略[J].教育科学,2020(1):41.

名,而到此时,教学主张的主题范围、核心概念、理论内核、操作环节等已经略成体系,再命名可更好地统摄全局。如窦桂梅教学主张核心思想是"语文立人",理论基础有培养完整人的哲学思想、儿童的生命价值学说等,价值定位是培养学生的语文素养、天下情怀和完整人格,教学模式是课堂教学以"预学—共学—延学"为动态学习流程,以单篇经典主题教学、群文主题教学、整本书主题教学、主题实践活动四大实践样态及其整合样态为实施路径。①

最后,系统完整的教学主张应该不断走向人格化、走向卓越。教学主张的生成过程是名师从教学自信走向自觉的过程,是从自身教学水平高走向努力使他人教学水平高的过程,是扩大自身影响力,为教学理论添砖加瓦的过程。教学主张不只要展现教学的方式方法,更重要的是要注重学生人格的培育,最终目标是让学生成为全面发展的健康"完人"。

---

① 窦桂梅.让儿童站立在学校正中央:从"三个超越"到"成志教育"的升华之路[J].中国教育学刊,2017(4):78.

第四节 以传为体的对话论道

输出式研训是卓越教师培育项目的主要研训方式。我们将名师学术输出、学术传播、学术对话、学术论道等作为教师最为重要的学习方式之一。输出活动、传播活动的设计与实施贯穿着项目实施的全过程,作为项目设计与实施的主要线索。探索开展了网络直播、专题授课、学术论坛、学术讲坛、主题分享、专场展示、读书交流、成长反思会等一系列的以培育对象输出活动为主的研修活动,着力让培育对象在不断地输出中深化学习,持续生长,形成成果。

一 同步网络直播,媒介场景的输出

面对学生的输出和面对未知听众的输出,形成的效应是不同的;面对现场听众的输出和面对网络的虚拟直播输出,造成的心理压力是不同的。对社会人而言,从关系与交往意义上的素养来说,新媒介素养是不可或缺的。我们几乎是时时处于无处不在的镜头之下,考验的是人面对"镜头"的即时反应和即时行为。在线资源正在成为基础教育领域的重要资源,未来更将成为常态化的资源,面对"镜头"授课已然成为一种新趋势。那么,如何锤炼卓越教师培育对象的这种素养呢?不是给予足够的准备时间或模拟,而应是设计各种面对"镜头"的分享,即将培育对象的分享活动、主题论坛活动等以"同步网络直播"的形式呈现,让培育对象在媒介场景中输出,习惯面对"镜头"并形成一定的经验基础。同时,评价始终是一件艰难的行动。通过同步网络直播,用线上观看的听众的数量来反映活动的吸引力,来体现培育对象的"圈粉"能力,或者说是卓越教师培育对象的"流量"水平。这种多重意蕴的综合设计,既起到培育人的作用,又是积累实践操作经验的过程,也是将优质的教师学习资源最大化的过程。

二 为研究生或本科生授课，异质课堂的对话

卓越教师培育对象都来自厦门市的中小学教师，面对中小学生进行授课是主业主责。课堂教学都是熟悉的场景，所具有的丰富实践性教育智慧，足以应对各种复杂的情景。当中小学名师进入高校课堂，面对研究生或本科生的时候，应该怎么授课，应该怎么把握学情，应该怎样回应研究生或本科生培养需要，这是来自异质课堂的挑战。这是一场实践者与学习者的对话，一场资深教师与职前教师的对话，一场理论与经验的对话，这样的输出能够锤炼培育对象应对不同场景和对象的实践智慧，也能够站在新的场域中理解教师成长与教育变革的逻辑。实施过程中，每位培育对象都根据课程目标进行了内容设计，并进行了有效体验。具体的授课主题如表3-3所示。

表3-3 厦门市首期卓越教师培育对象为研究生或本科生授课部分主题列表

姓名	授课主题
吴智鹊	教育资源优质均衡，实力扎实过硬——厦门基础教育的发展简介
傅闰冰	一个人，一次比赛，一个名师工作室——我成长三个关键过程
李加前	新时代青年教师专业发展之道
林悦	以创美体育教学主张引领突破之路——与在读研究生谈名师工作室的实践与突破
赖景琼	教师专业成长的密码
蒋艳秋	以爱为引，照亮学生未来——师德师风之我见
沈汝丑	志于道 游于艺——谈高师学生专业训练之评课技能
王翠霞	家校社协同育人，让教育充满力量
黄捷	敦行致远：校本教研新模式
张建阳	校本教研和教师共同体建设的有效途径及策略
洪进步	"年轻，有梦"——给教育研究学习者的建议
刘明	教师专业成长的旅途图景
邹标	教书育人，追求卓越——教师专业发展的思考与建议
石进德	基于中学生融创教育的实践与研究
钟振裕	做人民满意的新时代教师

续表

姓名	授课主题
陆佳音	教师专业发展的修炼路径与自觉养成
黄芸	心之所向,素履以往——我的专业成长故事
肖珩	心中有力量,脚下有方向——以新教师的成长为例
徐晨来	心有花田,浮生绽放——名师成长密码
陈海烽	如何带好一个团队
王淼生	国家级教学名师成长之路与启示
黄莲花	以"爱"育爱——教师专业成长的法宝
苏巧真	"真数学"教学主张的实践与探索
杜紫红	基于新课标推进深度校本教研的实践路径
陈茜茜	读写一体化课堂校本教研
张雅芬	心有所信,方能行远——"名师工作室"建设中的"领导力"
李玲玲	青年教师成长困境与破解对策
邵巧治	精心擘画,锐意进取——厦门教育发展介绍
汤吟莹	用心做好每一件事——我的成长故事

三、跨域名师对话,巅峰认知的论道

事实上,作为一线的基础教育名师,在同区域外出讲学、参加研讨活动及学习研修活动是比较常见的。但不同区域间的名师进行深度的面对面学术论道活动是比较少见的。即使有,也是少数的、个体间或个体与群体间的互动,或者说是私下的对话较多,而作为学术性活动的论道活动,是比较少见的。不同区域之间的教育存在显著差异,其中原因是复杂的,师资水平的差异是其中一个方面。为了促进交流与对话,实现跨区域名师之间的对话,在区域名师的碰撞中相互了解、相互认知,从而发现优势与差距,是很有效的一种新异刺激,能够丰富学员的体验,并唤醒基于区域荣耀的内在学习动能。为此,协同研训承办方西南大学组织了厦门市卓越教师培育对象与重庆市北碚区第四期教育高端人才培养班的论道活动，围绕面向未来的教学思想建构这一主题举办厦碚名师教学主张论坛。论坛中一方的代表进行15分钟的以教学主张为核心的主题分享，另一方的代表进行8分钟左右的点评活动，每个活动最后都由西南大学教授进行点评。论坛中各种资源精彩纷呈，展现了两个区域顶级名师的不同风采，促进了不同区域名师对基础教育教学的认知交互，共同探讨了面向未来发展的学校教育教学转型的思考与判断，各自呈现了对未来教育教学变革的实践期待。这样的活动，是教师实践性智慧交互的有益形式。

四 跨级协作论坛，差异水平的协同

一直以来，卓越教师培育对象都是作为参与者，参与到论坛活动中，进行的往往也是同一层次的论坛活动。如果把不同层级发展水平的名师聚合在一起，会碰撞出什么样的火花？如何从差异中产生成长资源？卓越教师培育对象如何引领不同发展水平的名师共同来开展一场论坛活动？让卓越教师培育对象从论坛活动的参与者转变为组织者、推进者，成为一种新的探索形式。参与论坛往往只是需要配合与支持，只是在平台中发表自己的主张和见解。作为论坛活动的组织者、推进者，就需要更全面的综合素养。在2024年7月的暑期集中培训中，厦门市第九期中学专家型教师培训班和厦门市同安区中学、翔安区小学的学科带头人培训班同时在西南大学研训，就组织开展了一场围绕名师课程与教学领导力这一主题的论道活动。在筹备、碰撞、互动中，加深了彼此的认识与理解，强化了学员之间的竞争与合作，也形成了一种基于不同层级同伴的学习资源。(具体的活动方案见附录一)。

五 学术发现采访，学者生活的发现

作为教师，长期面向学生，我们似乎觉得很理解学生的学习生活，并以自己的学习者生活和认知的学习者生活关照他人的生活。也就是说，对学习者的学习生活境况，往往是以教师自我想象的方式存在的。在研训过程中，开展了"同主题分享"活动，虽然学员了解并研读了学者的学术经历和研究成果，但更多是对学者的文献式判断及学术指导过程中的主体认知，至于对学者深度精神世界的了解,对学者学术生活的了解并不多。事实上,只有了解和理解学者的学术生活和精神世界,才能够从学者的学术经历中发现学术成长的奥秘,才能够通过采访与访谈读懂学者的思维方式,从而更好地启发自己。为了让培育对象更好了解学者的隐秘生活,我们设计了学者寻访活动,在西南大学中去访谈一位学者,形成访谈报告。这样的活动,需要卓越教师培育对象先去了解学者的研究领域和研究成果,需要去主动提炼访谈提纲,并说服学者接受采访、实施访谈,形成报告,从而实现内化。这是一种主动进行的学术对话活动,要努力实现的是在输入输出结合中,进行双向的交互传播。

六 常态讲学交流,学术现场的参与

培育名师,是为了学校更好地教育教学实践,是为了更好地助力学生的成长。但名师作为一个范畴概念,需要通过一定的平台呈现和展示出来,需要参与到相关的专业性学术活动中,并且获得同行的广泛认可与支持,而不仅仅是扎根课堂。名师应当做到扎根课堂与参与专业学术活动的平衡统一。因此,在培育任务设计上,明确提出了"培育期间,每年在市级及开设教学示范课、观摩研讨课或学科讲座1次以上,其中至少有1次在省级开设;或在国家级基础教育论坛或教育教学研讨会上进行主旨或专题发言1次"的要求。核心是鼓励培育对象去常态化参加高水平的基础教育论坛或教育教学研讨活动,不仅作为参与者,还要成为学术论坛活动的资源贡献者。只有不断对学科领域有高水平的贡献,并在高水平群体当中进行有质量的互动与对话,才能成为被行业或领域认可的名师,才能够代表区域不断参与到学科领域的变革潮流中。

第五节 以行为脉的专场展示

教师的专业成长,起于实践,也要回到实践,更要基于实践来培育。如通过设计影子培训、跟岗培训、在岗研修及课堂教学考核评估等方面来反哺实践,更在实践中验证培育成效。经过实践,这样的培育转变,获得了参训教师、高校知名学者、参训单位等的高度认可,提高了教师学习的有效性。如何实现让培育成效转化为实践效能,如何体现实践中的转变,这在诸多培育项目中都很难实现真实的逻辑关联。在卓越教师培育项目中,提出了培育对象在市级及以上教研平台上,开展基于教育教学主张的专场汇报活动,以此来检验教学主张是否在真实的课堂教学中得到落地,是否在真实的辐射示范中起到成效。

基于集中表征的考量,我们提出了通过个人教育教学主张专场汇报活动来体现。教育教学主张专场汇报活动的设计,主要是围绕着培育对象的研训转化这一逻辑开展的,经历从碎片经验到主张成型、多元表征、实践展示、推广运用、优化提升,最后固化为培育对象的教育教学实践性智慧,整个过程被归纳为以实践转化为脉络的五重转化。

一、一重转化:从经验到主张

经过大量扎实的教育教学历程的培育对象们,拥有丰富的、碎片化的、充满智慧的缄默知识。为了助力培育对象将这些经验萃取出来,形成整体性的、结构化的教育教学思想,形成以教育教学主张凝练为核心的培育方案,一重转化,就是将培育对象的经验性智慧转化到理论化、体系化的教育思想的过程,是从实践到理论的转化过程。这个过程需要培育对象不断反思、提取有效的、符合规律的经验,借助教育教学理论和规律,进行以概念研究为核心的理论觉醒研究,以逻辑自洽为核心标志。

二 二重转化:从主张到表征

教育教学思想的提出是"空中楼阁",还是能够真实解决实践问题,关键在于能否实践转化。要实现实践,就需要对实践的形式进行表征。教学主张专场汇报活动主要有一节体现教学主张的课堂、一个教学主张的主题分享、一个围绕教学主张应用与推广的沙龙或微论坛、至少一个专家的点评指导等要素。在这个基础上,尊重不同培育对象的个性化设计,如陆佳音老师的教学主张专场汇报活动,结合市级名师工作室的建设路径,设计了以"融通语文——陆佳音教学主张阐释及实践论证"为主题的汇报活动,活动流程如表3-4所示。

表3-4 "融通语文——陆佳音教学主张阐释及实践论证"主题汇报活动流程表

负责人或主持人	内容
厦门市集美区实验小学　邢梦婷	签到
厦门市教育科学研究院　邵巧治	活动开场介绍
厦门市鹭江新城小学　陆佳音	"融通语文"教学主张展示课:《闻官军收河南河北》(五下)
厦门市鹭江新城小学　陆佳音	教学主张阐释汇报讲座《融通,追寻语文教学的澄明之境》
主持:厦门市集美区实验小学　江滨 核心成员:厦门市群惠小学　蔡彩燕 研修成员:厦门第二实验小学　徐舒婷 带教教研组:厦门市集美区灌口小学　林碧蓉	主题对话交流:基于"融通语文"教学主张的实践论证与收获
厦门市教育科学研究院　邵巧治	专家点评(西南大学教育学部课程教学研究院院长艾兴教授)

三 三重转化:从表征到输出

表征的核心是专场活动的设计,即教育教学主张的呈现转化为一场既体现理论,又体现实践与推广运用的研修活动,成为教师研训成长的资源。活动设计如何实施,如何变成实践输出,探讨的是输出方式的问题。一是综合运用听、说、读、写、做、演、展、论等多种关键学习方式来呈现,如赖景琼老师的专场活动以男声合唱团表演体现其音合教育的实践成果。二是整场活动与区域教育生态融合输出,有的结合名师工作室建设路径来输出,有的结合区域教研活动主题来融合,有的以成果发布会的形式来输出,有的以同步网络直播的形式来输出等。不同的输出方式,背后是专场活动设计的价值逻辑,是对真实实践的过程折射,是从点到面的教育教学实践展现。

四 四重转化:从输出到引领

专场汇报活动是一次教学主张的集中呈现活动,是从理论的主张到实践的主张的过程,是教学主张实践成果的展示,是教学主张运用推广辐射的过程。同时,也是一次对培育对象教学主张理论与实践的检验过程,探讨所凝练的教育教学主张是否能够真实转化为实践的过程,是对实践路径的再次完善。由此,让不同领域多样化专家参与,在观摩中,以第三者身份审视卓越教师培育对象的教育教学主张理论及实践,进而通过对呈现的活动进行点评指导,引发新的思考和新的探索,促进再完善。

五 五重转化:从引领到智慧

专家引领的目的不是对培育对象的教育教学主张的理论及实践下一个结论,而是为了在理论与实践双向互动的过程中,探讨如何让实践理论化与理论实践化更好达成统一。即为培育对象进一步丰富和完善教育教学主张的理论体系提供支持性建议。培育对象在专家的引领下,不断校正自己的理论与实践,不断追求智慧化的过程,直到达成基于教育教学主张的实践性智慧成为自觉的境界。

这里的五重转化是教育教学主张专场汇报活动整体过程的内核。其反映的是,从培育对象研训逻辑的角度,进行的结构化的任务设计,是培育项目设计的关键行为事件的学理选择。(具体案例见附录二)

第六节 以引为终的辐射示范

扎根于教育教学活动实践,成为高水平教学育人的名师,固然是所有人的共同期待。名师的培育工作,核心指向也是能够实施更优质的教育教学活动。转化为实践是教师培育培养的根本指向,即实践是检验培训成效的第一标准。但名师的培育还在于要发挥其辐射示范引领作用,通过名师的实践、名师的引领、名师的探索,驱动教育教学活动的变革,影响更多的教师成为高素质专业化的实践者。辐射示范引领也是输出式研训的一种类型,培育对象在引领其他教师成长中,需要提炼经验、研究方法策略,奉献帮助、组织设计与实施等,从而在教会他人中,实现更好的自身成长。

一 专业成长回顾中的引领

故事总是有着动人心扉的力量,故事总是能够引发更多、更深刻的启迪。很多老师都有这样一种体验,我们总是会受到自己曾经的老师的影响,而选择成为教师。教师的老师,也往往是教师开启职业生涯的最初学习对象。几乎每个教师都是在解剖自己曾经的教育经历中逐步走向卓越。弘扬教育家精神,实质也就是学习一脉相承的师道精神、从教育家的历程中发现生长的力量、从教育家的教育智慧中汲取优秀的实践行动。卓越教师培育对象是一批具有丰富教育教学经历的资深优秀教师,他们的成长故事蕴含着丰富的成长力量,能够给其他教师带来许多的成长力量。有时候,学习他们的实践性教育智慧,可以从了解他们的成长历程开始,能够更好理解他们的教育智慧。

杜紫红老师说,"记得初出茅庐,我满怀激情地站在讲台上,心中只有一个简单的信念:要让学生们喜欢数学。然而,现实远比我想象的复杂。我遇到了第一个挑战——如何让课堂生动起来?我尝试着用各种方法激发学生的兴趣,但总感觉缺少了点什么。直到一次偶然的机会,我设计了一个关于时间的问题,同学们的眼睛突然亮了起来,那一刻,我意识到了问题的力量。这次经历,如同一束光,照亮了我教学道路上的迷雾"。其中的"问题的力量",正是一种深刻的教育智慧,是一种对优质教学活动的信念。

黄莲花老师说,"回顾一路成长历程,始终心怀感恩。曾经听过华东师范大学博士生导师刘良华教授的'影响自己的重要他人'的演讲,深有感触:每位名师的成长、成就其实都离不开许多'重要他人'(也就是人生的'贵人')的影响;同时,也应该效仿并努力地去做一个'影响他人'的'贵人'"。这告诉我们,要珍惜成长过程中的遭遇,保持谦卑学习的心态,让自己在优秀他人的影响下成长,也努力让自己成为他人成长的重要他人。

刘明老师回顾自己的成长历程说:"我1998年大学毕业参加工作,在2011年之前,大概13年的时间里,一直是一个默默无闻的普通教师。如果要说专业成长的起步,应该就在2011年,那年发生的一件事情,让我走上了教师专业成长的快速通道。在那个注定非凡的年份,我所在的城市,厦门,迎来了空前的教师盛会——首届教师技能大赛。这场赛事不仅是一场竞技的盛宴,更是一次通往更高峰的跳板,因为它是备受瞩目的福建省教师技能大赛的资格预选赛。最初,我并未有参与的念头,但在命运的微妙引导下,我最终还是踏上了这条充满挑战的道路。意料之外,又在情理之中,我在这场激烈的较量中赢得了一等奖,这份荣耀让我获得了进军省级比赛的入场券。紧接着,我便投入了由厦门市教育科学研究院精心组织的一系列严苛的训练与考核之中。那是一场对意志和技能的双重磨砺,每一次挑战都像是与自我内心的搏斗,每一滴汗水都凝聚着对知识的敬畏和对教育的执着。在那段日子里,我历经风雨,却始终坚守信念,最终,我从众多优秀选手中脱颖而出,站在了省级比赛的领奖台上,荣获高中物理组的冠军。每一份荣誉背后,都是无数次自我超越的积累,是对曾经以为不可能的挑战的不懈追求。这段经历,无疑是我教师生涯中的一个转折点。它不仅仅锻造了一个更加坚韧、专业的我,也让我深刻地认识到,教学比赛不仅是技能的展示,更是教师成长的催化剂。这个开始,既是对过往努力的肯定,也是未来旅程的起点。"

在这样动人的成长故事中,我们可以读到刘明老师坚韧的信念、执着的追求和勤奋的探索。每个人都会有自己的关键事件,不同的事件对不同的人影响是不一样的。竞赛、公开课、培训、座谈、交流、论坛等,都可能影响着每个人的发展。关键在于,我们是否深刻地省思了自己的成长,是否坚定了追求卓越之心。

在开展的讲述卓越教师培育对象成长心路历程的活动中,涌现了许许多多不同的精彩成长故事。这些故事反映了卓越教师们的理想信念、价值判断、行为选择、意志品质、思维方式等关键素养。通过这些故事,我们总是可以找到适合自己的成长启迪,总会找到自己成长中的关键事件。正如苏巧真老师在"我成长中的关键事件"(见附录三)所述。

二 专业成长感悟中的引领

专业成长回顾是卓越教师培育对象讲自己成长历程的故事,是透过故事来看教师的专业发展,看优秀教师的成长品质和成长关键事件。读故事,需要读者自己去感悟,每个人读故事都会有自己的收获,都会看到不一样的风景。这样的引领需要我们去阅读这些故事,只有对这些故事的主人进行一定的研究,才能有更好的理解。而卓越教师培育对象的专业成长关键词,是理性反思的结果,是直接告诉读者,可以从什么样的品质和什么样的行动着手。成长关键词是高度凝练的成长智慧,是卓越教师培育对象们最深刻的感悟与凝练,饱含着对职业生涯的最核心价值观念。

从卓越教师培育对象的专业成长关键词中,我们可以得出一些名优教师从平庸走向卓越的共识。一是要有源于热爱的教育理想,理想是旗帜,热爱是根本,有理想才方向明确,有热爱才有动能,才能不断探求更好。二是要有长期主义的持续学习,教育的长期性、复杂性、不确定性,决定了教育的多变性,唯一不变的就是变。因此,需要不断学习才能适应变化的需要。三是要有展现可能的成长平台,人的成长往往也是充满各种可能性和不确定性的,适合每个人的成长机遇都有较大不同。但每一种成长,都有展现的平台,都有发展的通道,执着一种方式或一个平台,往往就局限了成长的可能。四是要有创新突破的实践智慧,不满足于已有的成绩,不断逼近教育理想的彼岸,能够应对变化的未来,唯有创新的意识和突破的勇气,才能永远在边界上探索,而不在边界里面或边界之外探求。所有一切的根本在实践本身,有实践行动,才能有一切的可能。当然,每个人都还可以读出不同的答案,也还可以有自己的回答,但本质都离不开一颗生长之心。表3-5呈现的是卓越教师培育对象的专业成长关键词。

表 3-5 卓越教师培育对象的专业成长关键词

姓名	成长关键词	关键词阐释
陈海烽	胸怀理想	对教育真心热爱。一心为党育人、为国育才,以不舍一个人慈悲胸怀演绎自己的教学故事
	独立思考	不人云亦云,不轻信。能通过自己的实践做独立的思考
	久久为功	对自己的认定有利于学生发展的策略、有利于学生思维提升的方法。不断地实践,不断在变化的学生中进行研究,不朝三暮四,也不浮于表面,就一个地方深挖
陈茜茜	心空静	能够排除内心干扰及外在环境的纷扰,静心自修,空心求进
	生命力	全身心投入日常工作和学习的一种能力、敏感、兴趣、创造
	自组织	形成专业发展的组织结构、自我发展和自我运动的迭代更新
杜紫红	持续学习	每一次深入学习,都是对教育热情的献礼,每一次跨界探索,都能让教师在教书育人的道路上更加宽广与坚实
	反思性实践	审视课堂,反思教育教学,从中汲取教训,提炼智慧,能让教师以今日之我超越昨日之我,不断提升教学的艺术和效果
	领导力	以身作则,用行动展示责任与担当,用智慧激发潜能与信心
傅闰冰	终身学习	教师专业成长是个动态过程,而不是静态的物化结果,必须坚持学习,活到老,学到老,向书本学习、向实践学习、向同行学习、向学生学习
	修己达人	充实自己,赋能成长,最大限度发挥自己的价值,成就别人也可以让自己获得提升
	理想信念	这是好教师的人生基石,有了目标,树立为自己专业发展负责的信念,充满激情,主动发展
	人格魅力	有奉献精神,肯付出、肯吃苦,面对困难不屈服;有爱心,有坚韧的品质,有谦逊的态度
洪进步	勇敢	教师在面对教育过程中的挑战和困难时,能够不畏艰难,勇于尝试和探索。勇敢是卓越教师的重要品质

续表

姓名	成长关键词	关键词阐释
洪进步	平常心	教师在教育生涯中保持的一种平和、稳定的心态。平常心是卓越教师保持内心平衡的关键
	坚守	教师对于教育事业的忠诚和执着,具有正确的教育理念和职业道德、长期主义思想。坚守是卓越教师实现教育理想的基石。勇敢让教师能够不断前进,平常心让教师在前进的过程中保持稳定,而坚守则是教师在教育道路上不断前行的动力源泉。通过这三个关键词的实践,教师可以在教育领域实现自我超越,成为真正的教育专家
黄捷	热爱与热情	对生活和工作的态度
	坚守与革新	对职业的坚守,对外界变化与时俱进
	决策与融入	决策意味着敢担当,融入意味着顺应时代的变迁和待人之道
	团队与领导力	构建志同道合的团队及在团队中的影响和引领
黄芸	自我治理	自我治理需要不断自我调适并积极对待专业生活的态度,持续强化内心的专业承诺。转化为根植于内心的坚定的、向上的观念与持之以恒、坚持不懈的行动,最终形成指向深度专业发展的自为与自新
	能力结构	能力结构包括专业能力、通用能力、领导能力和育人能力四个方面的能力
	创新素养	应自身具有较高的创新素养与能力,能够担当"创造性教学"和"为创造力而教"的双重使命,需要具有创造性的人格特质、独立的教育见解与批判反思能力、深厚的学科理解力、创造性开展教育教学能力以及为创造性而教的能力
黄莲花	执着于专业,守得住初心	能够规划好学习的路径,把握好晋升的方向,积累好相匹配资料,不断提升专业能力和水平;守初心,就是要有教育情怀。实现专业追求的目的在于:为了更好的教育,为了学校的发展,为了学生的发展
	学得会文献,做得了课题	文献研究能够助推专业发展,提升写作和表达的能力,提升论文的数量和质量;课题研究在于提升行动的实效,积淀问题和成果意识;专业要发展,就得先培养自身发现问题、提出问题、分析问题和解决问题的能力

续表

姓名	成长关键词	关键词阐释
黄莲花	耐得住寂寞,抗得了压力	必须自律,要有自我约束和抗压的能力,自我约束就是要耐得住寂寞,要有自我学习和自我加压的本领,还要有自我情绪的调节控制,要有享受那种看似一个人的孤独但确实是内心狂想和畅想的境界
蒋艳秋	热爱	热爱学生,让学生的每一点进步成为自己努力的动力;热爱教育事业,把教育当成事业来奋斗
蒋艳秋	专业	专业素质过硬,能够起引领作用。不断学习,包括扎实的学科知识、广泛的教育理论和丰富的实践经验
蒋艳秋	创新	敢于创新,突破瓶颈,敢于尝试新的理念和方法,不断探索适合学生的教学模式
蒋艳秋	合作	一个人走得快,一群人走得远
赖景琼	勤学	意味着不断学习,是教师成长的基石
赖景琼	坚韧	教师成长之路上必备的品质
赖景琼	特色	教师在教学实践中形成的独特风格和特点。结合自己的教育理念和学生的实际情况,创造出具有个人特色的教学方法和模式
赖景琼	创新	教师成长的关键动力
赖景琼	发展	教师成长的最终目标
李加前	教育情怀	不忘初心,终身奉献教育的精神
李加前	立足本职	立足本职岗位,做好本职工作
李加前	潜心钻研	潜心修学,钻研教育教学学问
李玲玲	热爱	唯有热爱,才能走远。教育成长之路,面临很多挑战,需要对教育研究有热爱,才能坚持并有更多的收获
李玲玲	聚焦	作为一位名师,选准自己的研究方向,适当取舍,集中精力做深度研究,才能研有所成
李玲玲	完整	要有育人先育己的精神,让自己成长为身心健康、学识丰富、能力高超,能对学生进行思想引领、心理疏导、学习指点的老师,能让更多的社会资源成为自己的课程资源

续表

姓名	成长关键词	关键词阐释
林悦	持续学习	学无止境、终身学习
	热爱	热爱生活、热爱事业
	与时俱进	不断更新知识和技能
刘明	坚定信念	心怀成长的愿景,相信自己的努力,面临挫折的坚守
	坚持学习	持续地阅读,实践中研讨,反思中写作
	坚决行动	想到了,就去做,不一定能成功,但始终走在可能成功的路上
陆佳音	教育理想	教师有了教育理想,会满怀希望,创造条件,追求卓越;就有了强烈的责任意识和使命感,就有了对良知的捍卫和对寂寞的坚守;就有了直面现实困惑与各种烦心的坦然,就有了忍受生活艰辛和挫折的底气;就有了对职业不悔选择的坚定信仰,就有了对神圣事业快意追求的豁达从容,就有了对教育走向未来的憧憬和探索
	热爱可抵岁月漫长	若对教育始终心存热爱,教师成长之路,何惧山高水长!热爱自己的学科是敬业之基。不热爱这个职业,则很难敬业,当然更难以乐业精业了
	以生为师	向学生学习的过程,就是要通过了解学情,从学生身上发现教学的不足,检验教学成败,改进教学的过程;就是要放下师道尊严,构建对话式、交互式、融通式的教育模式,与学生教学相长的过程;就是要通过课堂的动态生成,激发教育智慧,灵活运用教育机制,探寻教学创新性思维的过程
邵巧治	读书	读专业的资料,如各种类型的作品、报刊、权威网站;读教育类书籍和文章,如经典教育学、心理学著作,读优秀期刊上发表的论文,读名师课堂。读书须有主题,须多元,须比较
	实践	投入一线课堂,参与教师教育教学研讨,或进入课堂实践验证,或开展课题研究等。实践须真实,须连贯
	反思	将读书和实践结合起来,观察、思考、总结,或形成论文,或形成课题,或形成新教案。反思须及时,须坚持,须系统

续表

姓名	成长关键词	关键词阐释
沈汝丑	专业素养、教学创新、学生关怀、持续学习、团队协作、道德与信念	（略）
石进德	启发思维	应以STEM教育理念为核心,通过引导学生自主探究和解决问题,激发学生的创造性思维,培养他们独立思考和解决问题的能力
石进德	知识融合	将数学、工程等与学科相结合,运用跨学科知识解决实际问题,帮助学生构建全方位、多角度的知识框架,提升学生的学科素养
石进德	创新实践	应以创新为核心,不断尝试新的教学方法和评价方式,通过实践探索,提升教学质量,培养学生的创新能力和实践能力
苏巧真	阅读习惯	每读一本书,就是与作者的对话、与自己的对话、与现实和将来的对话。读书可以让我们看到更远的风景,用读书的厚度成就人生的高度
苏巧真	长久思考	能够不断反思、不断思考的教师,教育智慧会随之不断增加。每一次思考,就是一次重新建构,从否定到肯定、从推倒到重来,做到最好
苏巧真	坚持实践	实践出真知。一篇教学设计到底好不好?需要在课堂中实践、检验,然后反思、调整、修改,最后再次实践于课堂
苏巧真	勤于笔耕	写作是从实践中来的,是思考的产物。写让我们的思维更加地通透与敏捷,写作酿造自己的教育思想
汤吟莹	前瞻	前瞻性就是以战略眼光审视教育发展的大势和大局,认清机遇和挑战,准确分析不利环境和有利条件,从而未雨绸缪,系统谋划,趋利避害,赢得个人发展的主动权
汤吟莹	规划	通过制定发展目标和计划,教师可以有针对性地进行自我评估,并找到自己的不足之处,从而进一步加强自己的学习和成长;可以帮助教师建立起对自己的信心和自信心,提升职业认同感

第三章 实践集萃:卓越教师培育的密码

续表

姓名	成长关键词	关键词阐释
王翠霞	独立思考	独立思考能力:思考规划,思考策略和反思能力。只有你独立思考以后才能往前选择,你连思考都没有是不可能有选择的
	主动选择	思考完了以后,我们应该做出选择,决定往哪个方向走,但一次选择就等于一次放弃
	目标与行动	目标是前行的一种力量。人生如果没有行动的话,那么一切梦想都是白日梦。行动就像运动一样,刚开始你会觉得很累,但逐渐地参与到其中,慢慢获得了乐趣
	勤奋	只要不是过度地拼命,过度消耗自身,就会带来活力
	进取与挑战	进取不是一次性的事情,是每天的事情,每天进步一点点,一生就是巨大的进步。我们不要希望奇迹发生,没有人能够一蹴而就。所有的奇迹,都是日积月累的结果。不怕失败,在失败中间寻找机会,失败对于真正有成功素质的人来说,那是宝贵的财富。不放弃,坚韧不拔地往前走
王淼生	安心、静心、精心	(略)
吴智鹞	终身学习	教育是一个不断发展和变化的领域,卓越教师需要保持持续学习的态度,不断更新自己的知识库和教学技能
	教学实践	理论知识的学习是基础,但教学实践是提升教学能力的关键
	创新精神	卓越教师需要具备创新精神,敢于尝试新的教学方法和手段,不断探索适合学生的教学模式
肖珩	思维品质	卓越教师遇见问题或困难,能积极主动地深入思考,愿意思考,执着思考,进入不达目的不罢休的痴迷境界
	行动品质	卓越教师要亲身参与教学研究与实践,亲身经历课堂教学、课程改革、课题研究等,在亲身经历中发现问题,解决问题,并且能举一反三,复盘得失,不断完善,不断提升,收获更好的效果
	合作品质	卓越教师要有合作品质,与身边优秀的教师合作,与身边不及自己的教师合作,主动合作,善于合作,能够合作,这是卓越教师持续成长,走向成熟、成功的重要标志

117

续表

姓名	成长关键词	关键词阐释
徐晨来	自我驱动	以自主成长为核心
	把握节点	以关键时刻为契机
	超越自我	以持续创新为动力
张建阳	教育理想	有教育理想才有教育情怀,有教育情怀才能把教育当作事业不是职业而精益求精深耕不辍;才能心有大爱燃烧自己助力全体学生发展成长;才能碰到困难和挫折时能及时修复心灵而负重前行
	理论积淀	理论积淀是走向卓越的必备条件,有积累才可能融会贯通。纵观中小学中产生的教育家,都是理论深厚、紧跟时代步伐的学者型校长或教师
	交流学习	输出式学习需要平台,一方面教师要珍惜培训机构或上级部门提供的平台,在展示交流中做到最好,另一方面要积极创造条件,以提交研究成果形式参与各种全国性会议,交流中发现新机,扩大视野,注重结识学者名家,取长补短,丰富自己
	看齐高位	走向卓越的培训,应该是立足本地,走向全国
张雅芬	持续的学习力	要秉持正确的学习观,持续不断地学习。一是向经典学;二是向专家学;三是向同行学。与优秀的人同行,自己才能走得更远
	深刻的反思力	教师要常常拿起"手术刀",培养站在"第三方"角度解剖教学行为、教育现象的习惯
	优秀的表达力	优秀的表达源于深刻的思考,深刻的思考源于丰富的实践。表达力的强弱直接决定了教学信息传递的程度。同时,教师要通过课题研究、教育叙事、论文写作、成果提炼等有意义的记录和书写,形成自己的专业表达
钟振裕	仁慈之心	对学生成人之难的悲悯,对教师执教之艰的理解,对学校办学之难的认知
	立定之力	对教育本质的洞见,对教育主张的坚守,对教育未来的热望

续表

姓名	成长关键词	关键词阐释
钟振裕	跨界之能	对本学科知识体系的通透把握,对跨学科教学技能的熟练掌握,对跨领域无界发展的积极扩展
邹标	目标明确	对自己的优点和缺点进行自我剖析,确定发挥自己特长的研修目标
	规划实施	确定自己的研修目标后,制定适合的长、中、短期计划,并落实在行动
	持之以恒	按照自己制定的目标和行动计划,坚持下去
	形成特色	围绕自己的目标,开展多角度的实践,如课题、论文写作、公开课、讲座、教师技能比赛、校本课程等,聚焦目标开展教学实践,逐渐形成教学主张

三 带教青年教师中的引领

带教青年教师,促进青年教师专业成长,是卓越教师培育的任务与愿景之一。事实上,师徒带教在技术层面上,不管如何去创生、如何去实践,说到底就是教师专业成长行动的基本要素。师徒带教的探讨更多应该是精神层面的、思想层面的,是名师们对青年教师专业成长的行动唤醒,是对青年教师专业成长的精神引领。这往往是一句话的点拨,一个行为的照亮,一个事件的刻画,一个细节的顿悟,这些是名师们带教的价值理念、成长感悟、底层逻辑。如果用一句话来凝练自己过去的成长、当下的突围及未来的追寻,用一句话来深沉地表达自己过去的带教、现在的带教及未来的引领,那必然是最深刻的内心世界的嘤嘤友声。

引领带教青年教师专业成长,并取得一定的教育教学业绩,是卓越教师培育的核心任务之一。通常来说,带教分为技术技能等实践经验层面的带教和精神引领持续成长的带教。为此,通过对青年教师成长的一句话,可以反映卓越教师培育对象对青年教师的成长期待,可以发现他们在带教过程中的精神投射和实践表征。

陈海烽: 珍惜各种学习平台,跟随或神交一位导师,把握各种交流的机会,促进自己的教学反思,专注于一个小领域做到最佳,你就是那个最棒的人。

陈茜茜：对你的教学永远保持一种旺盛的生命力。

杜紫红：在教育世界里，每一次学习、反思、实践，都是成长的催化剂！让持续学习成为教育生涯的底色，让反思性实践成为前行的足迹。

傅闰冰：确立自我发展方向，唤醒教育成长理想，积蓄教学实践力量，攀登卓越教师高峰。突破自我、蜕变自我，让自己成为一名专业知识过硬、素养能力优秀，深受学生喜爱的好老师。

洪进步：教师的专业成长需要对教育事业的长期承诺与持续热爱。

黄　捷：好想法就要去实施，结果没有最好，只有更好！

黄　芸：眼有星辰大海，心有繁花似锦，以梦为马，不负韶华，未来可期。

黄莲花：心怀梦想，执着前行——当克服各种困难实现了一个个小目标后，心中的梦想就会欣然成真！

蒋艳秋：持续学习、勇于实践、不断创新，用爱心带着学生一起为美好生活而奋斗，品尝教育的幸福滋味。

赖景琼：坚守教育初心，怀揣热情与梦想，坚持学习，勤于实践，不怕困难，敢于创新，勇于绽放属于自己的色彩。

李加前：树立正确的教师专业发展认知观，坚持不懈学习，不断反思与总结。

李玲玲：踏上教育旅程，欣赏沿途风景；用心成长自己，潜心成就学生。

林　悦：青年教师要坚定教育理想，以谦逊为基，勤学不辍，锐意创新；以爱为底色，以学为路径，以研促教。不断磨砺教学技艺，绽放自己的风采！

刘　明：研磨教学之艺，拓宽知识之疆，以信念为航，以努力为桨，扬帆教育之星河。愿尔成璀璨之光，照亮学子前行路，共绘教育之画卷。

陆佳音：不鼓励追求形式上的人无我有，扎实地研读教材，诚实地分析学情，客观地审视教学，把本分的事做深，便会深刻，深刻了才会产生更为牢固的与众不同。

邵巧治：既要仰望星空，又要脚踏实地。

沈汝丑：教师专业的真正成长需要一场深刻的顿悟，我们应该"如山站立，如灯醒路"。专业成长路上有许多"要塞与山头"需要我们去攀登，让我们一起"翻山越岭"，攀上专业成长的一座座山头。当你像鸟看见你的"山"时，你就打开了思维与价值的"远山"。

石进德：秉持融创，不断启发学生思维，融合各种技术和学科知识，勇于创新解决实际问题,在教学中持续挑战自我,不断追求进步和突破,努力成为专业的教育者和引导者。

苏巧真:在这个时代,不管是技术还是思想,更新迭代的速度太快了,很大程度上,你需要在你的赛道上,有一种持续爬坡的能力。

汤吟莹:你真正的生命是你的思想,要努力成为一名好学者、思考者、创新者,努力在成长的过程中寻找到生命真正的意义和价值!

王翠霞:挑战自己,遇见更好的自己!做一个有爱的教师!除了爱自己的这份职业,更要爱自己的学生,只要心中存着对学生的爱,一切都将有最好的解决办法。

王淼生:是金子,迟早会发光!

吴智鹉:坚守初心,保持热爱;不断学习,积极实践;敢于挑战,勇于创新。

肖　珩:既要仰望星空,又要脚踏实地,在学习中积累,在实践中提升。

徐晨来:如若想让自己的教学生涯丰富而又精彩,走专业发展是让教育生活变得有趣的唯一途径。

张建阳:外塑形象,内练真功,努力成为能够为学生发展成才提供有力帮助的教师。

张雅芬:葆有初心,热爱阅读,专注思考,多加实践,勤于笔耕,在不断地修炼中日渐走向成熟与深刻。

钟振裕:走近儿童,走进书籍——未来的教育属于那些善于抓住儿童心灵并引领其生长的"人师"。

邹　标:对自我优点与不足进行剖析,发扬优点,补上不足,选定自己的研究专长,多角度实践,锚定目标,追求卓越,永不言弃。

四　名师工作室建设中的引领

卓越教师培育对象的核心任务之一是要完成一个市级及以上名师工作室建设的工作。名师工作室在不同的区域虽称法一致,但在具体的做法上有所区别。名师工作室是名师发挥带教引领、辐射示范作用的综合形式,其对引领区域青年教师成长、推进教育教学改革、丰富教师成长资源及教育教学成果培育具有重要作用。从厦门市来看,名师工作室是由名师领衔、同一学科领域优秀骨干教师组成，以先进的教育教学理念为指导，以鲜明的教育教学主张为纽带，集教学改革（实验）、教育科研、培养指导和成果推广于一体的名师发展共同体。宗旨是进一步提高我市名师的专业水平和综合素养、引领中青年教师的专业成长，造就一支在全省乃至全国有影响力的高层次学科教学团队，促进名师进一步成长为教育名家，为提高我市基础教育、学前教育和中等职业教育质量提供高素质专业化创新型的教师队伍保障。

在名师工作室的三年建设周期内，通过开展课题研究、教研活动、论坛活动、送培送教活动、专题学习活动等形式，不仅带教一批青年教师，还带教薄弱校、新办校及民办校教研组，实现优质资源的共享。从管理上来说，标志性活动主要有名师工作室建设遴选评审、三年发展规划研制、领衔人及部分核心成员专题培训、年度阶段总结、集中送培送教活动、考核结业活动、常态化研修管理等关键节点行为。其中，名师工作室三年发展规划研制是最为核心的环节，也是最能体现工作室建设水平的行动之一。发展规划研制主要围绕着发展愿景与目标、建设内容、制度建设、建设路径、研修范式、组织结构、建设保障、预期成果等方面展开。有明确的发展规划，方能为有效的建设行动提供基础。（具体典型案例如陆佳音老师的名师工作室三年建设规划，见附录四）

第四章

意义追寻：教学主张凝练的价值立场

也许，我们生命中最重要的一件事，就是找到你所热爱的事业，并为之奋斗。每个优秀的教育者，都是将教育作为自己极度热爱的事业，都有各自对教育的根本认知，这种热爱和认知不仅通过行动来表现，更是集中体现为一种价值取向。教学主张的凝练过程，是教师聚焦认知、意义赋予，并展现个人教育思想、教育风格和教育理念的过程。语言是思维的载体，以所追寻的意义作为主张表达，即基于价值立场来凝练教学主张，是一种典型范式。

事实上，主张就是一种价值倾向。但从具体表达来说，主张的概念凝聚有不同的切入点，以教师对教育教学活动的本质理解并形成的价值判定，用价值属性的词汇表征概念，是教学主张表达的一个类型。通过对卓越教师培育对象提出的教学主张进行分析，发现张建阳老师的简约化学、邹标老师的精新化学、蒋艳秋老师的鲜活思政、钟振裕老师的悦语文、汤吟莹老师的和润语文，以及陆佳音老师的融通语文在一定程度上更多体现的是教学主张凝练的价值立场。由此，在本章集中呈现。

第一节 张建阳：简约化学

简约化学倡导精简教学内容和简化教学过程，以简洁明了的教学方式，使学生能够快速和高效掌握学科的核心知识，同时关注激发学生的学习兴趣和学习体验，这种教学主张有利于提高学生的学习效率和质量，促进学生学科核心素养的培育。

一、简约化学内涵

（一）简约化学概念

简约化学是追求用最少的时间和精力取得最大教学效益的教学主张。具体而言，教师在理解和把握化学学科本源的基础上，树立以学生为中心的理念，充分激发学生学习热情，教师教学目标简明扼要，教学方法深入浅出，教学情景指向简单，教学内容重点突出，教学线索条理清晰，作业布置精简高效。

（二）简约化学核心要义

"约取""唯真""简构""精鉴"是简约化学的核心要义，其关系如图4-1所示。

图4-1 简约化学的核心要义

1.约取

"约取"来自苏轼的"博观而约取，厚积而薄发"。"约取"的基础是要有广博的知识、明确的目标、清晰的路径。对教学而言，教师首先要有"一桶水，才能给学生一滴水",还要做到因材施教,做到有的放矢。

(1)整体认识上提高。博观是约取的基础,但博观不是零碎知识的简单集合,而是对单元、模块整体甚至跨学科领域知识结构整体的认识。

(2)知识教学做减法。简约化学主张在知识教学上做减法,在课堂有限的时间内,聚焦主干知识形成与建立,关注知识的应用,建立知识与生活的联系,发展基于情景的问题解决能力。反对死记硬背、简单堆积、浅层反复应用。在高考评价中,国家考试中心也明确提出反刷题、反套路。

(3)思维拓展做加法。简约化学主张不能停留于字面上的理解,其并非教学所有的方面都倡导做减法,因为单纯的、盲目的简单不可能拥有高质量的学习,"约取"的前提是"博观"。在核心素养培育的背景下,在教学的关键的环节要加强。教学的关键还是对思维提升的培养,因此在学生思维方面的培养没有理由不强化。

2.简构

简约化学主张以教学内容为先,以学生思维培养、知识建构为目标,摒弃花哨无用的手法,远离干扰学生思维的手段,主张教学深入浅出,揭示最简单的规律与本质,从而提高教学效率,使课堂充满科学和智慧之美,让学生在轻松愉悦的过程中获得知识。

(1)教学目标形简义丰。课时教学目标是依据课程标准,围绕有关教材内容,针对学生实际拟定的在1课时预期达到的具体学习结果,应具备可操作、可达到、可测量的特点。一旦教师已经明确了这些问题,就可以列出简洁明了的课时教学目标。

(2)教学环节简明高效。课堂教学环节的建构需要围绕准确定位的教学目标,对影响教学的各种要素精准把握和精简妙用,即运用筛选提炼、优化整合等策略,对情景、内容、活动、结构、媒体、导学等诸方面的精当取舍、精致处理与精巧设计,使课堂教学变得更为清晰、流畅。

(3)教学情景真实精妙。核心素养教学最大特点就是情景教学,在真实情景中培养学生解决问题的能力。简约化学倡导为思维而教,反对纯粹以追求知识掌握为目的的教学,思维的形成就是解决问题的过程,尤其是解决复杂问题。同时,简约化学也主张在教学中要建构合适精妙的教学情景。

(4)课堂作业精准提升。课堂练习要精选典型案例,由浅入深,注重主导因素的分析,注重思维的拓展,并引导学生注意表述规范。精准的训练不仅让学生会"学",而且让学生会"考"。简约化学主张课堂作业的设计要遵守"四性",即针对性、精简性、学习性、发展性。

3. 唯真

"唯真"来自"有的放矢,唯真是取",唯真在简约化学的解释就是"真情景""真学习""真化学"。

(1)"真情景"。华东师范大学王祖浩教授认为知识只是素养的媒介和手段,知识转化为素养的途径是情景。基于此,简约化学教学主张认为教师要精心挑选教学素材,在丰富多样的学习场景中发挥知识的功能价值。教学情景选用与教学内容要有匹配性、对学生思维提高要有诱导性、对教学目标达成要有促进性、对教学难点突破要有帮助性、对育人目标要有导向性。

(2)真学习。简约化学强调的是知识的质量而不是数量,追求的是"少而精"能够应用和迁移的知识,而不是一些考完就忘的"惰性知识"。"真学习"其实就是深度学习。

(3)真化学。"真化学"指学生学习要直达学科本质,对化学学科的原理要有透彻的理解和整体的认识,学会从能量、方向、速率、限度的角度认识物质之间的联系,体验假说、实验、建模、数据处理、解释等科学的认识过程。简约化学认为只有学习"真化学",才能抓住化学的学科思维方法,才能高站位地认识化学世界。

4. 精鉴

精鉴是指精心鉴别而确认,出自唐代韩愈的《与凤翔邢尚书书》:欲求士之贤愚,在于精鉴博采之而已。简约化学主张的精鉴就是精选教学内容、优化教学方法、准确教学评价。

(1)精选教学内容。简约化学倡导对教材的二次开放,除了整合教材内容之外,还要从教材中的拓展内容、试题、研究性学习课题、实验疑难问题、化学科学论文等精选素材,开发成课程内容,实现大概念统领下的知识建构和思维发展。

(2)优化教学方式。教学方式的转变,主要从精准教学入手。一是从对多元问题的平均用力转向主抓关键问题,即教学要着力于思维能力的培养,教育学生运用化学知识解决实际问题,培养"像科学家一样思考"的思维方式。二是从重"教法"到重"学法"上转变,教师倾向于采用目标教学法,灵活选用合作学习法、情境教学法等教学方法,通过多元化的精准教学方法调动学生学习积极性,减少课堂上的机械灌输。三是从大众化教学向个性化辅导转化,在大班化教学中,学习层次分化不可避免,因此,采取大众化教学和个性化辅导相结合的方式。

（3）精确教学评价。简约化学要求以一种简单的形式表达较为丰富的内涵，在呈现事物本质的前提下使事物的表达形式尽可能简单，在确保活动功能的前提下让活动过程尽可能简单。简约化学主张评价的维度清晰明了，一是教学目的的达成度评价，二是课堂教学的过程性评价，三是课堂教学的效果评价。

二、教学设计模型

基于大概念理论指导下简约化学的教学模式主要有：项目式教学、大单元教学、任务式教学等三种。

项目式教学相对比较宏观，一般以社会议题或大概念作为教学项目，因此涉及的大概念是跨模块甚至是跨学科的；大单元教学相对中观，一般以比较大的教学主题作为单元，因此涉及的大概念一般可能是学科内大概念；任务式教学则相对微观，任务相对简单，涉及的大概念一般是模块内的，相对外延比较小，教学时长相对比较短。（如图4-2所示）

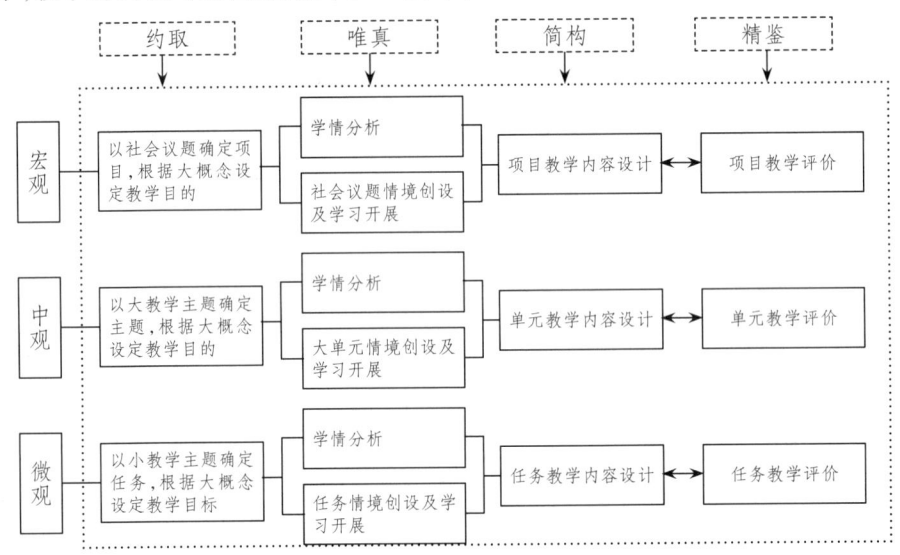

图4-2　基于大概念的简约化学教学设计模型

（作者来自福建省厦门第二中学）

第二节 邹标：精新化学

一 精新化学的内涵阐述

"精新"是从中国古代典籍中汲取办学、治校智慧，借《尚书·周书·周官》中的名言"功崇惟志，业广惟勤"。"精"的内涵主要包含三个方面：一是教育教学等各项工作要做到管理精细化；二是传授知识和文化要取其精华；三是师生学业专攻精深。"新"，指育人模式、教学策略与时俱进，开拓创新，在创新中求发展，在创新中树品牌，在创新中显特色。

精新化学是笔者在长期教育教学实践中不断实践、总结、提炼，再实践、修改、提炼。精新化学有两个方面的含义：一是"精"，开设精品课程、打造精致课堂、编辑精品教材、撰写精品教案、开展精彩活动和实行精细化管理；二是"新"，包括教育理念、课程设置、课堂组织、教学策略、教学方法和教育活动等方面。精新化学内涵如图4-3所示。

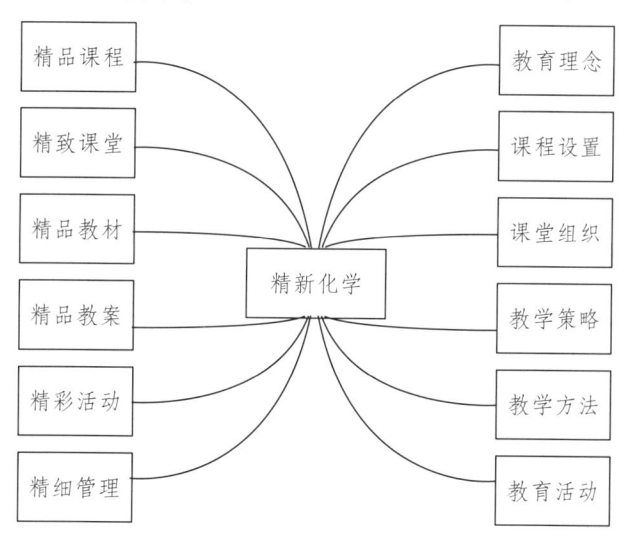

图4-3 精新化学的内涵

二　精新化学的整体框架

精新化学涵盖课程、课堂、学法、作业和实验等方面，精新化学主要内容有"三层五合"精新化学校本课程、"三维五步"精新化学教学模式、"三段五阶"精新化学学习模式、"四要五环"精新化学校本作业、"四系五融"精新化学实验体系等。(如图4-4所示)这些都是经过多年实践，通过课题研究、实验改进、论文写作、出版著作、实验比赛、公开课、讲座等实践，再经过反复研讨、实践、提炼而形成的。经过实践检验，教学效果好，具有推广价值。

精新化学的这五个部分都是在当代主流教学理论基础上的二次开发与实践。"三层五合"精新化学校本课程的理论基础是多元智能、"三维五步"精新化学教学模式的理论基础是建构主义、"三段五阶"精新化学学习模式的理论基础是人本主义、"四要五环"精新化学校本作业的理论基础是深度学习、"四系五融"精新化学实验体系的理论基础是认知负荷。在理论的基础上，不断实践、修改、完善、再实践、再修改、再完善，并在其他学校推广，每部分内容都已实践5年以上。

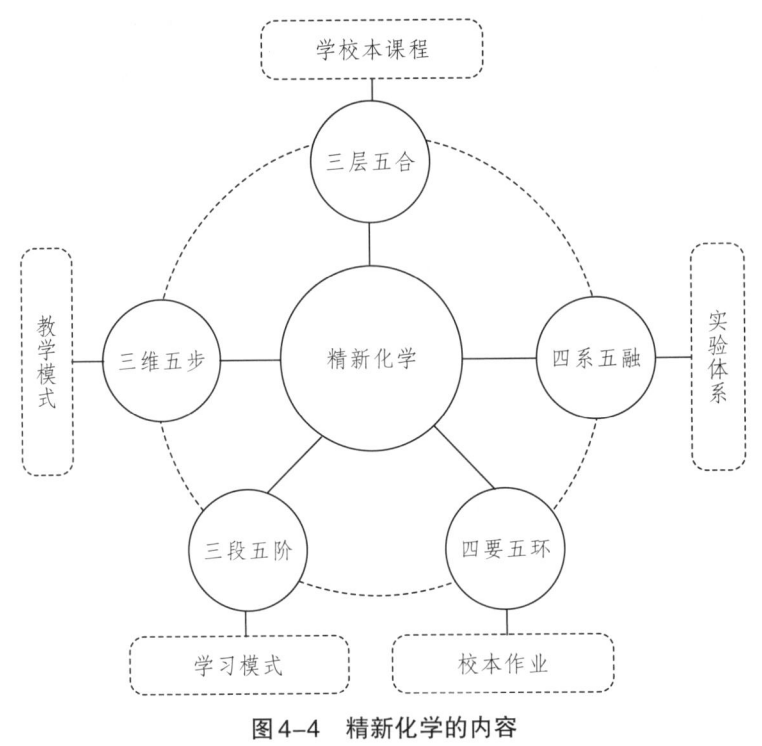

图4-4　精新化学的内容

精新化学主张的"三维五步教学模式、三段五阶学习模式、三层五合校本课程、四要五环校本作业、四系五融实验体系"等,覆盖了化学教学的课堂教学、学生学法、校本课程、校本作业、化学实验等,经过多年的教学实践表明,教师的专业成长显著、学生学业提升和素养提高显著,操作简单、易学,具有推广价值。

三 精新化学的主要内容阐释

(一)"三维五步"教学模式

"三维五步"教学模式将学习过程分为课前准备、课堂教学、课后追踪三个阶段,管理层检查服务分为知识领悟、作业练习、探究讨论、释疑解惑、小结反思等五个步骤,各步骤环环紧扣,确保学生扎实掌握知识。(如图4-5所示)

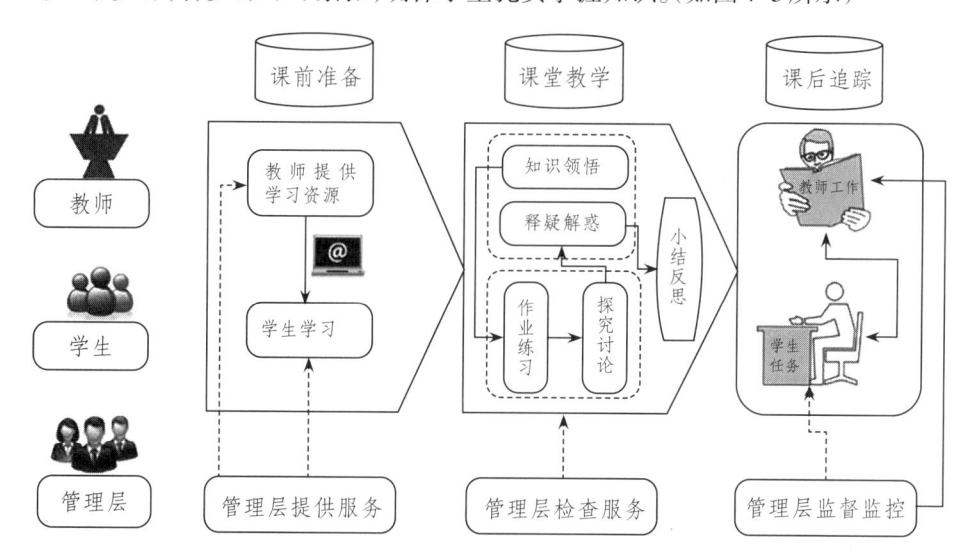

图4-5 "三维五步"教学模式流程图

(二)"三段五阶"学习模式

"三段五阶"学习模式,"三段"为学生学习的三个时间段,即课前、课中、课后,"五阶"为学习的五个主要阶段,包括预习、上课、复习、作业、总结。(如图4-6所示)

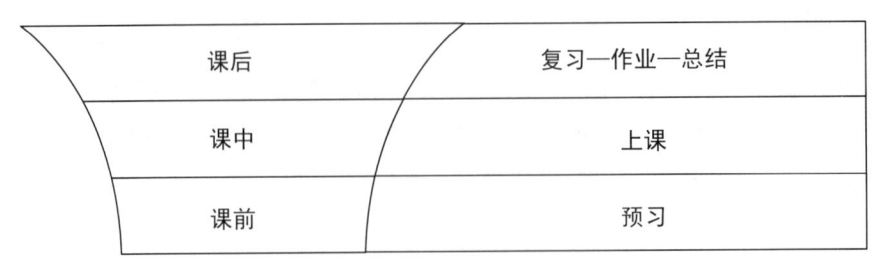

课后	复习—作业—总结
课中	上课
课前	预习

图4-6 "三段五阶"学习模式

(三)"三层五合"校本课程体系

1."三层五合"校本课程内涵

"三层"是校本课程的三个层次,包含基础类课程、拓展类课程、研究类课程。基础类课程面向群体,夯实基础;拓展类课程面向分层,开阔视野;研究类课程针对研究能力较强的学生,面向个体,丰富个性。这三类不同层次的课程,既满足高中化学教学的共性要求,也满足了不同学生群体的个性要求,不同层次学生群体化学素养与化学关键能力都能得到充分提升。"五合"指化学校本课程与"化学史、学科知识、生活生产、人文、科技前沿"这五个方面相结合,契合新课改理念,践行新课程改革理念,素养为本,能力立意。

2."三层五合"校本课程的简要课程纲要

化学校本课程,包含基础类课程、拓展类课程、研究类课程等三类,这三类课程面向的群体在课程特点、课程目标、课程内容、教师行为、学生行为、评价活动、评价形式等不同。

(四)"四要五环"校本作业

"四要五环"的五个环节中,每个环节有四个要点,这五个环节分为两部分,一部分为"四案、四精、四合"针对一线教师的校本作业开发与应用,属于学科教研组、备课组或教师个人的实践活动,另一部分为"四必、四查"针对学校管理与推广,是对校本作业开发、实施的监督、管理、提升、分享、推广等。"四案"为校本作业的内容,"四合"为校本作业编写的要求,"四精"为校本作业的开发与实施使用的要求,"四必"为学校管理层对校本作业的管理,"四查"为学校管理层对校本作业检查、管理、评估,对教师开发校本作业的评价。这些组合成"四要五环"校本作业体系。(如图4-7所示)

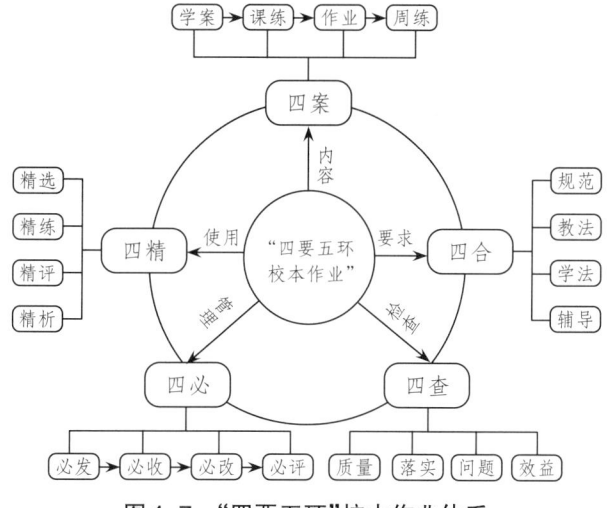

图 4-7 "四要五环"校本作业体系

(五)"四系五融"实验教学

"四系五融"化学实验教学中的"四系"是将化学实验分为四个体系,即物质体系、装置体系、操作体系、观测体系。"五融"是指化学实验教学中的五个主要研究方向,即趣味生活化、集约可视化、绿色环保化、整体进阶化、功能素养化。集约可视化有效降低外部认知负荷;趣味生活化和绿色环保化,激发学习动机,提高相关认知负荷;整体进阶化,提高相关认知负荷,降低内部认知负荷;对各认知负荷水平进行优化,有利于素养功能目标达成,促进功能素养化。由化学实验系统四个要素"四系",化学实验教学的五个重要研究方向"五融",一起构成"四系五融"精新化学实验教学。

从认知过程看,实验的"趣味生活化"设计,能让学生对物质世界保持好奇心并激发出探究欲望,而中学化学"五融"实验教学体系是以"功能素养化"为目标统领,以"趣味生活化、集约可视化、绿色环保化、整体进阶化"为方法和标准,强化包括实验教学空间和学习环境设计、资源开发、实验校本课程研发、创新实验设计、教学设计、教学评价在内的全过程,融合了实验和教学的新系统。

(作者来自厦门实验中学)

第三节 蒋艳秋：鲜活思政

思政引领、立德树人不仅关系到学生的个人成长，还关系到国家和社会的未来。"鲜活思政"让思政入脑入心，培育"鲜活"底气，筑牢思政骨气，弘扬思政正气，让思政引领，立德树人更鲜活更有温度。多元融合，同根共生，鲜活的"大思政课"，让新时代的青年深切地感受到时代的脉搏，激发奋进向上的力量，让新时代的中国青年在强国建设、民族复兴的伟大实践中放飞新时代的梦想。

一 鲜活思政内涵解读

鲜活思政是笔者基于二十多年的教学实践所提出的教学主张。鲜：指教学理念要先进，吸引学生；课程要与时俱进，体现时代性、时效性；素材要旗帜鲜明，体现鲜明性。活：指"活的教育"是教育与生活结合，要与时俱进，看到学生发展的各种可能。思政：特指义务教育阶段实施的综合性思想政治教育，整合学校内外的各种教育资源，涵盖了道德与法治课程教学、学科思政、学校德育教育和思想文化建设等多个方面，形成全员、全程、全课程的育人格局。

综上所述，鲜活思政指思想政治教育要以学生发展实际为基点，以新鲜时政和学生生活素材为抓手，将平面的政治思想教育扎根于立体的生活实际，构建灵动活力的思政体系。它注重贴近学生的实际，采用生动有趣的方式，通过鲜活的教学内容，激发学生学习兴趣，提高学生思辨能力和论述能力，激发他们对生活问题的关注和思考，让学生真正理解和应用思政知识，培养学生正确的政治态度和行为，促进思想政治教育的有效传达和落地。

二 鲜活思政4S模式

为实现鲜活思政，课程教学上主要采用"4S模式"。一是，时政引入，深化情境。思政学科具有时代性和时效性，导入课堂时我们可以多选择与课程内容相关的时事话题,深化情境,加深学生对知识的理解和应用。二是,施展活动,思析议评。通过开放性活动的展开,如小组讨论、案例分析、角色扮演或者议题探究等活动加强学生的互动和合作,分享彼此的见解和经验,总结评价活动过程,提高解决问题的能力,促进深度思维的生成。三是,溯本追源,识见相长。小组合作帮助学生探索现象产生的内在本质和原因,追寻这种现象的发展结果,在师生分享中提升对知识的认识和把握能力。四是,生活融入,升华迁移。设计生活活动项目或者任务,引导学生将所学知识与现实生活联系起来,在解决现实问题中将知识内化为自己的思想和行为方式,提升综合素养和创新能力。(如图4-8所示)

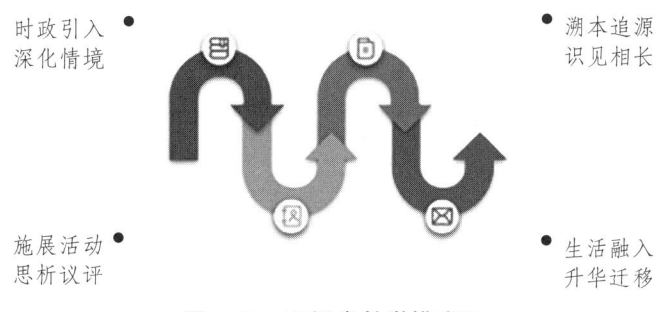

图4-8　4S课堂教学模式图

三　课程思政,鲜活融合

课程思政不是学科课程与思政课程的简单整合,或者简单地把思政课程的相关内容植入、嫁接到学科课程中。每个学科都有其特定的学科属性,尊重、坚守每个学科的学科属性是推动课程思政教学改革的前提。教师需要从各学科课程内容中发现、发掘、提炼思想政治教育的资源、元素、内涵。既要对学科知识开展深入研究,寻找具体的结合点,更要超越具体的知识点,从更高更广的视野来审视和思考:学科课程可以从哪些方面对抽象而高度概括的"思政"进行分解,将其育人功能融入、落实到学科课程的教学中去。创建融合型、生态型、探究型校园,实现真正的学科共融、关系共容、发展共荣,为师生的成长赋能,为学校的未来发展引航。

(一)设计课程思政目标,锚定育人方向

我们要明确思政教育的核心目标和内容,针对不同课程的特点和教学目标,有选择性地融入思想政治教育,避免将课程思政目标"窄化"和"泛化"。如厦门市龙湫亭实验学校江博文老师的数学课"一元一次方程解决实际问题",江老师通过分析学生情况,确定本节课思政教育的切入点就是珍惜时间,努力学习。因此在上课时,通过希望工程义卖中的数学问题探讨——"某文艺团体为希望工程募捐组织了一场义演,共售出1000张票,筹得票款6950元,请问成人票与学生票各售出多少张?"引导学生为献爱心活动做实事,体会方程模型的作用,培养学生的爱心。同时,与贫困地区学生的对比,让学会珍惜良好的学习生活环境,珍惜时间,努力学习,将来为国家做贡献。我们可以看到,江老师的这堂数学课利用希望工程义卖情境,引导学生在解决票款计算中感受美好,思想政治教育的融入是十分自然而鲜活的,为实现教学目标而融入,根据学生需要而融入。

(二)精选课程思政内容,夯实育人根基

不同课程的学科归属、课程性质、教材内容、教学内容各有侧重,学科课程在思想政治教育方面,不可能像思政课程那样追求完整性、理论性、深刻性,而应采用结合式、穿插式、渗入式的鲜活方法,把思想政治教育的内容巧妙地与专业知识学习结合起来,以多点辐射、有机贯通的方法,润物无声地开展思想政治教育。例如厦门市龙湫亭实验学校历史学科黄志清老师在讲授"宋元时期的都市和文化"时,根据目标与学生情况分析,找到学科与思政切入点——学习宋元社会生活,认识到中华民族文化内涵的丰富多彩,激励学生热爱祖国的优秀文化,弘扬优秀的民族文化,感受文学作品体现出的个人情感与经历,培育学生的唯物史观和家国情怀等核心素养。将学科知识与思政教育进行鲜活整合,将思政教育与历史教学演绎成"盐"与"水",让学生能够补充"有必要盐分的营养水"。

(三)革新思政教学方法,提升育人实效

革新教学方法无非就是要做好"教"与"学"。从"教"来说,要把学科知识与学生生活、社会时事热点建立链接,思想政治教育离不开社会环境和时代背景,把生活现实与时事热点作为最真实的学习情境,用学科知识解决学生的生活问题,才能激发学习激情。打破学科知识壁垒,整合学科内部知识,甚至进行跨学科整合,改变知识碎片化的局面,让学生建构起全面的认知,实现价值导向、文化传承、品德养成、科学精神与技术伦理等方面的思政功能。如黄志清老师的

"宋元时期的都市和文化"课打破学科壁垒,将语文、数学、音乐、美术学科与历史进行跨学科教学,创设游历清明上河图沉浸式体验、唱游诗歌,结合时事热点谈个人想法,让学生有感受、有共鸣、有话说、有收获,切实提高生活能力。从"学"来说,不要让学生死记硬背相关概念、教条,而要更多采用实践教学方式,让学生在亲身参与、体验中,将相关理论认知内化于心、外化于行。如黄老师以小组为单位,引导学生做"微项目式探究——我在宋元摆地摊",探究穿越回宋朝如何创收,站稳脚跟。在鲜活有趣的活动中促进高阶思维发展,在活动中增强民族自信和文化自信,增强政治认同,提升责任担当。

(四)全面推进"合纵连横",形成育人合力

课程思政的纵向衔接和横向协同是构建完整、连贯、高效的思想政治教育体系的关键。纵向衔接方面,要分层递进、螺旋上升,做到整体有效衔接。我们需要明确不同学段、不同年级学生的思政教育目标和要求,确保教育内容的连贯性和递进性。针对不同学段学生的特点,采用不同的教学方法和手段,激发学习兴趣。注重课程评价的衔接,确保评价标准的一致性和评价的公正性。在横向协同方面,我们要聚焦立德树人根本任务,坚持系统优化方法,守好一段渠、种好责任田,将显性教育和隐性教育相统一,构建与优化"大思政格局",实现知识传授、价值塑造和能力培养的统一,提升课程育人的整体性、全面性。

四 鲜活德育,融合共生

大思政理念下的德育工作是与社会发展、科技进步和学生需求紧密相连的。笔者所在学校的鲜活德育,利用数字技术创建了"五育积分"的智慧校园管理平台,构建一个促进学生全面发展的德育生态环境。平台根据学生课内外、校内外的表现,对学生的价值观念、学习态度、过程表现、学业成果等方面,实施多主体评价、增值性评价、全过程评价,借助数字赋能、动态捕捉来记录学生成长的点点滴滴。五育积分打破时空限制,对接日常教育教学,融入"红领巾奖章"争章活动及自助刷脸兑盲盒奖励机制,革新传统德育评价模式。评价互享机制让所有学科教师可参与并看到学生的多方面发展状态:在校行为规范好、做好人好事,刷脸登记可获得"德育"积分;课堂积极发言、作业优秀等被登记可获得"智育"积分;积极锻炼身体等可获得"体育"积分;积极展示艺术才艺等可

获得"美育"积分；热爱并主动参加劳动等可获得"劳育"积分。五育积分融合线上线下评价、校内校外评价，使得全体学生德智体美劳各方面表现时时有记录、日日有展现、处处有轨迹，在德智体美劳全面评价的同时形成了学生个性化的发展轨迹。由积分构成的学生德智体美劳发展情况雷达图，呈现个体各方面发展等级轴线图、积分明细等，有利于教师更有针对性地因材施教，提升个性辅导的针对性，提高学生自主管理能力。学生在校的表现情况还会自动汇总，并定期推送到家长端，有助于家校间形成良性沟通，促进家校共育。

(作者来自厦门市龙湫亭实验学校)

第四节 钟振裕：悦语文

一 悦语文教学的由来及意义价值

语文教学作为母语教育的载体，其重要性不言而喻。在立德树人的时代育人背景下，如果我们的母语教育不能获得应有的教育成效，我们中华民族灿烂文化的承继将会出现巨大问题。从人类发展角度来看，人类希望通过语文教育成为自己母语的掌握者和传播者——人类想要获得更好的发展，更应该关注语文教育，尤其是母语教育。从新高考角度来看，语文教育的重要性日益凸显。在现有考试评价中，语文学科的分值占比高，同时语文作为基础性工具学科对于其他学科在阅读理解、交际表达方面的支撑功能更加突出。

因此强国必先强教，强文化建设必先强语文（母语）教育。我们应该让学生成为学习的主人，让他们欢欣雀跃地出现在课堂，让他们主动自觉地把语文学习看作和自己的学业成就、人生幸福息息相关的可爱事物，并在教师的引导陪伴下有效提升语文核心素养，掌握祖国语言文字，这应该成为当前教学改革的重中之重。

二 "悦"——古今中外教育前贤给予我们的智慧和启发

在古今中外的教育史上，可供我们借鉴的关于"悦"教、"悦"学行为的理论、实践探索及相关记录，可谓灿若星河。

《礼记·学记》讲"夫然，故安其学而亲其师，乐其友而信其道，是以虽离师辅而不反也"，其中的"亲其师""乐其友"皆有"喜爱和喜悦"的意味；《论语·雍也》中的"知之者不如好之者，好之者不如乐之者"，当中的"乐"也是"喜爱、喜悦"的意思。中国古代先贤都提出了一个十分重要的观点：在学生诸多的学习状态中，"悦学"（以学习为乐趣）是最高级也是最美好的境界。

20世纪80年代，上海第一师范学校附属小学联合北京市第一师范学校附属小学等七所其他城市的小学共同开展了"愉快教学"的实验,明确将"为孩子们编织幸福的童年,塑造美好的心灵,发展创造的才干,锻炼健壮的体魄,培养活泼的个性"作为愉快教育的目标。

苏格拉底的"当你需要知识就像在水底需要空气时,你准能得到它"充分体现了苏格拉底对于学生学习心理的准确把握。"新时代教育之父"、17世纪捷克教育家夸美纽斯在《大教学论》中指出,教师要和善地愉快地教育儿童,以便在没有殴打,没有号泣,没有厌恶的气氛中,喝下科学的饮料。教育家苏霍姆林斯基提出,成功的快乐是一种巨大的情趣和力量。

日本教育家佐藤学提出"学习共同体"是学校改革的愿景,并将"学习共同体"的学校定义为,学生共同合作学习的场所,教师作为教育的专家共同合作学习的场所,家长与市民共同合作学习的场所。他还指出,在教学中能否形成合作学习,很大程度上取决于能否尊重每一个儿童的尊严。

这些都为我们指出了一条语文教学改革之路——小学语文教学应该以"悦"为基调、为底色,打造极具自主发展、极具国际视野、极具人性关怀的教育环境,为培养适应新变革、新竞争、新社会的高质量人才做出新贡献。

三 悦语文教学改革的内涵和意蕴

在《义务教育语文课程标准(2022年版)》实施背景下,语文教学更加注重学生文化自信、语言运用、思维能力、审美创造等四个维度语文素养的综合发展。在四个维度综合发展的过程中,只有注重激发学生的学习兴趣和动力,注重让学生在轻松、愉悦、积极的学习氛围中有效提高学习效率,文化自信、语言运用、思维能力、审美创造四个方面的提升才能得到最大化、最优化。

悦语文教学认为"悦"有三层含义:一是学生"悦服"于语文,在学习语文过程中,学生逐步感知并折服于语文之博大精深,其情绪、情感状态因叹服、自豪而产生的"悦服";二是学生"喜爱"语文,"喜欢"学习语文,这是他们在学习语文过程中获得的情感体验"喜欢"——语文素养提升的满足感和幸福感;三是学生"乐于"沉浸在语文生活中,由于提升了语文素养,学生获得了和自然、他人、自己联结沟通的能力,精神上获得满足,学习境界上达到了更新更高的层次——自主运用,"乐于"运用。

悦语文还从生理、心理、哲学、社会、教与学等多个维度对"悦"进行剖析,整

合出如下信息:

一方面,通过提供相应的外界条件(积极的生活态度、良好的人际关系、健康的生活方式和适当的社会支持)激活小学生内在生理系统来促进其多巴胺的分泌,产生愉悦的感受是悦语文教学得以开展的生理机制基础。

另一方面,培养小学生积极向上的学习态度,构建良好的师生、生生关系,营造健康的学习生态,创造一个更加公正、公平、支持和包容的班集体,可以让小学生拥有愉悦的学习环境和学习体验——这是悦语文教学得以推行的班级生态支撑。

在上述基础的支持下,引导小学生认识到自己的学习意义和价值,并在不懈努力过程中发挥自己的潜能,积极实现自己的目标和愿望,这是悦语文教学得以持续实施的精神力量源泉。

悦语文教学旨在通过教师精心地引导,创设健康友好的学习生态环境,运用愉悦情绪情感的发生和持续,开展以学为主、积极互动的教学活动,实施增值性、差异化评价,充分调动学生内在学习潜能,塑造学生"悦"学"悦"用语文的精神品质,从而取得良好的教学效果及教育成效。

四 悦语文教学的理论建模及相关实施策略

从哲学层面来说,悦语文教学关注人作为独立个体的个性化成长和自我实现,注重儿童对智慧和真理的追求,关注小学生的学习作为一种生命过程的特殊价值。悦语文教学承认人的差异性发展,认为悦学习是个体独具特色的成长和自我实现的过程,倡导自主学习,注重培养批判性思维,鼓励学习者对知识和观点进行独立思考和评价。基于以上的思考,悦语文认为语文教学首先应该强调人的尊严和价值,学习主体——学生的成长和发展是所有教育教学价值的来源和中心。开展教育教学活动时应该关注学生的自由、平等、尊严和幸福,学校和教师应该尊重和保护学生的权利和尊严,提供自由、平等、公正和有序的学习环境。因此,在人本主义思想的指导下,悦语文教学提出了基于小学生身心健康发展并指向终身幸福的"身悦(安全感)—心悦(舒适感)—灵悦(幸福感)"一体化建构设想。

从心理学层面来说,悦语文注重两个维度的探索和建设。

一是从积极心理学建设层面,教师必须关注个体的积极品质,激发个体的内在动机,培养个体的积极情绪,关注个体的社会适应能力,帮助个体更好地应对挑战和困难,提高个体的幸福感和心理健康水平,为小学生的悦语文学习提供源源不断的精神情感动力,促进个体的全面发展。基于积极心理学的指导,悦语文提出了"三全"策略——全面激发、全程鼓励、全人悦纳。简要来说,就是在师生进行语文学习活动之前要设法激发全体小学生的学习状态,使其以愉悦的状态进入学习。在学习活动过程中,教师要对不同学生的不同表现予以合适的表扬、鼓励、引导,使其保持积极的心态和状态。在学习活动暂告一段落或者正式结束的时候,教师要引导小学生对个体及全体同学在此前的活动中付出的努力予以全面的接纳。

二是从建构主义理论层面,结合《义务教育语文课程标准(2022年版)》,悦语文教学在对小学生语文学习过程的认知上始终坚持把小学生的自主性、参与性以及情境性排在第一位,教师在此过程中扮演的则是学习的引导者和促进者。教师应该创设有利于小学生建构知识的情境,提供必要的资源和支持,引导学生通过协同、会话等探索过程,主动建构有意义的语文学习。在建构主义思想的引领下,悦语文教学提出了"情境愉悦—实践丰悦—质量和悦"的新教学策略。一是情境愉悦,即要创设、提供真实而令小学生感到愉悦的语文学习情境(含学习资源)。二是实践丰悦,即要引导学生主动参与丰富有趣的学科实践。三是质量和悦,要引领小学生正确认识并评价自己和他人的学习质量。同时,提出基于促进小学生核心素养不断向前发展的学业质量评价准则。这包括如下四个要素:评价主体多元化、评价内容全面化、评价标准差异化、评价结果导向化。

从教学管理学层面来说,悦语文十分关注过程最优化理论的落地。具体而言,包含如下实施要点:一是在教学任务上要做到明确教学和发展的目标,了解学生的准备状态,把教学任务具体化;二是在教学内容上要做到分析教材中主要的和本质的东西,确保学生能掌握这些教学内容;三是在教学方法上要选择能最有效掌握所学内容、完成教学任务的模式;四是在教学进度上要做到确定适当的教学步调和速度,既完成教学任务又节省时间;五是在分析教学效果上要做到对教学结果做科学的测评、分析、解释,并为学生的持续愉悦发展做出正确而有益的指导。

(作者来自厦门五缘实验学校)

第五节 汤吟莹：和润语文

一 核心内涵界定

"和润语文",是笔者在借鉴前人智慧的基础上追求的语文教育思想,目的是构建"融通之和,润泽生命"的语文课堂。"和"是指师生情感交融、言意和谐、课内外相生相济,在愉快和谐中,"以和润情""以和润思""以和润心"。"和润语文"追求的是学生丰厚的语文素养、生命的灵动和精神的润泽。

(1)师生融洽。学生是课堂的主体,教师和学生在课堂上的主体角色不断变换,师生关系融洽。爱意教育、柔性教育使课堂生成一种"和而不同"之样态。师生相融的课堂必须指向生命,指向心灵,润泽心灵,润泽生命。

(2)言意相谐。语文工具性和人文性统一的性质决定语文课不只是知识的传授,应求言意交融。人因有言意而活,也因言意而实践。"言意相谐"旨在立足语文学科的本质,探究言和意内在关系以及生成的过程和规律,立足"言"之根本,求索"意"之灵魂,翘望"人"之生长。"言意相谐"不仅着眼于"言意兼得""文意兼得"之意,更落点于"言""意"的彼此交融、彼此支撑、彼此相长之实,从而实现学生语文学习的双峰体验,学生才能成为知情意统一、具体而完整的人,学生语文素养的全面提升和全面发展才能得以实现。

(3)内外相生。语文课堂就是一个大世界,生活处处有课程资源,凡是对实现课程目标有利的因素都是课程资源。教师要有强烈的开发和利用课程资源的意识,必须转换角色,变革教学行为方式,不仅是课程资源的被动使用者,更应主动开发和利用课程资源。只有在课内外的学习与运用中,拓展语文课程的内涵,才能实现两者的有机结合,才能创设高效、活力的语文课堂,全面提升学生的核心素养,润泽学生的生命。

二 核心观点与内容

(一)以和润情——激发学习动力

和润语文强调的是在语言文字的学习中,以和谐、润泽的方式引导学生感受语言之美,激发学生的学习动力,培养他们的语言运用能力和人文素养。

1.和谐性

和润语文追求的是课堂氛围的和谐,教师与学生、学生与学生之间的关系和谐融洽。在这样的氛围中,学生们能更好地投入学习中,更加积极地表达自己的观点和感受。教师也会以更加包容和理解的态度对待学生,促进他们的个性发展。

2.润泽性

和润语文强调的是一种潜移默化的教育方式,像春雨般润物细无声。通过引导学生参与丰富多样的语言活动,让他们在实践中体验语言文字的魅力,关注学生的内在心智。和润语文注重情感教育,教师的举手投足和言语之间无不关注着学生的心灵人格,充满人文关怀,让学生在学习过程中能够感受到教师的关爱和期待,从而增强他们的学习动力。

3.人文性

和润语文注重培养学生的语文素养和人文精神。通过阅读经典文学作品,让学生感受到人类文化的丰富多样,提高他们的审美能力和人文素养。同时,和润语文也强调学生在学习过程中的主体性,鼓励他们主动探究、独立思考,培养他们的创新精神和批判性思维。

以和润情,追求和谐和润、人文的教育方式,旨在激发学生的学习动力,在充满愉悦、宜人心境的课堂中,培养他们的语言运用能力和人文素养。这种绿色、生态和谐的学习氛围,为学生的全面发展打下坚实的基础。

(二)以和润思——启发思维能力

和润语文,其基本特点还体现在对启发学生思维能力的重视上。以和润思教育理念强调的是通过和润的方式,引导学生深入思考,培养他们的思维能力和创新精神。

1.和润教学环境的营造

和润语文提倡营造一个和谐、温馨的教学环境,让学生在这个环境中自由表达、交流思想。教师以和蔼的态度、富有亲和力的语言,引导学生积极参与课堂讨论,激发学生的思维活力。这样的环境有助于学生在轻松愉快的氛围中,主动思考问题,提高思维能力。

2.文本解读的多元化视角

和润语文注重从多元视角解读文本,鼓励学生提出自己的见解,培养他们的批判性思维。教师引导学生从不同角度审视文本,挖掘其中的深层含义,激发学生的想象力。这种教学方式有助于学生形成独立思考的习惯,增强他们的创新能力。

3.启发式问题设计的运用

和润语文提倡设计具有启发性的问题,引导学生深入的思考。这些问题不仅要求学生理解文本内容,还要能够运用所学知识解决实际问题。通过这种启发式问题设计的运用,学生能够在解决问题的过程中锻炼思维能力,提高分析问题和解决问题的能力。

4.互动式学习的提倡

和润语文强调互动式学习,鼓励学生之间的合作与交流。通过小组讨论、角色扮演等形式,学生可以在互相交流中拓宽思维视野,激发创新灵感。这种学习方式有助于培养学生的团队精神,提高他们的沟通表达能力。

5.情感教育的渗透

和润语文注重情感教育的渗透,关注学生的情感体验。教师通过富有感染力的语言、生动的课堂情境创设等方式,激发学生的情感共鸣。学生在情感体验中能够更好地理解文本内涵,提升自己的人文素养和审美能力。情感教育的渗透有助于学生在思考问题的过程中融入情感因素,丰富他们的思维内涵。

和润语文的基本特点主要体现在通过营造和润的教学环境、多元化视角解读文本、启发式问题设计、互动式学习、情感教育渗透等手段,启发学生的思维能力。这种教育理念旨在培养具有创新精神和实践能力的人才,为学生未来的发展奠定坚实的基础。

(三)以和润心——实现人的"生长"

和润语文,一个富有诗意和深意的名字,代表着一种教学理念和方法的精髓。它以润物细无声的方式，影响着每一个学习者，引导他们走向知识的海洋，实现人的"生长"。首先，和润语文强调的是和谐与润。在教学方法上，它注重教师与学生、教与学、内容与形式等多方面的和谐统一。在教学内容上，和润语文关注知识的丰富性、多样性和深度，力求使学生在学习的过程中得到全面的发展。其次，和润语文注重人文关怀。它不仅仅是一种知识的传授，更是一种情感的交流和价值观的引导。通过文学作品的学习，学生可以感受到人性的美好、生活的真谛，从而发展自己的人文素养和审美能力。此外，和润语文强调个体差异和个性发展。每个学生都是独一无二的，和润语文鼓励学生在学习中发现自己的特长和兴趣，通过自主学习和合作学习等方式，实现个性的充分发展。最后，和润语文具有开放性和包容性。它不局限于课堂和教材，而是将学生的学习视野引向更广阔的世界。通过课外阅读、写作实践、社会调查等多种形式，学生可以接触到更丰富的知识和更广泛的人群，从而培养出开放的心态和跨文化交流的能力。总之，和润语文是一种以人为本的教学理念，它以润物细无声的方式实现人的"生长"，使学生在知识、情感、价值观等方面得到全面的发展。

三 教学主张的实践路径

(一)教学相长——对话互动、探究体验

(1)关注情感生活和情感体验，使学生心情愉悦。和谐的师生关系，是建立在平等、民主的基础之上的。现代教育思想告诉我们，平等、民主的师生关系是激发学生学习兴趣的强有力的催化剂，也是教学活动顺利进行的关键。在课堂教学中，教师应当用亲切的微笑，带给学生愉悦的心情；用幽默生动的语言，激发活跃的课堂气氛；设计轻松的教学流程，让学生感受到学习的乐趣，尽可能地营造出一种平等、民主、和谐的气氛。

(2)重视学生课堂的参与状态，使学生参与融合。突出学生的主体性，尊重、信任和关心学生，站在学生立场去思考问题，缩短师生之间的心理距离，鼓励学生要敢于质疑，大胆求真求新，充分发挥学习的主动性。只有在和谐的师生关系下，在平等、和谐、民主的教学氛围中，课堂才能成为学生成长的乐园，学生才能得到全面和谐的发展。

(二)言意共生——得意得文、生意生文

"言意相谐"是语文的基本规律,是语文教学的根本任务。言意相谐是发展语文能力的必然需求。由言到意的转换过程就是言语的理解过程,即听与读。反之,由意到言的转换过程就是言语的生成过程,即说与写。听、说、读、写能力的形成过程就是"言""意"不断转换共生的过程。

从"言意相谐"的角度紧紧抓牢语文教学的缰绳,顺着语文教学本真,从"言尽意—言不尽意—言意共生"这一路径,实现"得意"又"得文","生意"又"生文"。

(1)"言尽意",构建语文的"科学世界"。辞达而已,语言的最大功能就在尽意。科学语言有实际所指对象且可实证,要求精准,针对分析、逻辑的理和事。文学语言要凭借"尽意之言"传递"不尽之意"。两种语言都要遵循语言的"科学"组合规则。语文教学就是要从言尽意的存在形式出发,指导学生正确理解和运用语言组合的科学规律,学会言意表达。

(2)"言不尽意":追寻语文的文学世界。针对文本应从言不尽意的存在形式出发,借助意在言外的文学语言策略,引导学生感悟、体验语言的生命感,建构语文教学的文学世界。教师应致力于唤醒学生的感觉、联想与想象,破译言外之意、象外之象、韵外之致的语言秘密,演绎出"妙在含蓄无垠,思致微渺,……言在此而意在彼"的引人之境。

(3)"言意共生":生成崭新的"人的世界"。表达是理解后的表达。教师应帮助学生在理解、感悟、体验的基础上以言传意,在表达倾诉中获得情思、诗思、意味、意蕴的精神生长,生成崭新的"人的世界",这是语文教学的终极追求。即让学生在理解的基础上,把领悟到的内容充分表达出来,这是外部言语的生成,学生在这个过程中看到以前未曾看到的表达方式,体验到以前未曾体验到的精神世界,实现了语言与精神同构共生的"人"的生长。

(三)内外相生——多元融通、合和共生

(1)课内外融合。从课程观上,语文教师不应把课程仅仅简单理解为教科书或教材,应该深刻认识到课程是学校全部教育行为与学生的实际经验,是课堂内外,学校内外一切促进学生语文发展的资源,语文课程教学的着力点在学生语文素养的综合提升上。

(2)学科间融合。应在生活背景中把握语文课程教育,在跨学科融合中把握语文课程,促进语文课程实施要突破课堂限制、学科约束与学校藩篱,让

语文与其他学科融通,与生活融通。

（3）"教师即课程"的生命自觉。语文教师本身就是生动的语文课程,它不仅是按图索骥的施工者,更应该是参与语文课程设计的工程师,教师个人的文学素养,教育的理想激情,教学的智慧和技能,都是语文课程建构的重要基础资源。

（作者来自福建省厦门实验小学）

第六节　陆佳音：融通语文

数字化时代呈现出万物智联、交融共生的智能发展新形态。人工智能、物联网、云计算等智能技术群形成"核聚变"效应，推动时代变革。当我们面对浩瀚信息时，获取知识容易，却也身陷信息过载等困境。于是，我们不禁要追问：语文教学的价值意义是什么？我想，把握"智能"时代的关键，培养学生终身受用的语言学习与运用能力，是重要的学科价值追寻。

一、"融通语文"教学主张的观点阐释

"融通语文"教学主张，是在融通理念引领下，以育人为导向的，经过自身经验提炼的教学范式。它是以语文学科教学为基础，在联动共生的生态场域中，有效把握智能化时代资讯涌现的特点，打破僵化壁垒，链接学习通道，畅通学段界限，把握"融""和""通""达"四境界的操作策略，进而促进课堂教学改革，实现知识兼收并蓄、融会贯通、传承创新，以及生命的完整生长。

二、"融通语文"培育运行机制

（一）以"多模态互动网络"为支持系统

"多模态互动网络"支持系统包括人际网络、课程网络、资源网络、技术网络。人际网络指的是学生广泛的交际关联网，人的社会性特征，决定了学习者与他人是合作互动、集智共生的关系，因此交互空间下的学习共同体，就是最真实的学习场域。知识与实践、运用与创新，都需要在人际网中生成并发挥价值。课程网络是指向五育融合、整体创生的课程内容，开放性是智能化时代课程的基本特征。资源网络在信息网络时代得到前所未有的蓬勃发展，学习者一方面享受着获取知识之易，另一方面同时要抵制各种诱惑，不要被信息洪流所裹挟。

技术网络指各种智能化工具,在智慧合理运用基础上,可以帮助学习者轻松有效地学习,创建和分享学习成果等。

(二)以"学习心理发展"为运行机制

学习者的学习思维过程,也一直处在关系思维和过程思维的结构之中。融通学习的心理运行机制,其关键路径包含"网络联通—节点汇聚—建立结构—自我更新",指的是在网络化信息资源中,学习者从初始混沌开始,经历节点式凝结、自主性探寻、生成性建构,从而实现自我更新的过程。

(三)以"学科关键活动"为落实要素

首先,以"阅读与鉴赏"为切入点,扩展优化"阅读链",创新升级灵活多变的"资源网",在阅读与鉴赏中积累语言、培育语感、感受审美、体会创造、受到人文感召与精神激励。其次,以"梳理与探究"为关键点。在阅读中进行关联、统整、分析、探究,原本聚沙式的言语积累经验,被转化为结构化研究,实现从"经验感受为中心"向"思维和模型为中心"的跨越。最后,以"表达与交流"为发力点。在真实情境的表达与交流中,学生进行口语交际、对话、写作等,实现知行合一的价值理念,在言语实践中学习,又在言语实际中发展,是新时期语文融通学习力的追求。

三 "融通语文"学习操作体系

(一)聚焦三要素,构建融通课堂

(1)学生活动是主体要素。它按照三大学习活动进行梳理,突出学科特点。

(2)教师活动是关键要素。教师是学习的促进者,提前对可能遇到的学习障碍和陷阱进行分析,以导学支架帮助学习者从迷茫矛盾中寻找方向。

(3)支持系统是支撑要素。以数字时代的智慧环境、交互空间、工具支撑为重点,敏锐捕捉信息、准确评估筛选信息,改善教学,促进个性化学习。

(二)着力四境界,推进融通进阶的实现

基于融通学习力培育的语文学科四要素,基于思维发展四进阶模型,进行语文学习的系统深化。学生不再被动接受知识而是转为内容的创造者,创造促进了联通,创造力是融通学习力的核心能力之一。

（1）第一境界是"融"，促"网络联通"。教师通过资源萃取，实现联结的建立与优化，促进学生充分打开五感、情感悦纳、激活体验、沉潜阅读。

（2）第二境界是"和"，促"节点汇聚"。教师聚焦核心问题、项目任务等，进行学路的启动与规划。聚焦节点进行统摄推进，学习者的学习进程通过新的节点，被持续扩大增强，原本零散的知识信息内容被凝结，并激活新的思维因子，在情境任务中不断中和、盘活。

（3）第三境界是"通"，促"建立结构"。教师精心开展导学设计，通过导学支架、情境转化等，引导学生不断进行思维淬炼、深度探究。在这一过程中，学生实现从知识混沌到结构化的蜕变：发现多样性中的统一性，形成整体性思维，克服思维的遮蔽性及局限性，拓展想象思维；建构问题解决路径，形成逻辑思维和工具思维，实现知识的流通和生长。

（4）第四境界是"达"，促"自我更新"。教师借助真实表现性任务，促进学生回归生活，在新的复杂情境拓展中，激发学生创意探究、分享表达，达成语文融通素养的实践转化，文化品格的淬炼形成。

（三）基于四素养，锚定融通目标

首先，守创融通。这是从语文核心素养之"文化自信"中萃取的关键能力。它是指通过语文学习，热爱祖国语言文字，热爱中华文化，具有开阔的文化视野和文化底蕴。在多元文化冲击下，依然能够在广泛的阅读中海纳百川；在兼容并包中，探寻丰富优秀文化表达的创新方式，让中华文化保持蓬勃的生命力。

其次，行知融通。这是对应语文核心素养之"语言运用"的关键学习能力。指的是在融通学习理念下，学生能够克服信息饱和超载、高速易变而不确定的困难，善于在复杂变化情境下，基于语文学科大概念、语文要素等，培养智慧选择、学以致用，具有灵活转化、应变决策的能力。这一智慧既包含重视传统，融汇古今的一面，又要求不拘常规，适时而变。

再次，思域融通。指向语文核心素养之"思维能力"的关键学习能力，是指在思维和思想领域达到融会贯通的境界，其中整体性思维、关联式思维、结构化思维、简洁化思维是融通思维力的关键。

最后，艺趣融通。指向语文核心素养之"审美创造"的关键学习能力，指学生通过感受、理解、欣赏、评价语言文字及作品，培养具有中国审美特质的艺术品位，具有感受美、发现美和运用语言文字表现美、创造美的能力。在这一过程中促进学习者想象力、创造力的发展。"融通语文"学习操作体系如图4-9所示。

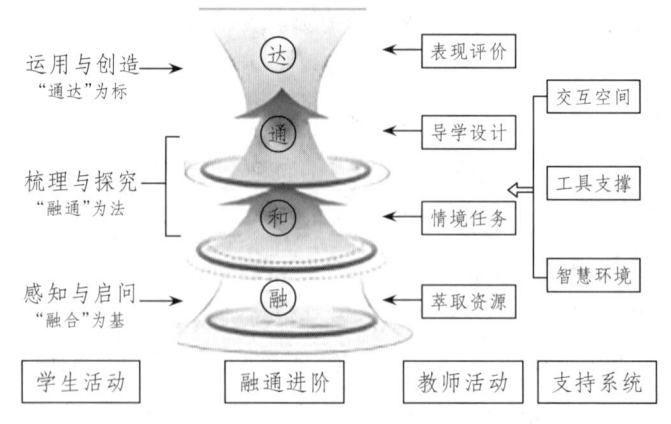

图4-9 "融通语文"的学习操作体系

四 "融通语文"的教学方法

首先,目标通达,指向"人的发展"的整体性目标。课程体系,以五育融合为主题;素养目标,以人的发展为主旨。其次,内容融合,指向"整体创生"的统一性建构。教材组元,以整体内联为框架;内容开发,以文化生活为根基。接着,资源融入,指向"多元互动"的创造性开发。资源建设,以群建共享为理念;技术赋能,以数字智慧为嵌入。再次,方法融通,指向"融、和、通、达"的综合性实施。活动设计,以项目任务为抓手;实践方式,以情境建构为导向。最后,评价贯通,指向"同频共振"的增值性运用。过程评价,将教、学、评融为一体;增值评价,以赋能激励为导向。

五 "融通语文"的策略路径

"融通语文"教学主张,其核心是"融""和""通""达"四个层境。笔者依次从这四个层境,进行教学策略的提炼,形成"四境八策"的融通学习关键性策略方法。(如表4-1所示)

表4-1 "四境八策"融通学习关键性策略方法

四大层境	融·多域联动	和·整体统摄	通·深度对话	达·化用知行
维度	情境与内容	任务与支架	活动与导思	迁移与运用
八大策略	情境浸润 互文启鉴	节点聚焦 支点映射	系统导学 情思争鸣	文章化用 文德化行

（作者来自厦门市鹭江新城小学）

第五章

理实赓续：教学主张凝练的理论立场

理论由实践赋予活力，由实践来修正，由实践来检验。理论与实践关系虽早有定论，但双方的对抗与统一向来是一个重要论题。事实上，任何新理论的提出，都有理论与实践的基础，都有各自的发展脉络，不管是单一脉络还是混合发展。理论更多呈现为清晰的概念体系，实践更多表现为实践经验或实践性智慧。通过理论或思想的研习，可以创生新的实践，形成新的智慧；通过实践的沉淀，可以解决新的问题，形成新的理论或思想的基础。由此，理论与实践向来是在时间差序中实现统一。

知其所来，方能更好地知其所去。人文社会科学领域从来没有绝对的创新，一直是在已有的智慧基础上进行探索。教学主张凝练的理论立场，就是要从已有的理论与实践中寻找智慧，发现所凝练主张的来龙去脉，在嵌入理论发展的脉络中，也回应了实践的稳健发展。通过对卓越教师培育对象提出的教学主张进行分析，我们发现吴智鹉老师的人本体育、王淼生老师的理性数学、陈茜茜老师的生活·语文、傅闰冰老师的立美美术，以及李加前老师的具身体育等更多倾向于在新的实践背景下，探索从理论到实践，进而实现理论实践化和实践理论化的统一。本章集中体现这一范式的教学主张。

第一节 吴智鹞：人本体育

在我国社会主义现代化建设中，人的价值被逐渐释放出来。从学校教育层面看，"人本"已然成为当下学术语境中的主流词语，其要旨是实现人作为实践主体、实践价值标准和实践效用的和谐统一。因此，人本体育似乎应该成为体育学研究的热词；然而，从目前国内的研究来看，抑或从对这个概念的反响来看，大家并没有给予足够的重视。

人本主义教育思想强调教育必须促使完美人性的形成，即人的自我实现。自我实现的人格特征意味着：首先，它应该是一个整体，个体不仅在身体、精神、理智、情感、情绪和感觉各方面达到内部有机的整体化，而且在协调内部世界与外部世界的关系时也达到了和谐一致；其次，它能够使人自身的潜能得到充分的发展，这样才能让人在教育过程中认识自我，发现自我。

一　人本体育的教学理念

长期以来，学校体育受传统体育竞技的影响，只注重肢体的训练，而忽略了心理感受和人的需要。因此，人本体育就是在借鉴人本主义观点和要素的基础上，结合行为科学理论和动作技能形成规律，让学校体育教育摆脱单调的肢体训练和技能学习，提倡以人的个性和全面发展为体育教育的逻辑起点和归宿；以强健身体为基础，创设多元共享的教育场域，让学生在体育锻炼中享受乐趣，成为具有健全人格、坚强意志的高品质个体。

人本主义的体育教育思想强调在体育教育过程中，除了教授动作技术和各种体育知识，以及发展学生体能和技能以外，还应该把培养学生的情感理想、意志力作为教育价值取向的首要内容。体育不是把人制造成某种产品的工具，而是以人的全面发展为教育目标，以人的内在的需求和外在的社会适应为教学内容，以身体运动为形式的教育方式。这种教育方式的核心是要实现体育教学的四个理念。

(一)"育体"至"育人"的学科育人观转向

发展体力、增强体质是学校体育教学的主要任务,体现在体能、运动能力、技战术能力等方面的提升。而智育既是学生掌握文化知识的基础,也是参加体育运动的关键能力。只有着力于认知能力的培养,为学生提供足够的选择空间和交流机会,保护学生的好奇心、想象力和求知欲,才能促使学生敢于提问、主动思考、乐于交流、善于想象,才能张扬学生的个性。

目前,有的学生在智力、体力等能力不断发展的过程中,存在协作意识淡薄、吃苦精神较差、意志品质欠佳、信心不足等问题。鉴于此,体育教学应重视对学生心理素质的训练,有针对性地教会学生自我调节的方法,消除学生的心理障碍,培养学生坚韧不拔、顽强拼搏等意志品质,彰显良好的体育道德风尚,为促进学生身心健康的发展奠定基础。

(二)"竞技"至"健康"的课程价值观转向

各类运动项目的比赛是竞技体育的核心,而竞技体育是体育的核心,但竞技体育往往又让人远离了体育。所以,学校体育要充分认识到体育教学的本质是用运动项目教,而不是教运动项目。体育教师要牢固树立健康第一的教学理念,通过结构化、科学化的大单元教学设计,以专项运动技能为基础,融合健康知识、体能和跨学科主题学习,在普及的基础上让每一个学生享受体育比赛的魅力,在强身健体的基础上扎实培养金字塔形竞技人才梯队。

(三)"被动恐惧"至"慧享乐趣"的学生学习观转向

一直以来,体育训练过程都比较枯燥和艰苦,基本技术的学习占了很长的时间,学生一直没有感受到比赛的成就和乐趣。这种体育学习方式容易让学生产生恐惧心理。罗杰斯把学习分为2种,一种是类似于心理学上的无意义音节的学习,他称之为"在颈部以上"发生的学习。这种学习纯粹是学科知识的灌输与机械的学习,不涉及学习者的情感或个人意义。另一种是意义学习。这种学习不仅要积累增长知识,还要进行情感、态度、意志等与"完整的人"有关的学习。人本主义学习理论强调,学习要把逻辑与直觉、理智与情感、概念与经验、观念与意义等结合在一起,当我们以这种方式学习时,我们就成了一个完整的人。因此,体育课堂教学只有创造体育的新奇感、趣味感、获得感和成就感,才能让有意义、有乐趣、有效率的学习真正发生。

(四)"单一课堂"至"协同合作"的教学场域观转向

体育是一种复杂的社会文化现象,它是以身体与智力活动为基本手段,根据人体生长发育、技能形成等规律,达到增强体质与提高运动能力、改善生活方式与提高生活质量的一种有意识、有目的、有组织的社会活动。如果只局限于课堂,远远不够促进学生技能的扎实掌握、体能的快速增长以及体育品德的培养。应该在扎实做好课堂教学的基础上,充分延伸学生运动的时间和空间,构建教会、勤练、常赛的广义模式,协同发力,养成习惯。

《义务教育体育与健康课程标准(2022年版)》中关于课时的规定是3~9年级每周3课时,1~2年级每周4课时,1~6年级每课时40分钟,7~9年级每课时45分钟。仅靠这样的课时,就要让学生有健康的身体并具备一定的体育学科核心素养,显然是远远不够的。所以,除了做好体育课堂教学之外,还要充分利用大课间、体锻课、体育社团、体育竞赛等活动时间,将课堂教学内容不断外延,构建一个协同合作的学校体育教学场域,包括教学时间的一体化、物理空间的一体化和虚实空间的一体化,真正让学生在义务教育阶段掌握1~2项运动技能,形成体育学科核心素养。

二 人本体育的课堂教学范式

人本体育理念下,学生的个性和全面发展已成为新时代学校体育教育的终极归宿。在这个目标引领下,体育教学更应强调身体和思想两个要素的共生和发展。从身体动作发展的角度看,要遵循从泛化到自动化的技能发展规律,泛化需要有温度,分化需要有尺度,巩固需要有效度,自动化需要有品度。从思想认知发展的角度看,要遵循认知能力发展的规律,感知需要有温度,理解需要有效度,巩固需要有尺度,应用需要有品度。从学练赛评一体化的角度上看,学习需要有温度,练习需要有效度,比赛需要有尺度,评价需要有品度。因此,构建温度、效度、尺度、品度相辅相成的"四度课堂"教学范式,方能更好实现学生身体和心灵的共生和发展。

"四度课堂"教学范式注重营造适宜的温度,激发学生学习内驱力;把握科学的效度,培养学生动作技术和技能;控制合理的尺度,关注学生身心特点及个体差异;培养优质的品度,强调学生体育精神的内化。这种教学范式也是学练赛评一体化教学的进一步实践和探索。

"四度课堂"是在教学进度和运动技能大单元的整体架构下,结合运动实践和健康知识两大类体育课堂,重新规划和构建的两种不同课型的教学框架和教学流程,以期更好地培养学生体育学科核心素养。

(一)运动实践类"四度课堂"教学流程的构建

运动实践类课堂教学有一定规律性和特定的程序,有开始部分、准备部分、学习提高部分、体能部分、放松部分和小结部分,每个环节缺一不可。在此基础上,"四度课堂"从温度、效度、尺度、品度这四个维度对体育课堂教学提出了更高的要求。因此,重新规划教学流程,让教师、教材、课堂更有温度,让目标、内容、方法更有效度,让练习、要求、比赛更有尺度,让评价、小结、作业更有品度,是"四度课堂"教学范式的关键所在。

运动实践类"四度课堂"教学的流程,是在内层两个维度的基础上,对运动实践类课堂教学程序的重新审视和规划,而教学流程的规划有利于更好地实现"四度课堂"的教学理念。开始部分要有规范整齐的队列队形和富有激情的教学引入;准备部分强调趣味性和有效性;学习提高部分讲解示范环节要精练准确,学习过程要有阶段目标和衔接递进的多种练习,有不同标准和针对性的要求,有指向清晰的比赛,有多维度点评和学生的自我反思,有应用提升的平台及进一步的比赛应用;体能部分练习针对性要强,且有切实有效的四种以上的练习;放松部分要合理精准,富有针对性;小结部分要有适当的评价和拓展性的课后体育作业。

(二)健康知识类"四度课堂"教学流程的构建

健康知识类课堂教学虽然是在教室内上课,但它还是跟其他理论类课堂有着本质上的差异。健康知识类课堂依然要秉承学练赛评一体化的教学模式,注重实践和体验,注重比赛和生成,从而让理论课堂也变得更有温度,更有效度,更有尺度,更有品度。

健康知识类"四度课堂"教学的流程,也是在内层两个维度的基础上,对健康知识类课堂教学程序的重新审视和规划。开始之前有清晰的课前预习要求;开始部分有富有激情、指向明确的导入,能创设基于生活化的各种情境,结合生活化的情境,设置层层递进的问题链;学习过程有每个学习小组的合作探究与讨论,能设置不同问题的展示平台或比赛情境,让学生勇于表现和积极评价;在学生得出观点的基础上设置实践尝试的环节,让学生理论结合实际,注重问题的迁移与应用;整个学习过程要注重情境的创设和规则的引导,并及时点评鼓励,最后要有整个过程的小结和相应的课后作业。

综上所述,人本体育教学课堂就是一个以学生为中心,充满活力和创新的课堂。在这里,每一个学生都被视为独特的个体,他们的需求、兴趣和发展潜力均得到最大程度的关注和尊重。人本体育教学主张,就是追求学生全面发展,注重个体差异和情感体验的一种教育理念。

(作者来自厦门市教育科学研究院)

第二节 王淼生：理性数学

当代教育名家任勇先生指出，就教师而言，教学主张是教师教学的独特视角，教师形成教学风格和教学思想的基石，是名师"教育自觉"的关键性标志，是教师打开专业成长的"天眼"。教师要通过实践路径和理论路径，凝练自己的教学主张，形成自己的教学风格，成为有教育思想的名师。教学主张是教师在教学过程中所坚持的教学原则，是指导教师有效开展课堂教学活动的指导思想和方法论。教学主张是名师的教学思想，是教师结合自己的教学经验和理论学习总结出来的一种教学观点，反映了名师的教育理念和教学风格，是优秀教师专业发展的重要标志。

克莱因指出，数学是一种精神，一种理性的精神。数学是人类最高超的智力成就，是人类心灵最独特的创作。数学在形成人的理性思维、科学精神和促进个人智力发展中发挥着不可替代的作用。数学是严谨科学，数学需要讲理；数学是逻辑思维，数学必须讲理；数学是高雅艺术，数学理应讲理。说理就是以生为本，顺应知识增长规律；说理就是以人为本，尊重生命成长轨迹。只有明理、讲理，才能将数学知识"冰冷、苦涩"的学术形态转化为"火热、生动"的教育形态。教师要通过数学知识的教育形式，展现出数学的巨大魅力，体现数学价值，诠释数学本质；感染学生，唤醒学生，激励学生，提高他们学习兴趣，激发他们求知欲望；优化学生思维品质，发展学生智力，培养学生核心素养，使学生追求生命意义，实现人生价值，为学生终身发展及社会发展所需要的必备品格与关键能力奠定坚实基础。然而，目前数学教学尤其普通高中数学教学中普遍存在不少非理性现象，比如，随意处置教材、任性创设情境、解题替代概念、无效探究教学、缺少逻辑知识、缺乏史学求证等现象较为突出，这是提出"理性数学"教学主张的缘由。

教学主张既不是凭空臆造，也不是从天而降，而是教师在长期的教学实践中、教育思索中，一点一点地积累、一步一步地总结、一次一次地修改、一遍一遍地完善而提炼出来的。教学主张与国家方针政策、从事的职业性质、任教的学科特性等密切相关。教学主张是在解决教育教学中遇到的突出现象、遭遇的长期困惑中提炼出来的认识、举措与追求。

美国心理学家波斯纳指出,如果一个教师仅仅满足于获得经验而不对经验进行深入的思考,那么即使他有20年的教学经验,也许只是一年工作的20次重复。经验人人都可以有,关键在于对已有经验进行综合分析、深度反思,从而提炼出自己的教学主张。教学主张是名师的教学思想、教学信念。教师不仅要敢于提出自己的教学主张,而且要善于提出自己的教学主张,更要围绕教学主张开展系统的理论与实践研究。理论研究主要包括概念和内涵界定、理论基础和依据阐述、具体观点和内容;实践研究主要包括教学主张的教材化、教学化、人格化研究。用教学主张来解读、钻研、挖掘教材,赋予教材个性和生命;用教学主张来统领教学,教学活动就会被深深地烙上教师自己的特色,展现独特的教学风格。只有将教学主张融入教材研究、教学探索及人格魅力,才能真正实现教学主张实践化、可视化、人格化。

教学主张是基于个人独特经历、体验、思考而形成对教育教学、课程改革、科研创新的一种长期的、个性化的、独特的、稳定的见解、思想、理念,具有普遍的借鉴意义和价值,能够表达对教育事业、学生情感上的热爱与理智上的自觉追求。教学主张是区别于他人教学的重要特征,是教师个人教育经历、理论积淀、思维方式、教学认识、教学情感、教学经验、教学信念和教学风格共同作用的"化合物",因而富有个人色彩。

"理性数学"教学主张主要基于政策背景、学科背景、教学背景及问题背景等相关背景而提出。提炼教学主张的过程并非一帆风顺,教学主张的名称和内涵也并非一成不变,会随着教学经验的积累、教学能力的提升、教育理论的完善、教研成果的转化、胸怀视野的扩大及专家学者的引领而不断地深化、拓展、完善、超越。"理性数学"教学主张经历了数学解题教学、解决数学问题、数学概念教学、理性数学教学、理性数学等五个阶段。

"理性数学"教学主张中的"理"体现为理解数学、理解学生、理解教材、理解课标、理解教学、理解教育。"理性数学"是对数学课标的深度理解、数学教材的深度剖析、教学模式的深度探索、学习方式的深度摸索、评价体系的深度探究、育人理念的深度研究,旨在促进学生德智体美劳全面发展的教育理念。郭华教授认为,教学就是讲理,理想的教学都指向学生在教学活动中的发展,而促进学生发展的根本途径就是使学生明理,即帮助学生领悟符号背后鲜活生动的道理,让学生理解和掌握定理背后所体现的研究方法、思维方式和科学精神。教师把基本概念、基本原理讲清楚,学生就可以真正地理解知识,并有能力自主地观察、思考、想象、表达,逐步建构起自己的知识体系。只有让学生理解和掌握知识的内在原理、本质联系,才能帮助学生以理驭事,以简驭繁,把握事物的本质特征,使学生成长为明辨是非、有担当的未来社会实践的主人。

"理性数学"倡导在数学教育教学及相关活动中,在解读教材与研究课标、剖析概念与解决问题、渗透思想与归纳方法、实施教学与开展科研、引领示范与辐射传播、培育成果与提炼主张、培养思维与优化品质、发展智力与提升素养、学会为人与立身处世等方面,坚持以生为本,落实立德树人,基于数学逻辑推理的策略,以说理的方式,使学生运用数学知识与方法发现、提出、分析和解决问题,获得数学基础知识、基本技能、基本思想和基本活动经验。这能引导学生用数学的眼光、思维与语言观察、思考与表达世界;引领学生理性地探索数学知识本源,把握数学内容本质,揭示教育教学规律,形成逻辑严谨的批判性思维和科学规范的理性精神,追求有依有据的理性表达,提高智力水平,培养创新能力,提升数学素养,发展素质教育;激发学生学习数学的兴趣,养成良好的学习习惯,树立正确的世界观、人生观、价值观,追求幸福人生,实现人生价值。

教学主张是教师教学思想的显性化、个性化。教师不仅要善于从教学实践中凝练教学主张,而且要围绕教学主张开展系统的理论研究,不断地丰富教学主张的内涵。数学在形成人的理性思维、科学精神和促进个人智力发展中发挥着不可替代的作用。理性数学在于论述道理、发现规律、追求真理。教师应通过论文、专著、课题以及学术兼职平台,在践行"理性数学"教学主张的同时丰富"理性数学"教学主张。

以严谨推理、缜密思维著称的数学与数学教学应该是理性的。理性数学的"理"洋溢着幸福,正如亚里士多德感叹"理性生活才是幸福"一样,教师有感情地学习,有感情地研究,有感情地教学,沉浸其中,快乐在其中,自然也幸福在其中。

(作者来自福建省厦门第一中学)

第三节 陈茜茜：生活·语文

陶行知先生说："生活与教育是一个东西，不是两个东西。在生活教育的观点看来，它们是一个现象的两个名称。"[1]因此，"生活·语文"的教学内涵蕴含在学生的生活样态和学生语文学习的现状之中。

一 让语文扎根生活世界

《普通高中语文课程标准（2017年版2020年修订）》明确指出，语文学科核心素养是学生在积极的语言实践活动中积累与建构起来，并在真实的语言运用情景中表现出来的语言能力及其品质。语文学科核心素养所具有的整合性、渐进性、情境性和应用性等基本特点涵盖了"生活·语文"的所有显性特征。从目的观的视角来看，"生活·语文"的根本目的是从既往知识中心论及语文工具论转变为主体积极语用论，强调要将培养思维力、情感力和行动力的时代新人作为语文教育的根本目的。从课程观的视角来看，"生活·语文"需要构建开放和有活力的课程体系，不仅包括对课程资源、知识内容的整合，也包括对学校教育与现实生活的整合。从学习的视角来看，"生活·语文"重视学生在生活世界中的"语言建构与运用"，把"审美鉴赏与创造""文化传承与理解""思维发展与提升"放在生活真实场域中认识、体验、运用。"生活·语文"不仅体现为整合学科内的知识，或者通过主题来整合不同学科的知识，或者围绕某一问题进行跨学科的探究活动，进而养成学生在真实生活中自主解决问题的能力，而且体现为聚焦主体本位和学生发展本位，强化读写策略，落实高阶思维，将评估学生是否习得核心素养落实到在真实生活情境中是否能解决问题。

"生活"是现实、经验世界，"语文"是学科、知识世界。"生活·语文"教学主张就是要让语文扎根生活世界，在育人目标的统领下较好地整合生活与学科、经验与知识、知与行之间的关系，强调知识学习的逻辑，从学科到生活，从理解到

---

[1] 陶行知.陶行知全集：第二卷[M].成都：四川教育出版社，2005：527.

应用,既要知,也要行,知行要合一;行是知的源泉或起点,知是行的需要或基础,行是知之始,又是知之终,知是为了更高层级的行。习近平总书记指出:"所有知识要转化为能力,都必须躬身实践。要坚持知行合一,注重在实践中学真知、悟真谛,加强磨炼、增长本领。"[1]实践的育人属性表现为,它不再是单纯地以书本知识为教育内容,而是密切联系学生的现实活动、生活经验、自然环境,注重引导学生进行实践,参与体验,从而获得完整充分的认识与理解,引导学生发现实践问题和解决实践问题,引导学生在真实的活动探究中得到发展、创造与提升。

党的二十大报告更加凸显了教育的基础性作用,实际上,科技、人才、创新都与教育密切相关。教育关注学生个体的生活、生命、生存,同时也关注整个世界的实践与创新,这为学生的发展提供了整体思路,即不仅要利用各种教育方式,促进学生的全面发展,更要将学生的全面发展置于整个世界的历史进程中,使学生的发展能够适应世界未来之变化。"生活·语文"旨在培养具有思维力、情感力和行动力的时代新人。思维力即经济合作与发展组织所倡导的核心素养中的认知能力,包括好奇心、想象力、语言、批判性思维等。情感力是学生与同伴、他人交流互动的同理心、共情力和幸福感。行动力即学生具有主动学习、主动生活、主动实践的意识和能力。在教学实践方面,"生活·语文"的生生不息,一方面在于面向未来的发展,让学生为未来生活做准备;另一方面在于回归生活,使学生有所思考、有所沉淀,从学生的基本生活、实践场域出发进行教学,充分关切学生的尊严、能力和福祉,解决生存与发展问题。

二 让语文重构生活世界

《义务教育课程方案(2022年版)》指出,强化课程综合性和实践性,推动育人方式变革,着力发展学生核心素养。综合性体现了课程融合的价值追求,同时也是课程融合在实践复杂性层面的必然要求。因此,无论何种形式的课程整合,都应以促进学生对学科知识的深度理解与综合运用为目标,实现其在问题解决过程中高阶思维能力的提升,这样才能有效促进学生核心素养的多元生成与综合发展。

---

[1] 习近平关于青少年和共青团工作论述摘编[M].北京:中央文献出版社,2017:53.

第五章　理实赓续：教学主张凝练的理论立场

"生活·语文"的知行一体教学类型就是打通了学校第一课堂（课堂语文教学）、校内外第二课堂（语文活动和社会实践）、泛在第三课堂（线上线下混融），把学校、社会、虚拟网络空间紧密联系在一起，使学校的生活化语文教学既具有语言文字的魅力，又具有现代生活的气息。它主要表现在两个方面：第一，对国家课程进行生活化的二度开发。将国家课程进行创造性串联和统整，我们开发了"我和我的家乡"写作课程、"我和我的祖国"跨学科阅读课程、"我和我的世界"思辨性表达课程，素材来自社会生活，让学生在真实的学习情境中，以经验的形式获得真知，以体验的形式升华情感，以独立思考产生真知灼见，把学习过程变成自我教育的实践。用活生生的社会生活拓展教育的资源，丰富了教育的内涵，激发了学生的学习兴趣，培养了学生解决具体问题的能力，凸显生活化语文教学的价值。第二，开发实践活动类课程。结合语文学习任务群开发系列活动类课程，包括"缅怀校主——陈嘉庚文化探源"活动课程，把学生的学校文化探索变成生动的人物访谈和社会调查；"青春之歌——讲好身边的故事"活动课程，让学生发掘身边的榜样力量，讲好自己的故事；"只有红楼梦——穿越角色体验"活动课程，把整本书阅读和戏剧教学结合在一起，在戏剧中寻求真实体验；"剧本游戏——中华优秀传统文化经典研习"活动课程，把剧本游戏和中华优秀传统文化经典研习融合，寻求创新形式的文化传承。引导学生积极投入火热的社会生活之中，在活动中激发语文学习的欲望，在语文学习活动中热爱和拥抱生活。

实践性彰显了语文课程的活动方式。生活实践是连接课程与学生素养的桥梁，是对知识和素养转化关系的重构。以生活实践为基本立场的知识观，将知识视为实践活动的集合，重建知识和活动的内在关联，以期在综合运用知识的身心交互实践中发展人性、寻求生命的意义。"生活·语文"的知行一体教学类型，就是基于生活实践来设计统整性的教学大情境与大任务。首先是提取大概念。以统编高中语文教材中的"信息时代的语文生活"为例，结合《普通高中语文课程标准（2017年版2020年修订）》里的"跨媒介阅读与交流"任务群对"关注当代网络文学和网络文化，坚持正确的价值导向"的要求，将该单元教学大概念提炼为"信息时代的科幻电影鉴赏"。其次是基于大概念凝练教学目标。大概念确定了教学锚点，但是还要有具体的教学目标指引教学评价和教学活动的开展。以"信息时代的科幻电影鉴赏"为例，教学目标可以凝练为：一是了解常见电影宣传媒介的语言表达特点——指向认识多媒介，对标语言建构与运用素养;二是能辨识媒体立场,形成独立判断——指向辨别媒介信息,对标思维发展与提升素养;三是能鉴赏科幻电影中的中国式审美——指向善用多媒介,对标审美鉴赏与创造、文化传承与理解素养。有必要强调的是,教学目标是一个统一体,分而述之的形式只是为了对教学目标进行全面地表征,在具体实践中,不可机械地将完整的教学过程分割为相互独立的教学活动,要有统整性的教学大情境与大任务。

"生活·语文"的审美一体教学类型就是把文学教育还原于人的生活过程,通过文学教育的审美去实现人的完满生活。以小说阅读为例,首先,它是阅读的引玉之砖。小说的叙述会吸引你学习新的词语,思考新的观点,并且不断继续,直到发现阅读本身充满乐趣。其次,它能建立共情。文学通过想象,创造出一个世界,在这个世界里填充人物。阅读时,你透过别人的眼睛观察,游访各个地方,感受各种事物,进入其他世界,你会变成其他人,当你回到自己的世界,你会发现对你的人生之路至关重要的东西。共情是一种工具,可以将众人集合成为群体,使得我们能发挥更多的职能,而不是成为只考虑自己的"独行侠"。教育是内含于生活过程之中的过程。

(作者来自福建省厦门集美中学)

第四节 傅闰冰：立美美术

立美美术教学主张通过教学情境创设帮助学生进行真切情感体验与形象感知，在理论与实践的统一中注重互联网美育的引入，丰富教学手段与资源，实现美育的贯通性与内隐性。这不仅可以提升学生的审美能力与创造力，更能引导学生追求真善美，促进学生全面发展与个性化成长。

《义务教育艺术课程标准（2022年版）》提出艺术教育的核心是"弘扬真善美""塑造美好心灵"，分别从学科角度和教育角度出发，指明了义务教育阶段艺术教育的核心方向。"立美美术"教学主张的核心教育理念旨在指导学科教学，不仅培养学生的审美情趣，提升学生的"审美"和"人文素养"，还提升学生对多元世界的敏感度，促进学生全面发展。

一 立美美术的核心理念

立美美术凝练出"以美启真"的核心教育理念，体现了立美美术在塑造个性和培养审美素养方面的突出特点，成为教师的学生观、教育观的真实反映，并时刻浸润、体现在教学过程之中。立美美术是一种超越日常生活的精神境界，承载着人类创造力与情感表达的力量。在习近平新时代中国特色社会主义思想指导下，立美美术坚定不移地贯彻以美育人的教育方针，以培养核心素养为教学的主轴，鼓励学生积极参与到多姿多彩的艺术实践中，在审美体验中感受美的魅力、在欣赏中提升美的鉴赏力、在表现中展现美的创造力、在创造中拓展美的无限可能。充分发挥艺术课程在培育学生审美和人文素养中的重要作用，有助于激发学生内在审美情趣，并培养他们对世界各种表现形式的敏感度。立美美术注重培养学生的创造力和表现力，鼓励他们在艺术创作中发挥自己的想象力和创造力，在艺术创作中找到真我、表达自我。

立美美术还秉持着"以美崇善"的理念，重视学生在学习过程中的艺术感知及情感体验,激发学生参与艺术活动的兴趣和热情,使学生在欣赏、表现、创造、联系和融合的过程中,形成丰富、健康的审美情趣。立美美术强调艺术课程的实践导向,使学生在以艺术体验为核心的多样化实践中,提高艺术素养和创造能力。通过观察和研究艺术作品中蕴含的道德与伦理价值,学生能够在提高审美水平的同时获得人文关怀,树立正确的价值观和道德观。

立美美术强调以"德"育"心"。艺术教育不仅仅是对技巧和表现形式的培养,更是一种思想与情感层面上的涵养,可以帮助学生认识到美丽与真实之间的关联,并在艺术创作中找到真实自我,可以培养学生自律、坚持不懈、合作协作等价值观和品质。立美美术致力于通过核心教育理念培养全面发展并具备独特审美眼光和价值观的新一代人才。

二 立美美术教学策略

《关于全面加强和改进新时代学校美育工作的意见》中指出,"美育是审美教育、情操教育、心灵教育,也是丰富想象力和培养创新意识的教育,能提升审美素养、陶冶情操、温润心灵、激发创新创造活力"[①]。这为全面准确把握美育的教育价值提供了方向性指引。立美美术是带有情感和价值判断的审美教育,要充分挖掘并发挥学科本身的教育价值,运用教学策略有意识地将美育内容渗透和融入学科教学中,体现教师观和学生观,让学生得以感受艺术情感,增进自我理解与同理心。

(一)贴近学生的生活实际

在设计立美美术教学情境时,教师要尽量贴近学生的生活实际,这样才能让学生更好地理解和参与其中,从而使其获得艺术美感和审美体验。当学生身临其境时,他们会对艺术产生更深层次的理解和欣赏。同时他们也会产生情感共鸣,从而更好地表达自己的情感和思想,提高艺术欣赏能力。只有在真实而有趣的情境中,学生才能够真正地融入其中,获得艺术的美感和审美体验,从而提高自身的情感表达能力和审美素养。

---

① 关于全面加强和改进新时代学校美育工作的意见[EB/OL].(2020-10-15)[2021-05-08].http://www.gov.cn/zhengce/2020-10/15/content_5551609.htm.

(二)课堂教学以学生为主导

根据学生的年龄特点和兴趣爱好,教师应选择与学生生活经验和认知水平相匹配的情境来进行美术知识与技能的教学。这样做的目的是激发学生的主动性,让学生成为学习的主体。在进行立美美术情境教学时,给予学生一定的自主选择和探究空间,培养他们自主学习能力和主动探究意识。这种学生主导的探究方式,可以更好地培养学生的兴趣,增强学习效果。

(三)课堂教学表现形式多样化

课堂多样化的表现形式在立美美术情境教学中发挥着重要的作用。情境教学鼓励学生不局限于书面或口头表达,而是通过多种艺术形式来展示他们的创作才华。绘画、雕塑、手工、摄影等都是常见的表现方式,学生可以根据自己的兴趣和特长选择适合自己的方式进行创作。形式多样不仅能够激发学生的创造力,还能让学生更好地展示出自己独特的想法和个性。通过立美美术情境教学中丰富的表现形式,学生可以获得更全面和深入的体验,提高对艺术与创意的理解和应用能力。

(四)美术本体知识的跨学科整合

立美美术情境教学将美术与科学、历史、文学等不同领域进行融合,创造出多样化且富有挑战性的情境,使得学生能够将所掌握的美术知识应用到其他领域中去,不仅能促进跨学科的学习和思考,还能为学生提供更广阔的视野和创作思路,培养学生跨学科思维和创新能力。首先,立美美术情境教学能够拓宽学生的学习视野,从不同的学科角度去思考问题,提高学生的综合素养。其次,能够激发学生的创造力和想象力。通过跨学科融合激发更多创作灵感,并培养学生独特的艺术表达能力。此外,将美术与其他学科进行整合还有助于提高教学效果。因而,通过跨学科整合,在其他领域中应用美术本体知识可以使得审美教育更加全面和综合。

(五)以"学科素养"为关键连接层进行评价

在进行立美美术情境教学时,应明确教育的首要问题是培养什么样的人,并注意在授课过程中体现核心价值,创设传递积极向上的情境。这有助于学生理解、践行核心价值观,逐步形成爱国主义情怀、责任担当、奋斗精神及正确的世界观和方法论等。义务教育阶段美术教学以学科素养为核心,其评价亦以此为导向。立美美术情境教学围绕学科素养进行教学,并因教学内容的不同而有所侧重。创设情境需依据学科特点,明确其对学生美术核心素养的贡献及锻炼的能力。应以美术核心素养为出发点,结合教学内容确定教学目标,并着重培养学生的审美感知、艺术表现、创意实践及文化理解能力。

义务教育阶段的美术情境教学,要明确学生需掌握的学科关键能力,并在教学中有意识地强化。美术基础知识作为核心内容,需引起教师的重视。要引导学生理解、掌握美术关键知识,帮助他们自主构建结构化认知,并规范应用于真实情境。对美术学科而言,表现能力和创意能力也十分重要。因此,立美美术教学主张在进行情境教学时特别强调表现和创意的重要性,以培养学生的图像识读、欣赏和评述表达能力。

(六)强调美育课程的纵向和横向衔接

为了践行立美美术教学主张,充分发挥美育的价值,仅依靠单一的教育阶段和教育主体是不足以完成这个任务的。因此,需要构建一个立体式、一体化的美育体系。这个体系在纵向上要实现中小学美育的有效衔接,在横向上要实现美育各实施主体的协同合作。

为了实现中小学美育的纵向衔接,需要深化各阶段的美育实践,并探索建立美育实施保障机制。只有每个教育阶段都充分发展美育工作,才能够实现整体上的中小学美育衔接。同时,还需要构建有效的沟通机制,加强中小学之间关于美育的沟通、互动与协作,形成教育合力,共同推进美育工作。此外,在推进教育评价改革的过程中,也要确保中小学都更加注重美育,引导整个教育体系朝着更加突出美育的方向前进。

在横向协同方面,除了学校之外,家庭和社会也是实施美育的重要主体与空间。首先,学校在加强自身的美育工作的同时,应积极主动地加强与家庭、社会的沟通与合作,充分利用各类美育空间和资源,实现校内与校外,制度化与生活化教育,显性课程与隐性课程的有机结合。其次,家长也应该充分意识到美育对于孩子全面发展和健康成长的重要作用与长远价值,引导和满足孩子的审美需要,并鼓励他们积极参与审美活动。最后,社会应该充分发挥其在美育场所与机构上的优势。社会可以为学校师生提供感受美、鉴赏美的机会,并共建平台让学生表现美、创造美。同时,社会也可以利用各种媒介来宣传美育的重要价值,促使全社会形成注重、崇尚美育的氛围和风尚。

综上所述,立美美术作为满足师生高阶需求、发展相关能力和素养的教学主张,具备非常重要而独特的意义。立美美术坚持美育导向,以习近平新时代中国特色社会主义思想为引领,注重核心素养培育,鼓励学生参与艺术活动,丰富审美体验,增强文化自信与自豪感。它不仅提升学生的审美品位与情趣,还激发学生对世界多元表现形式的敏感度。同时,立美美术注重艺术教育在情感与思想涵养方面的作用,通过艺术实践,帮助学生学会自律、合作,树立正确道德观。这一新颖独特的教学主张为美育领域注入了新的活力,促进了学生的全面发展。

(作者来自厦门五缘第二实验学校)

第五节 李加前:具身体育

具身体育教学主张的形成是基于具身认知理论立场和体育教学实践经验的总结。在体育教学中,主要通过身体练习引导学生学练运动项目,从而获得知识、体能、技能及情感等方面的发展,进而培养学生的学科核心素养。具身认知理论认为"认知"不是单一依靠大脑的思维,而是需要通过身体具身参与才能获得,无论是知识的陈述认知,还是技能的程序认知,或是行为习惯的行为认知,或是情感的情绪认知,均如此。在具身认知理论的"具身性"场域下,结合体育教学实践的"身体参与性"特征,"具身体育"教学主张应运而生。

具身体育是基于具身认知"身心一体"理论,以学生身体为主体,在身体运动中整合感觉、知觉、思维、情绪等多方面因素,提高身体自我运动认知,获得情感体验,磨炼意志,达到强身健体、技能形成、塑造人格的目的。

一 具身体育教学主张的观点阐释

(一)价值理念

具身认知理论在于批判传统认知理论"离身"特征的二元叙事,并基于身心合一的"一体"论,构建了认知的具身性、情境性以及生成性,强调认知是身体、情境及其交互活动生成的结果。身体作为具身认知理论的核心范畴,在体育教学情境中以主体、客体互融的角色生成认知,体育教学中的身体具有主体性、互动性、体验性的具身意蕴。学校体育作为培养体育核心素养的基本场域,将具身认知的科学理念与体育教学实践相结合,促进学生体育核心素养的形成与发展。

(二)理论建模

具身体育教学主张的理论建模,是基于具身认知理论和体育学科核心素养的培养路径构建的。具身体育课程教学围绕培养学生的体育核心素养来设计,以发挥体育学科育人功能。运动能力、健康行为和体育品德为体育核心素养的三大要素。提升学生运动认知,发展体能与运动技能,培育情感,养成良好的运动行为与习惯是学校体育教育功效的价值体现。具身体育教学的理论建模,是以身体为体育学习主体,与心智、外部环境相互交互,促进学生自我高级认知,进而培养学生体育核心素养。具身体育教学的理论建模如图5-1所示。

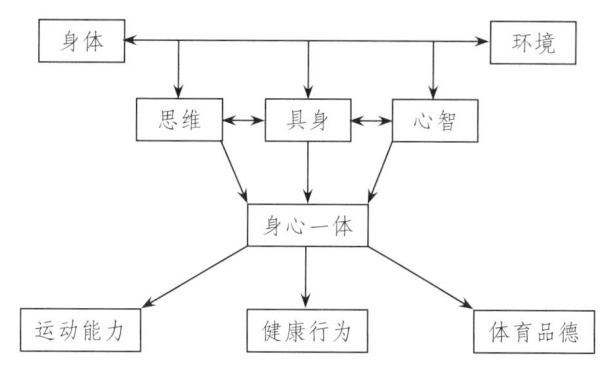

图5-1 具身体育教学的理论建模图

(三)操作策略

具身体育教学主张以培养学生学科核心素养为目标,能够有效提高体育与健康课堂教学质量。

(1)树立身心一体观的体育教学理念。具身思维生成的身心一体观体育教学理念,改变了意识主体产生的身心二元论教学理念,揭示了体育教学具身性特征,明确了学练技术、强化体能是体育教学的根本所在,也是激发学生感悟身体,发展学生体育核心素养的逻辑前提。教师要营造一个互动、自由宽松的教学氛围,激发学生的运动兴趣,增强学生的自信心。

(2)创设体验式的体育教学情境。具身认知理论强调身心一体的认知观,因此,体育教学情境的创设,要凸显教学情境的认知、社会交往、过程、发展和生成等多元属性,营造体验式的体育教学情境。一是要充分认识到心智、身体和环境的整体性关系,营造情境启发、切身体验、学生积极参与的体育教学氛围,使学生的身体、心智与环境互融,激发学生体育学习的原生动力。二是在运动技能形成的认知定向阶段、练习形成阶段和自动熟练阶段,积极引导学生实践反思、善于总结、提高认知,增强体质,发展技能,培育情感。三是学生身体是学练的主体,体育技能、情感等的习得必须通过身体练习。教师应积极发挥引导作用,鼓励与监督学生反复学练,体验身体思维的表达,体知运动技能,促进运动技能的自动化生成。

（3）创造具身思维的体育教学过程。具身思维的教学过程,是能够获得良好的身体体验、完美的身体感受、丰富的身体认知过程。体育核心素养的培养,需要具身思维的体育教学过程。首先是获得良好的身体体验。良好的身体体验是教的过程与学的过程动态融合的前提,也是体育社会情感获得的前提。其次是获得完美的身体感受。完美的身体感受只有基于运动技能和教学环境对身体器官的刺激,引起神经系统机制反射,才能刺激身体感受,进而强化运动技能,增强体质,增进健康。最后是获得丰富的身体认知。丰富的身体认知能够提升学生的自我认知,形成正确的人生观和价值判断,逐步形成健康的生活方式,促进学生学科核心素养的形成。

二 具身体育教学主张的核心要义

具身性、感知性、交互性、情境性和生成性是具身体育的基本特征。以具身认知理论为理念的体育教学,强调回归"具身身体"的本真,遵循认知规律,以人为本,遵循体育是"以身体活动为练习手段"的本质属性,实现体育教育的"育体育人"目标。

具身体育教学倡导学生在学习活动过程中要有足够的身体参与,身体(机体、心理)与环境要充分交互。有利于学生内化知识,形成动作技能,获得新认知,提高整体学习效果。

(一)具身体育主体性教学理念

基于具身认知的"具身性",具身体育在教学理念上倡导以学生为主体,以学生发展为中心。学生不仅在性别、身体机能、体能及技能基础等方面存在差异性,根据具身体育"具身性"特征,还在体育活动中的感觉、知觉及运动和心理体验等方面也存在差异性。本着尊重学生个体差异性,具身体育教学要求设置不同的教学情境和使用差异性的教学方式,使全体学生均能习得体育知识与技能,发展体能和培养情感,以达到共同进步的目的。

(二)具身体育生成性的教学目标

具身体育教学目标是动态、自然生成的。认知的获得并非预设,而是在原认知的基础上,通过具身运动感受与情感动态变化体验,在自然的环境下重组碎片化的知识与技能,生成新的认知与本体感受。如体育的"赛"教学过程,动态性表现学生的情感变化,自然生成真实情境画面,这对于落实德育教育具有重要的意义。

(三)具身体育全面性的教学内容

依据具身理论提出的"身心合一"原则,具身体育在教学内容上要求全面性。这要求具身体育不仅要关注运动知识、体能与技能,更要注重在运动知识、技能习得过程中的情感、态度与价值观等方面的内容。这与生命世界中人是身心统一的整体性存在相符合,即人是精神和肉体的结合。同时,具身体育客观地遵循具身认知教育理论的"碎片化教学"主张,打破原有的具身认知,再重组碎片化的知识与技能,使其系统化、整体化。具身体育遵循运动技能形成规律,帮助学生提前完成运动技能的"泛化"和知识的内化。

(四)具身体育参与性的教学过程

具身体育参与性的教学过程有两个重要方面。一方面,教学过程是以身体参与为前提,在身体(机体、心理)与环境的循环、交互作用下,掌握运动技能,养成锻炼习惯,培养体育品德。另一方面,教学过程表现为师和生多元参与,是共同交互的活动过程,并非单一学生的学练过程。

(五)具身体育情境性的教学组织

(1)开放的情境性教学。具身体育教学以实践教学为主,一般在学校开放的运动场所进行。同时,体育教学中运用新兴信息技术,体现学习资源开放的情境性。

(2)复杂的情境性教学。具身体育复杂的情境性教学源于体育教学内容的全面性和学生心理变化的复杂性。体育教学内容包括运动技能、体能和健康教育等全面的内容。单一内容又能划分多个子目,例如运动技能又包括技术原理、规则、单一技术、组合技术、防守技术、进攻技术、战术及比赛等丰富而又复杂的内容。同时,在体育课堂学习中,学生的具身感受与体验,学练赛过程中师生思想、情绪、态度、认知及行为等心理过程,都增加了教学的复杂性。

(3)适应的情境性教学。在复杂多变的体育课堂上,适应的情境性教学组织体现为:一方面,课堂组织设置为学生适应课堂环境,并能调控自身情绪的学习情境;另一方面,课堂组织设置科学的身体承受运动的负荷练习情境。适应的生理负荷是由小到中再到大,再由大到小。

(六)具身体育交互性的教学方式

具身理论认为知识与技能的习得是通过身体与环境交互而自然生成的。依据具身认知理论,具身体育教学要求创设环境,让学生与环境充分地交互,在交互中产生新认知与技能,实现了"动态、自然生成"的具身体育教学目标。具身体育倡导的合作与探究学习方式,有利于学生具身与环境的交互。

(七)具身体育多元性的教学评价

基于具身体育教学的情境性、开放性、动态性、生成性和交互性等特点。具身体育教学评价倡导真实性、生成性、交互性的多元性教学评价。在内容上对知识、技能、体能及情感等方面进行真实而又多维的评价。在评价方式上采用定性与定量结合,总结性与过程性相结合的交互多样化评价。在评价的主体上,采用生评、师评及组评相结合的交互多元评价方式。多元性的评价符合具身教育教学评价范式。

(作者来自厦门市同安实验中学)

第六章

本质重构：教学主张凝练的学科立场

卢梭说："一切学科本质上应该从心智启迪时开始。"这是从学科与人的关系角度，回答了学科本质的基础的问题。学科的构建与形成，有其特定的标准、范畴和范式。不同学科对人的生长价值和在教育教学实践表征方面有着巨大的差异。从学科课程的角度来说，学科知识、学科思维及学科技能等方面都有着独特的表现形式。从教育教学的角度对学科及学科课程的认识与理解，实践与表达，是一种典型的主张凝练方式，即教师探讨特定学科对人生长权重的独特属性或应该重点突出的属性。

在以分科课程为基础的基础教育领域，学科立场是教师的基本立场。每位教师倾向于从学科角度思考教育教学问题，较少从教育来看学科。如何跳出学科来看教育，跳出学科来看学科，需要的是基于教育的基本规律进行实践化的本质重构。本质重构，不是对学科共识的否定，而是对新发展形态下学科的理解拓展，是对学科教育教学实践表征的再认识，是对固有学科本质的结构与实践重构。教学主张凝练的学科立场，关键就是从人的心智启迪角度出发，探讨从教育看学科的可能。通过对卓越教师培育对象提出的教学主张进行分析，发现苏巧真老师的真数学、刘明老师的惟真物理、赖景琼老师的音合教育、洪进步老师的本原物理，以及肖珩老师的经历赋能心育更倾向于从学科立场出发，进行教学主张的凝练。本章集中体现基于这一范式的教学主张。

第一节 苏巧真：真数学

"真数学"指教师以育"真人"为愿景，根据学生的身心发展规律、数学的发展逻辑和教学的内在规律，以"真知"为根，以"真教、真学"为本，以"真评"贯穿始终，发展学生的核心素养。

一、"真数学"的内涵意蕴

（一）"真数学"的内涵

"真"在《现代汉语词典》（第7版）中的释义是：真实（跟"假、伪"相对）；本性；本原等。"真"的词源义是充实，由此可引申为完整义，而强调完整、融贯的认知，也是《庄子》认识论的突出特征。陶行知先生提出"千教万教，教人求真；千学万学，学做真人"。这句话有两个关键词，一个是"求真"，一个是"真人"，这里的"真"可理解为"真实""真相""真理"。从学科上看，"真数学"是一种数学教育理念，它把培育具有独立思考能力、质疑批判能力、解决问题能力和理性精神的人作为数学教育的首要目标。教师以生为本，基于数学本质，引导学生在真实情境中提出真问题，进行真思考、真合作、真交流，获得真体验。学生在不断尝试和纠错的求真过程中经历数学知识的再创造，感受数学的严密逻辑，并坚信数学的理性力量。"真"体现了回归本真的学生观，探究知识本源的知识观，促进学生积极参与、展示学生真实学习过程的教学观，以及全面、动态关注学生情感、态度、价值观等方面变化的评价观。

（二）"真数学"的构成要素及关系

1.真知。何为"真知"？古人心中的"真知"是指正确而深刻的认识，并且这一认识是真实的。我们所理解的"真知"是指有助于学生构建核心素养的核心知识。核心知识蕴含着反映学科本质的基本特征。这些基本特征往往反映学科的基本思想，是学生理解学科内容本质和发展学科核心素养的关键。

2.真教。何谓"真教"？古人指纯真的教化。我们所提倡的"真教"是基于

"规律"的教。这里的"规律"包括三层含义:一是课堂教学自身的规律;二是学生学习的规律和心理需求;三是教学内容本身的特质及其内在的逻辑原点。在具体实施过程中,要做到"激学""准教""智教"。"激学"指教师根据学生的心理特点和最近发展区创设真实的问题情境,设计有挑战性的任务,激发学生的学习兴趣,调动学生的学习动机,促进学生高情感投入、高认知参与。"准教"指教师要基于学生的知识经验和生活经验,做好前测,以学定教,提高教学的效率。"智教"指教师不仅要教得"准"、教得对,而且要教得活,既要预设充分,又要灵活、智慧地解决学生的生成性问题。

3.真学。真学是指一种真正的学习,它超越了表面上的知识获取,更注重对思维能力和实践素养的培养。崔允漷教授明确指出,课堂变革的终极价值只有一个,那就是给学生的学习带来增值。要实现学习增值这一目的,就要解决关键问题——让全部的学生投入学习,让每个学生经历真正的学习过程。真学是相对于假学而言的概念,其内涵主要有以下三点:首先,以学生的自主学习为中心。数学课程教学的核心目标在于培养和发展学生的关键能力,而不是简单地讲解数学知识,训练解题能力。其次,以真正学习为关键。真正学习指全身心地学习,是学生学习活动从被动式向主动式转变的客观需要,学生能够进行真探究、真合作、真交流。最后,以深度学习为目标。真学不仅在学生的数学课程学习中有着突出的作用,而且对学生其他课程学习乃至日后的成长发展有着重要的价值。

4.真评。评价是教学活动的重要组成部分,具有导向、诊断、调控和纠正等功能。随着教育改革的不断深入,各学科教师均愈发关注教学中的评价。教学评价,是指依据教学目标对教学过程及结果进行价值判断并为教学决策服务的活动,是对教学活动现实的或潜在的价值做出判断的过程。本书所谈及小学数学教育中的"真评",是指教学评价尽量做到科学性、全面性、客观性。我们将其界定为:依据课程标准、数学本质和学生的学习规律,设定清晰的、可操作的、可评价的教学目标,采用恰当的方式,对教学过程中教师"教"和学生"学"的行为和结果进行多元评价。

5.真知、真教、真学、真评之间的关系。教学的基本内容包含教学目标、教学内容、教学方法和教学评价四个方面,它们相互关联、相互促进,是教学工作的基础。"真知"即教学内容,通过"真知"的学习,培养学生的关键能力,发展学生的核心素养;"真教、真学"是教学方式,分别指向教师的"教"和学生的"学",

这反映出一种互动、和谐、互相促进、互相成就的良好的师生关系、教学关系；"真评"是评价方式，它围绕教育教学目标设计评价体系，贯穿教学的始终，对教师的教和学生的学展开全程、全方位、多形式的过程性评价和综合性评价。通过这种方式，可以改进教师的教，促进学生的学，最终促进育人目标的实现。"真知""真教""真学""真评"体现了"备—教—学—评"一致性。

二 "真数学"的课堂实践路径

任何的教学主张都要在课堂中"看得见、摸得着"，在课堂中发生、发展、创新。"真数学"的课堂实践路径如下图6-1所示。

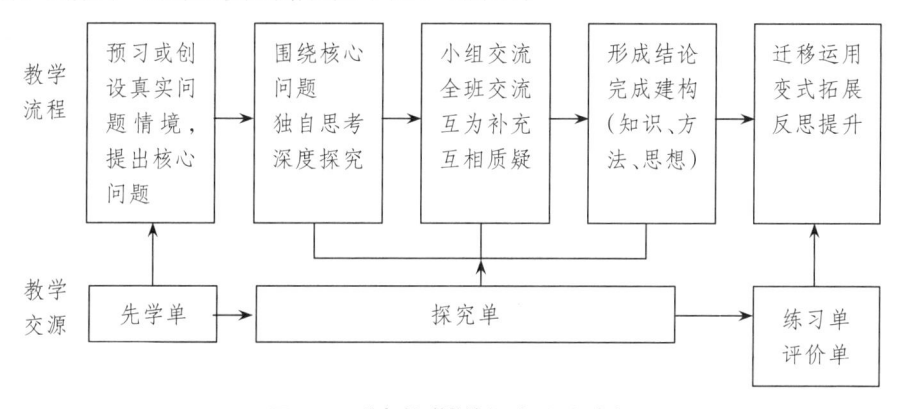

图6-1 "真数学"的课堂实践路径

（一）追本溯源，把握本质

"真数学"是课堂的真实体现，要求教师认真研读课标和教材，尊重客观事实，遵循客观规律，追本溯源，探索和发现数学规律，把握数学的本质。教师只有把握住数学本质，才能进行有效教学设计，才能创设真实课堂，让学生的学习真正发生。数学的本质指的是：数学概念、规则、规律等所包含的本质、思想、价值。教师可从几个方面把握知识的本质：全面、正确地解读教材，从教材文本中读取知识的本质；根据教学的重难点，找准学生学习的盲点，把握知识的内涵，使学生的思维触及知识的本质；立足核心素养的培养，从学科育人的角度挖掘知识的本质。

（二）分析学情，确立真起点

学情是课堂教学的开始。"真数学"要求教师通过访谈、前测等方式充分了解学生的学情(包括知识经验、生活经验、活动经验、思维方式等)。这样的了解有助于确立学生学习的真实起点,充分挖掘学生的学习需求,把握好学生的"原生态理解"。教师应在学生的原认知基础上展开教学,找准知识探究的切入点,使学生在新知探究中有知识载体和方法保障。此外,教师还需架设好知识迁移的桥梁,实现知识与学生需要的无缝对接。

(三)创设情境,提出真问题

"真问题"指的是能够引领课堂教学的核心问题。它是以"真内涵"为中心设计的问题。它反映了数学学科的本质。它是学生真正困惑的问题,是学生学习的盲点、疑点。它紧紧地围绕一节课的教学目标、教学重难点,建立在学生的"最近发展区"上。"真问题"既可以出自教师的提问,也可以来源于学生的提问。"真问题"给予学生充分的思考空间,驱动学生思考、探究、交流。它让学生发表不同的见解,并在交流对话中产生出新的问题,从而激活了学生的思维,促进了学生核心素养的发展。

(四)问题引领,启发真思维

问题是思维的起点,是创新思维的动力。数学教学不能仅仅局限在知识与技能的层面,还应着重挖掘数学探究活动中独特又精彩的思维过程。"真思维"指的是学生在思考、解决或评价问题时,所运用的合理高效的数学思维方式,包括分析、归纳、推理、批判、质疑等。教师要把学生"真思维"的培养贯穿课堂的始终,要设计有价值的数学问题,引导学生经历横向数学化和纵向数学化的活动,引导学生进行比较,在比较中辨析,在辨析中发现,培养学生的问题意识、训练学生的思维、拓宽学生的思维品质。

(五)立足素养,感悟真思想

培养学生的核心素养是课堂教学的重要任务。数学知识是数学教学的明线,思想方法是数学教学的暗线,核心素养则是数学教学的魂。教学中,教师要以"魂"牵"线",在核心素养本位的导向下,以知识教学为载体,渗透数学思想方法,让学生在探究知识时感悟思想,让思想内化并建构知识,以培养和发展学生的核心素养。

(六)交流合作,培育真情感

学生对数学的喜爱、对老师和同学的情感,是在数学学习、交流、合作的过程中培养出来的。通过创设学生喜爱的问题情境,引导学生主动探究、合作学习、互相质疑、互相帮助,共同解决问题,从而激发学生的学习热情,培育学生积极探索的学习品质,培养学生互帮互助的学习态度。

形成"真思维""真思想"的前提是对数学本质与"真问题"的精准把握。数学本质指导"真问题"的设计,"真问题"指引"真情境"的创设,推动学生真思考、真探究、真体验,形成真思想。学生只有在"真情境"中解决"真问题",才能不断地参与学习,充分地调动思维去思考知识、追问知识、评判知识和创造知识。在这个过程中,学生对数学概念进行了抽象和概括,对数学方法进行了总结和提炼,对数学思想进行了感悟和把握,发展了数学核心素养,彰显了数学学科的育人价值。

(作者来自厦门市集美区侨英小学)

第二节 刘明：惟真物理

"惟真物理"是针对传统物理教学过于强调知识的掌握和应试技巧，忽视物理知识与知识形成过程的联系、与发现和解决问题过程的联系、与纷繁复杂的真实生活世界的联系的现象而提出的教学主张。它强调了物理学科的真实本质和对真实物理教育的追求，突出物理学科在培养学生核心素养方面的课程任务以及促进学生全面发展的课程使命，充分体现了物理教学对学科立场的关注和回应。

一、"惟真物理"的思想内核

惟真物理的思想内核是"学真物理，真学物理，求真悟理"。

"学真物理"是针对当前过分重视物理知识的教学方式而提出的。从物理学科的育人价值内涵来看，物理的育人要素包含物理知识、物理方法、物理思想、物理观念、物理精神等多个方面。因此，这里的"真"指的是物理教学要超越仅教授知识的局限，强调的是物理学科育人内容的完整性。

"真学物理"是指用科学的方法学物理。物理学是一门基础科学，在探索和建立物理知识框架的过程中，形成了基本的科学方法，这些科学方法也是学习物理知识的基本方法。真学物理中的"真"，强调的是物理的学习方法要真，即遵循物理知识产生过程的基本科学探究和科学思维的方法。

"求真悟理"是物理的学习结果。求真是物理学作为一门科学的本质特征。物理的求真，是求真知。真知不只包含知识本身，更重要的是知识背后的意义，即物理知识背后的方法、思想和精神价值。悟理，即能悟懂道理，指通过学习物理悟懂人生道理，追求人性和精神的成长，让我们能从科学本质的视角理解这个世界和生活，能以科学的态度和责任融入现实与未来的生活世界。

二 惟真物理的实施维度

物理教学要达成"学真物理,真学物理,求真悟理"的目标,需要围绕"真实情境、真实问题、真实探究、真实认知、真实评价"五个维度来开展教学活动。

(一)真实情境

真实情境中的"真实"一词,强调的是真实可靠及真实性,并非强调情境是完全真实的。它不一定是真实场地,也不一定是真实物件,让学生身临其境也不一定算得上真实情境。"真实可靠"指的是与问题的提出有着必然的、合理的、关键的联系。教学中的真实情境的外在表征是"真实",强调的是对世界客观事物的还原;而情境意涵着场景的重塑和再造,是对事物发展过程的再现,内隐着"模拟"的特性。"真实"和基于真实的"模拟"是真实情境的基本特征。

(二)真实问题

问题是思维的起点,思维的深入需要问题的引领。物理教学要倡导围绕问题展开,并最终实现问题的解决。问题是教学的核心,一节高效的课堂,需要由一系列的问题来串联教学过程,促进师生之间、生生之间思维碰撞,实现知识的内化与建构。所谓真实问题,就是物理教学中有价值的问题。

(三)真实探究

真实探究是针对物理教学中"虚探究""假探究"而言的,其基本含义就是真实的科学探究。在物理教学中,科学探究既是教学方法,也是一种学习方式。作为一种高效的教学策略,科学探究要求教师根据所学物理知识设计探究活动,让学生作为探究主体。教师从问题、证据、交流、解释四个方面引导学生经历完整的探究过程,从而实现物理知识的自主构建。通过真实的探究经历,学生能加强对物理学的科学本质理解。

(四)真实认知

真实认知是指个体融入真实情境,面对真实问题,在积极的求知意愿的驱动下,通过具身体验和实践,实现知识的同化和顺应,不断完善自身的认知图式。真实认知的本质在于具备了"人为"的过程性和"为人"价值性,是个体融入真实情境、与他人交互过程中自主建构的产物。真实认知的实现需以"真实情境"及其中"真实问题"为基石,构建学生认知与客观现实世界深度交流的纽带,进而在这两者之间营造出一种富有生态关联,从而跨越物理知识领域与现实生活场景之间的界限,真正实现物理学习与学生现实生活的视野融合。

(五)真实评价

真实评价是一种以培养学生核心素养为目标的评价方式,它围绕"真实情境、真实问题、真实探究、真实认知"四个"真"的实施维度,借助教学过程中的多种任务情境,收集学生学习行为的表现信息,对学生学习的真实状况进行综合性评价。真实评价把实现育人价值视为核心目标,旨在客观全面地评估学生在学习基础知识和基本技能的同时,是否形成了相关的物理观念,是否掌握了科学的思维方法,是否具备探究和解决实际问题的能力,以及是否养成了科学的态度和社会责任感。通过这些评估,可以判断学生物理学科核心素养的发展水平。

三 惟真物理的教学模式

基于惟真物理教学的"真实情境""真实问题""真实探究""真实认知""真实评价"五个实施维度,参考美国生物学课程研究开发出的"5E教学法",惟真物理教学主张提出了"5TE"教学模式。

"5TE"具体为真激发(True Excitation)、真体验(True Experience)、真阐述(True Exposition)、真拓展(True Expansion)、真评价(True Evaluation)等五个教学环节,五环节的逻辑关系如图6-2所示。

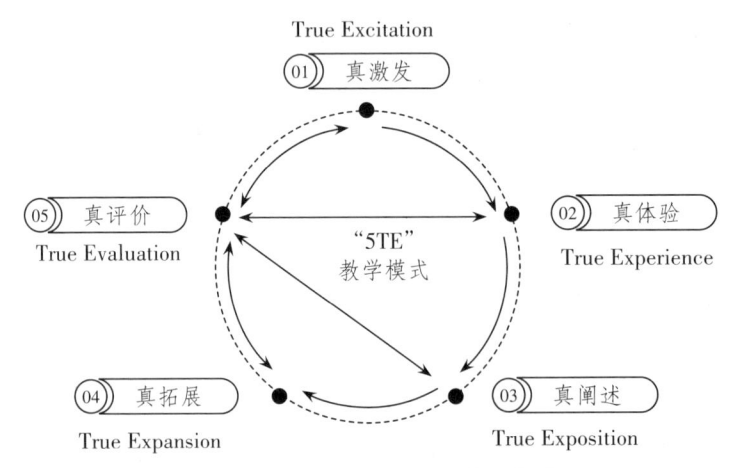

图6-2 "5TE"教学模式教学环节逻辑关系图

(一)真激发(True Excitation):强调物理与真实世界的联系性

"真激发"是"5TE"教学模式的起始环节,主要目标是抛出学习任务,唤醒学生的前概念和经验,激发学生的学习动机,让学生对学习任务产生学习兴趣,刺激学生的学习欲望。"真激发"强调通过创设真实情境来建立物理与真实世界的联系性。只有把所学知识与学生真实生活联系起来,让学生知道这些知识可以用在哪些情境中,以及如何将这些知识迁移到新的情境中解决问题,这些知识才是有活性的知识,而不是惰性知识。真实情境有利于学生产生认知冲突,提出真实问题,激发学生对学习任务的兴趣,促使他们主动将新知识与自身已经具备的知识和经验相联系,从而自觉地进行学习探究。

(二)真体验(True Experience):强调物理学习的具身性

"真体验"是"5TE"教学模式的关键环节,旨在真实环境下解决真实问题,确保在教师引导下进行富有成效的真实探究。物理学作为一门强调观察与实验的学科,其实践性特点要求学生身心投入。因此,真实的具身体验在物理学习中显得尤为重要。学生在此过程中需合作设计实验方案并实施,面对挑战应及时做出调整,以确保探究活动的真实性和有效性。知识的汲取、技能的掌握,均依赖这一深入实践的过程。真实的探究过程是获得真实体验的关键。

(三)真阐述(True Exposition):强调物理知识表征的层次性

"真阐述"是"5TE"教学模式的核心环节,是深化理解新知识,建立新旧知识联系,并将新知识内化于原有知识体系的过程。此环节的关键是让学生描述和阐释实验事实和现象,利用实验证据科学解释,形成充分证据和逻辑关系。学生通过运用不同科学表征方法来说明实验过程与结果,这有助于他们深刻理解物理概念和规律,从而自主建构知识体系。真阐述对学生理解物理知识至关重要,是学生自主建构知识的必然路径。

(四)真拓展(True Expansion):强调物理知识的应用性

"真拓展"是"5TE"教学模式的延伸环节。"学以致用"是学习知识的基本目的,只有让知识成为学生能够灵活调用的知识,才是有用的知识,即活性知识。"真拓展"就是要提供和创设学生新知识的应用场景,引导学生在理解知识的基础上,运用新知识应对新情境和解决新问题,获得应用新知识的新方法,并且将应用新知识的新方法与原有的知识体系建立关联,构建新的知识网络。这一过程强调的是学生要学会分解问题,尝试运用不同的知识和方法,去寻找问题解决的路径。这一过程既是对新知识不断深入理解、内化的过程,又是提升学生问题解决能力的过程。

(五)真评价(True Evaluation):强调学习评价的多元性

"真评价"是"5TE"教学模式的反馈环节,重点是强调学习评价的多元性。惟真物理的"真激发""真体验""真阐述""真拓展"所呈现的是一种动态的、丰富的学习过程。因此,学习的评价应进入到学习的全过程中,形成以过程性评价和总结性评价相结合的评价方式。过程性评价旨在发现学生是否掌握所学的知识和概念,具有诊断性和增值性的功能。总结性评价旨在评价学生是否达到教学目标的要求,它所覆盖的范围是综合性的。多元性的评价有利于确保学习活动的方向和鼓励学生对学习过程进行反思。同时,多元性评价也有利于教师更好地评估自己教学过程和教学效果。

"5TE"物理教学模式的五个教学环节既相对独立,又互相联系。每一个教学环节背后蕴藏着核心素养的教学理念,每个环节都可以在素养理念的指引下根据物理学科的特点去探索一定的教学方法。根据教学模式的五个环节分别针对概念课、规律课、实验课建构不同课型的教学样态,形成惟真物理教学主张下的课堂教学基本范式(如图6-3)。期待惟真物理能解决物理教学中重知识轻思维、重结果轻过程的浅层化问题,实现课堂教学模式的转型和核心素养课程目标在教学中的落实,促进学生在认知领域、人际领域和自我领域的全面发展。

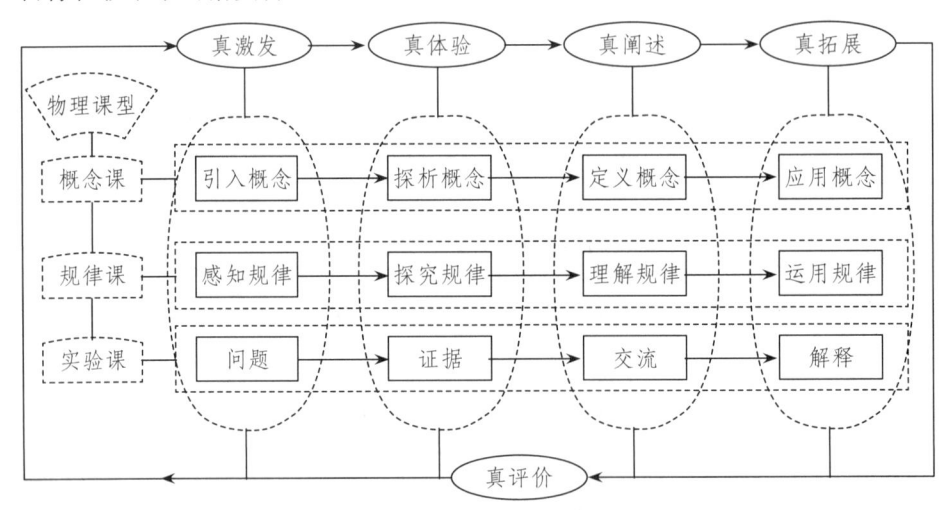

图6-3 惟真物理教学主张下的课堂教学基本范式

(作者来自福建省厦门双十中学)

第三节 赖景琼：音合教育

"音合教育"作为显示学科立场的重要尝试,旨在通过跨学科的整合与对话,深化学生对音乐知识的理解,以及增强其在综合素养培养中的作用。该教学主张不仅关注音乐的技能与表现,更强调音乐与其他学科之间的相互关联,从而激发学生的批判性思维和创造力。"音合教育"倡导在合作式的艺术实践中探索音乐的多重意义,鼓励学生通过音乐理解人文、科学和社会等领域的知识,进而实现心智的启迪与自身成长。这一过程不仅是对传统学科界限的挑战,更是对教育本质的再认识,推动教师在学科教学中更加关注教育的基本规律和学生的全面发展,培养出具备跨学科视野的创新型人才。

一 音合教育理念下中学音乐教学的核心主张

中学音乐课程是中学美育的主要课程,也是中学教育的有机组成部分。在中学音乐课程实施过程中提出音合教育的教学主张,是以陶冶情操、培养品行、提高学生审美能力为重要任务。在音乐教学中践行这一教学理念,能够最大程度地发挥音乐课程的作用,将音乐的教育功能内化到学生实际学习中去。

(一)以人本中心为立场

"人本中心"源于人本主义理论,强调人的尊严、价值、创造力和自我实现。在音乐课程教学中树立"以人为本"的教学理念有着十分重要的意义,不仅有助于学生更快更好地成长,也能彰显教师立德树人的精神追求,引导学生形成正确的世界观、人生观、价值观。"以人为本"理念包含三个维度的内容:一是教学要服务学生,这是教学活动的出发点和立足点,要借助教学活动来促进学生的个性化发展与全面发展,将学生的发展需求跟音乐教学活动更好地联结起来;二是教学要围绕学生,教学活动要立足于学生的身心特征与思维方式,结合学生的学习特点,同时提高教师的亲和力及增强学生的吸收能力;三是教学要依靠学生,将学生作为学习的主人,注意激发、释放学生的学习潜力,增强学生的学习内驱力,以学生的自主学习来促进学生的全面发展。

(二)以融合发展为路径

融合发展的理论基础是课程统整理论。课程统整是在不受制于学科界限的情况下,由教师和学生共同商定主题,并围绕这些主题进行学习的过程。课程统整强调学科间的相互关联性,充分发挥学习者的潜能,促进其全面发展。就音乐学科来说,以音乐学科为主体,强调课程综合性,融通其他学科,提炼共同的育人价值。在不同的学段中,既加强不同艺术门类的综合学习与交叉使用,又整合相近或相关学科知识,通过主题学习、项目式学习等综合实践活动,提升学生综合运用跨学科知识的能力,发挥音乐教育在促进学生全面发展中的积极作用。

(三)以意义课堂为载体

意义课堂的理论基础借鉴了教育心理学中奥苏伯尔的"有意义学习理论",其明确了学生的学习特点,阐明了接受学习和发现学习间的关系,使学生能够建立新旧知识的非人为性的、实质性的联系。对教育而言,其意义在于注重发挥学生学习的自主性,力求学习方式的多样化,引导学生进行富有成效的有意义学习并促进学生认知结构的完善。意义课堂旨在关注学生有意义学习,促进学生多层次、全方面的发展。正所谓教学有法,教无定法,贵在得法,结合音乐学科属性,合理选择相应的方法运用于音乐教学中,是保证有效课堂教学的重要前提。同时,意义课堂激励学生深度参与音乐实践活动,优化音乐课堂的生态,使音乐课堂变得灵活,让学生在音乐深度学习活动中提升多方面的能力,让学生在音乐课堂中能有效地欣赏美、表现美、创造美。

(四)以体验学习为手段

体验学习源于美国教授库伯提出的理论,强调学习是一个涵盖具体经验、反思观察、抽象概念和主动实践的循环过程。音乐课程是中学重要的实施美育的课程,对学生的审美发展和健康成长有着重要的作用。审美性是音乐课程的第一属性,因此,中学音乐教学应该围绕音乐的审美属性来开展,让学生在生动有趣、多姿多彩的音乐审美活动中得到美的感受、美的体验、美的创新,从而促进学生审美能力及创造能力的发展。此外,音乐教学应重视培养学生的艺术感知,加强情感体验,充分激发学生参与学习的热情与积极性,使学生在艺术实践中通过亲身参与唱、奏、演、舞、说等多样化的活动,提高艺术素养。

(五)以创意实践为目标

音乐教育是现代美育的重要组成部分,而音乐教学中的合作式艺术实践是在当今教育改革背景下提出的一种提倡创意性、具有有效性的教学手段,采用师生之间、生生之间、师师之间、小组之间建立起的多向或者多元对话关系的方式,来实现学习目标,从而培养学生的团队精神和协作能力。音乐教学中的合唱、合奏、群舞、戏剧表演等多种艺术表现形式,很好地展示了合作式艺术教育的意义。它们能有效地引导学生学会包容和理解、尊重和配合,由此形成良好的集体观念与合作意识,并在合作学习中充分发挥自己所长,享受合作的乐趣。

二 音合教育理念下中学音乐教学策略

(一)五育融合与跨学科融合相结合

新时代教育的目标是德智体美劳全面发展。基于五育融合的理念,学校音乐教学以音乐为主体,融合其他学科,强调课程的综合性。在不同学段中,促进艺术门类学科之间的交叉学习以及和相关学科间的整合,培养学生运用多学科知识解决问题的能力。只有通过跨学科协同育人、综合实践、项目式学习等方法,才能发挥艺术对学生素养全面发展的积极作用。

(二)音乐与生活、情感相融合

古代教育提倡"知情意行"的相互促进。音乐作为情感艺术,应重视学生的艺术感知与情感体验,激发其参与艺术活动的兴趣。此外,音乐源于生活并超越生活,音乐教学应创设与生活相关的情境,重视音乐内容与社会、学生生活经验的联系,利用现代技术和网络媒体提升学习效率,让学生在实践中体验音乐之美,感悟生活之美,提升生活品质。

(三)合作式艺术实践与多样教学法相契合

在音乐教育中,通过小组合作和师生互动,学生能在共同创作中体验协作的乐趣,增强创造力、团队意识和沟通能力。多样教学法的灵活性使教师能够根据学生的兴趣设计多种活动,如通过合唱、合奏和戏剧表演,提升学生的参与感和积极性。整体而言,这种结合营造了活跃的学习氛围,促进了音乐教育的深度与广度。

三　音合教育理念下中学音乐课堂教学结构

教学结构是教学思想和理论的具体化，尤其是在中学音乐教学中具有重要的指导意义。音合教育理念下的音乐课堂教学结构不仅涉及时间流程和顺序，还包括各要素之间的联系，主要是学生、教师、教学内容和教学资源四个要素。这些要素相互关联，形成一个稳定、系统的教学结构后，以帮助教师有效安排课堂教学，实现教学目标。音乐教育具有审美性、情感性、体验性和创造性，因此其教学结构具有独特性，其教学结构不仅要遵循音乐学科的教学规律，同时还要强调融合教学的理念，使音乐教学系统内部各构成要素突出多学科协同教学、合作式艺术实践、情感融合教学等内容，提升音乐教学的质效，利于学生的个性化发展和全面发展。

音合教育课堂教学结构具有以下特征：

一是整体性。音合教育教学结构由学生、教师、教学材料和教学资源等多个要素构成，缺一不可。只有将这些要素合理组合，充分发挥各自的功能和优势，才能实现整体大于部分之和的效果。

二是直观性。该教学结构具体、直观且可操作，具有程序化的特性。无论是框架结构还是实施流程，都应便于示范和操作。

三是依附性。教学结构强调以学生为中心，教师是知识的传播者，教材和资源则是知识的载体。教学结构应依据不同的教育理念和学习理论去构建，依附于先进的教育思想。离开这些理念，音合教育的教学结构将难以实施。

四是灵活性。教学结构并非固定不变，而是应根据音乐课的类型、学生的学习情况和心理特点、教学目标等具体情况进行调整。不同类型的音乐课（如欣赏课、歌唱课、综合课、编创课、艺术实践课等）对课堂教学结构的要求各异，因此音合教育的教学结构应灵活多样，能根据特定目标和具体情况进行调整和创造性运用。

五是指向性。音合教育的课堂教学结构应以教学目标为导向。这些目标可以是核心素养课程目标、单元目标、模块目标或课时目标。由于课程性质和内容的不同，所设定的教学目标也会有所差异。因此，课堂教学结构应实现学生在知识、情感和行动各方面的和谐发展，涵盖智育、美育、德育，甚至体育和劳动教育。音合教育不仅要传授音乐知识与技能，更要培养和发展学生的逻辑思维、创造性思维和审美能力。

音乐教育是审美教育的重要途径之一,具有引导学生感受美和体验美的价值和作用,它能让审美主体在特定的形式中,内心有所触动,达到精神愉悦的境界。在音合教育的课堂教学中,审美体验也应成为音乐课堂教学的重要手段之一,教师启发和引导学生主动将头脑中已有的知识、技能经验与新知识进行关联,构建新的知识体系。当然,这个建构的过程要发生在一定的情境中,如在生活情境中鼓励学生多体验,将抽象化的知识转化为具体的知识,并将所学的音乐知识运用到现实生活中去。学生的主动参与和体验也是音乐课审美性、实践性等学科特质的要求。

(作者来自厦门市大同中学)

第四节 洪进步：本原物理

高中、初中课程标准都指出要进一步深挖物理课程的独特育人价值和共通性育人要求，注重体现物理学科本质，引导学生能够从物理学的视角认识世界、改变世界，培养学生物理学科核心素养。

一、核心内涵

本原物理就是"溯物本，寻理原"。万物得其本者生，百事得其道者成。物理教学必须回归教学规律，探寻物理规律因何而来。从教学本源上来说，学是本原性的存在，教是条件性的存在，无论是从个体还是人类整体的发展来说，学都是先于教而存在，教服务于学。本原物理体现回归学为中心、回归学科本质、凸显学科价值、回归物理学科育人的本原。

（一）追溯知识本原，明晰学科逻辑

追溯知识本原强调对物理概念、规律和理论的深入理解，追寻它们的起源和本质。不仅要求学生知道是什么，还要知道为什么。在教学过程中，要引导学生追溯物理知识的源头，理解物理概念、规律的起源、演变和内涵。通过明晰学科逻辑，让学生更好地把握物理学的整体结构和内在联系，形成系统性的对物理学知识的理解方式。

（二）强化实践本原，提升学科思维

强化实践本原强调物理课程的实践性，凸显物理实验的育人功能。教学活动中教师要更加注重实验、实践活动等探究性学习方式，引导学生进行深度学习，深入思考物理现象背后的本质和规律，探究不同知识点之间的联系和区别，运用所学知识解决实际问题，培养学生的批判性思维、创新能力。

（三）体现思想本原，形成物理观念

在物理教学中，教师深入挖掘物理学的思想方法，使学生更好地理解物理学的本质和内在规律,培养学生的科学素养和探究精神。帮助学生理解物理观念的内涵和意义,促使他们运用这些观念分析和解决实际问题。

(四)回归学习本原,实现学科育人

回归学习本原是指把学生放在中心地位,以学生的发展为中心。在教与学的关系上,以学为中心,把教作为手段、学作为目的,给学生多一点自主学习的权利,激发学生的学习积极性。物理教学要体现学科本质,帮助学生从物理学视角认识自然、解决相关实际问题,塑造科学态度、弘扬科学精神、涵养人文精神,凸显学科价值,实现学科育人。

二 指向本原的逆向教学设计

(一)"学为中心"的逆向教学设计的内涵

1.理念转变,从教师本位到学生本位

"学为中心"的"学",第一层含义是学生。指向"学为中心"的逆向教学设计,首要突出的是对学生主体的关注。"确定预期结果→确定合适的评价证据→设计学习体验和教学"这三个阶段都是围绕学生的需要、表现和成果设计的,改变了过去"教师本位"的教学设计模式。

2.评价优先,从"对学习结果的评价"到"促进学习的评价"

"学为中心"的"学",第二层含义是学习。教学评价前置后,教师要在明确教学目标后寻找评价证据,思考教学活动中学生能学到什么、能做到什么。在学习任务的引导下,更多体现实践性、体验性的主动学习方式。

3.活动重构,从"教—学—评"单向传输到"评—学—教"相互融合

"学为中心"的逆向教学设计以终为始,依据评价证据设计能够达成目标的教学活动。评价前置的逆向教学设计打破了"教—学—评"单向传输的教学顺序,将评价前置并融于整个教学过程中,使其成为连接教与学的纽带,让教学在推进过程中不断接受教学评价的诊断与监督,实现教学效果的螺旋式上升和"评—学—教"的相互融合。

(二)促发深度学习的本原物理逆向教学设计框架

本原物理教学促发深度学习,要求在教学设计的每个环节都融入深度学习

的原理。为了将深度学习原理转换成对学习目标、学习内容、学习评价、学习活动等环节的具体规划,教学设计中依托深度学习原理,运用系统方法,采取逆向设计理念前置评价,坚持评、学、教一体化深度融合,构建了促发深度学习的本原物理逆向教学设计框架(如图6-4)。通过教学设计实施呈现出"一个中心、两个基本点、四个原则"的本原物理教学特征(如图6-5)。一个中心:学为中心,即以学生的学习为中心。两个基本点:实施深度学习和体现物理学科本质。四个原则:学习目标层次化、学习内容结构化、学习评价持续化、学习活动多样化。

图6-4 本原物理逆向教学设计框架

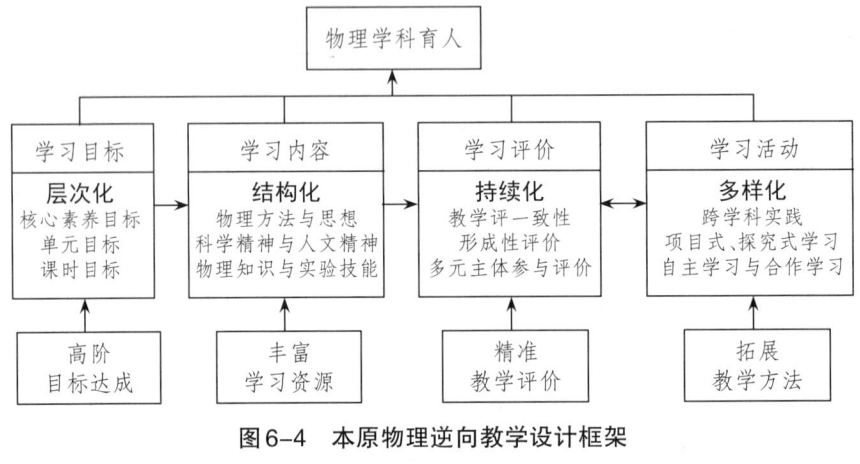

图6-5 本原物理教学特征

1.学习目标层次化

深度学习的目标属性与核心素养的发展紧密相连,在设计具体目标时,教师需要妥善处理核心素养目标、单元目标、课时目标之间的逻辑关系,确保每节课的教学都是实现核心素养目标的阶梯。通过层次化的物理学习目标设计,引导学生思维不断进阶,深入理解物理现象和规律,提出新的物理问题,并探索新的解决方案,培养学生的高阶思维能力和创新能力。

2.学习内容结构化

深度学习对学习内容有着特定的要求,它强调知识之间的关联、知识与现实世界之间的关联以及知识的结构化。结构化的学习内容不仅要求内容组织具有逻辑性,还要求在具体施教过程中实现"内容—任务—情境—问题"的四位一体。结构化处理可以将零散的知识点整合成有机的知识网络,将物理思想和方法进行系统化的梳理和提炼,将科学精神、人文精神与物理知识和实验技能相融合,形成有机的教育体系。

3.学习评价持续化

本原物理教学评价强调教学评一致性,倡导形成性评价并支持多元主体参与的评价。持续性评价是教学评一致的关键。课堂学习中,围绕学生达到什么水平,离目标有多远,教师需要发挥"质量监测员"的作用,根据教学目标设计真实的评价任务,使用各种方法收集学生达成学习目标的证据,从而了解教与学的效度,为下一步的教和学提供调整和改进的依据。

4.学习活动多样化

本原物理教学的学习活动设计应关注学生的学习方式和学习过程,以实现核心素养的总目标。在学习活动设计过程中,注重构建多样化学习活动,强调项目式学习、任务式学习方式,以学科的"大概念"为基础,发挥横向跨越学科边界和纵向深化学科理解的双重优势。引导学生在真实、综合的情境中思考并培养其实际能力,实现学习素养的重新构建。关注活动过程和成果之外,尤其注重在"做中学、用中学、创中学",养成学生的自主学习和合作学习能力,以及发现问题和解决问题的能力。

三 教学策略

通过一段时间的研究和实践,逐步形成本原物理教学策略。从物理概念与规律、物理实验、物理学史、物理思维、物理思想扩展现实的物理视角出发,通过与教学系统各要素的深度融合为教学赋能。本原物理需要更具"高阶性、挑战性、创新性"的学习目标,此目标恰与深度学习的本质具有内在一致性。为学习者创造更为"丰富、多样、灵活、便捷、自适应"的学习内容,并创新学习方式,拓展学习空间。开展"自主、协作、交互、情境、体验、探究"等形式多样的学习活动，以促进学生的主动参与和高度投入，并发展高阶思维，强化应用迁移和深度理解。提供"及时、精准、高效、动态、过程、个性"的学习评价，能促使学生主动反思并加大学习投入，回归物理视角的教学系统各要素可以从过程、目标、结果等多维度为学生学习增效，从而促发深度学习。

（一）围绕学生的学习，持续激发学生的学习动机

从教学设计的视角，持续激发学生的学习动机，包括四种连续的教学策略：一是注意，即教师在教学过程中要通过一定的策略和方法，引起学生的注意；二是关联，即增加教学内容与学生已有知识、经验、需求、真实世界的关联性；三是持续激发学生的学习动机与信心，即通过告知学生学习的评价标准、体验成果，提供及时反馈，并通过告知学生成功是他自己努力的结果，让学生建立自信心；四是满足感，即给学生提供学以致用的机会和积极的反馈，让学生在解决实际问题的过程中感到满足，从而持续激发学生的学习动机。

（二）基于单元设计，实现教学目标向学习目标的转化

从教学目标转向关注学生的学习目标，能指导教师有效选择教学素材、教学方法和设计教学活动，梳理课程标准，明确单元教学目标的结构，做到关注学生的学习过程和素养培养。为素养而教的本原物理，需要我们将学生高阶思维的形成贯穿于整个教学过程。高阶学习目标的设计，确立了深度学习的出发点与归宿，学生不再是一个消极的知识容器，而是一个在教师的引领下，从已有经验出发，主动学习、多维发展的知识建构者。

（三）遵循物理学科逻辑与学习逻辑，重构揭示知识本质的学习内容

合理地选择、重组、改造和活化知识是促进深度学习的关键。首先，应当根据学习目标剖析学习内容，在兼顾学科知识整体结构的同时，选择与学生的"最近发展区"和"新的最近发展区"相符的内容。其次，需要挖掘出前后、左右、上下知识之间，以及知识与学科之间的联结点，并基于这些联结点设计具有挑战的教学主题。最后，应当采用多模式、多类比、多角度、多案例的形式对知识序列进行组合和呈现，从而重构出能够触及知识本质的学习内容。

（四）综合运用系统化评价，驱动任务式问题解决

教师在学生最近发展区内设置一些富有挑战性的学习任务，引导学生完成从分析到综合的主体化的学习探索过程，并运用评价手段，为学生深度学习和问题解决能力培养提供可持续性支持。在学习进程中，学生带着清晰的任务指

向,并在任务完成的过程中不断接收关于诊断、改进和激励方面的信息,是本原物理促发深度学习可持续性的重要支持。本原物理的发生,需要教师秉持评价主体多元、评价方式多样、评价时间多频的原则,对学习活动进行及时、多向度与综合化的评价,为学生的深度学习提供方向调整、方法改进与情感支持。

(厦门市翔安区教师进修学校)

第五节 肖珩:经历赋能心育

在人的学习和生活中,经历有着举足轻重的作用。经历为人们的学习提供可遵循的规则和标准,赋予人们具有价值意义的选择和判断。然而,在教学中,学生的学习和生活经历往往被教师忽视,以一成不变的教学设计来代替。心理健康教育如何一改过去"教师讲学生听"的印象,转变为"赋能师生成长"的过程,基于对教育规律的理解,我们倡导"经历赋能心育"这一教学主张,积极探索构建与个体成长经历紧密相关的心理健康教育模式,最大程度地促进学生保持心理健康状态,实现教育视角下的心理学科新认知与实践创新。

一、"经历赋能心育"的内涵意蕴

(一)经历

经,在《说文解字》中指"过也"。在《现代汉语词典》(第7版)中,"经历"一词的界定是"亲身见过、做过或遭遇过的事。"经历是一个过程,是在人的感觉器官和心理活动作用下的一种亲身参与过程。[1]可见,经历的主体是人,经历的方式是实践。关注学生的成长首先要关注他们的心理成长,"经历"是助推学生心理成长的关键要素。

(二)赋能

所谓赋能,简单来说就是赋予能力及能量。个人层面的赋能,就是心理赋能。[2]在心理健康的领域中,赋能旨在增强个体的自我效能感,拓宽社会支持系统的广度与深度,提高对生活情境的掌控力和自知力。这里的"赋能"是目标,更是行动策略。

---

[1] 金永梅.核心素养下的自成课堂探索:数学篇[M].徐州:中国矿业大学出版社,2020:103.
[2] 李婷婷,贾林祥.心理赋能及其对青少年健康成长的启示[J].黑龙江教育学院学报,2018(11):98.

(三)经历赋能心育

"经历赋能心育"是指在新时代背景下,从学生的个体经历入手,根据学生生理、心理发展特点,通过书本知识、生活世界、经验世界的相互协同与有机融合,形成有效的心理赋能机制,让学生在亲身经历的基础上实现心灵的成长,培养健全的人格,成为能积极适应、主动发展的时代新人。

二 "经历赋能心育"的整体架构与实践探索

(一)"经历赋能心育"的整体架构

为了让学生将自己的生命历程与心理成长过程紧密地结合在一起,我们将"经历赋能心育"概括为四个环节,即激活已有经历,让经历成为成长的触发点;丰富经历体验,让经历成为成长的着力点;重新建构经历,让经历成为成长的关键点;创生新的经历,让经历成为成长的突破点(如图6-6)。

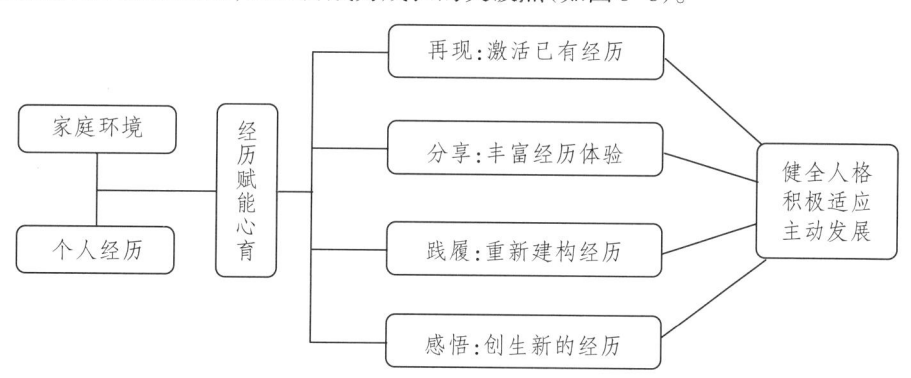

图6-6 "经历赋能心育"的基本框架

(二)"经历赋能心育"的教学实践探索

"经历赋能心育"有其特定的内容构架与基本流程。在心理健康教育活动课的教学中,我们提炼出两种优化学生心理健康教育的学习模式:基于学生已有经历的心育模式和基于学生直接经历的心育模式。同时,开发与两种心育模式相适应的操作流程。

1.基于学生已有经历的心育模式

基于学生已有经历的学习,是指围绕某一个具体的任务,在满足学生共同学习需要的基础上,尊重并照顾到每一个学生的经历起点与需求,准确把握他们的"最近发展区",充分借助照片、视频等形式,选择和利用已有的学习经历、生活经历,通过重现、分享和讨论等学习手段,为每一个学生"量身定制"适合于自身学习起点的活动。

(1)基本样式。基于学生已有经历的心育样式由"再现、分享、践履、感悟"四个步骤组成,它们之间的关系如图6-7所示。

图6-7 基于学生已有经历的心育样式

从图6-7中可知,当经历指向学生已有经验世界时,在学习过程中,学生的个体经历不断再现,此时,学生的经历存在一定差异,继而通过分享、践履、感悟呈螺旋上升的活动,个体经历的影响力不断变大,这既能促进学生对知识的深度理解,又能达到心灵上的成长。

(2)操作流程。在教学过程中,我们从经历的"选择"开始,对学生的已有经历进行前测和分析,再现有效经历;再根据学生的年龄特点、环境条件、家庭因素以及其他内外在条件的变动情况,进行及时的评价与再次选择,从而确保呈现的经历行之有效,其操作流程如图6-8所示。

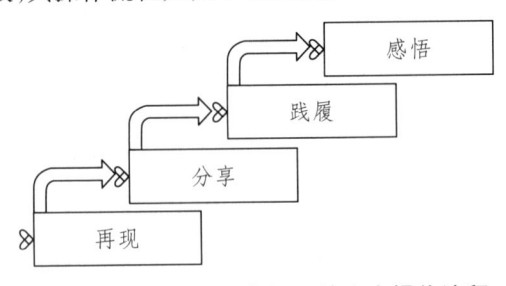

图6-8 基于学生已有经历的心育操作流程

如图6-8所示,基于学生已有经历的心育模式的操作流程分"再现—分享—践履—感悟"四个步骤,四个步骤逐层递进,形成阶梯状,而从意义上看,这个过程是循环往复、螺旋上升的。具体流程如下:

再现:激活已有经历,聚焦现实问题。学习之初,教师利用图片、视频、音频等多媒体手段,生动重现过往的点滴经历,以此激活学生内心的记忆。这种直观且形象的方式,让学生倍感亲切与熟悉。所再现的内容不仅涵盖学生的故事,还包括他人的精彩瞬间,以及伴随其中的情感与经验。基于这些真实经历的活动,更贴近学生的实际需求,也才能真正进入学生的心灵深处。

分享:小组探讨质疑,丰富经历体悟。在小组中,让学生与组内同学充分交流各自独特的经历与见解。通过组内深入的探讨和组间伙伴的补充质疑,他们的经历被不断编辑和丰富。这一过程中,思想的火花不断碰撞,新的感悟、新的质疑也随之产生。这样的分享既加深了学生对知识的理解,又拓宽了他们的视野,提升了思考能力,让心理体验更加丰富多元。

践履:经历知识探究,获得心理成长。生活中,一个人的心理素质是在风雨洗礼和生活磨砺中逐渐形成的。这与心理健康教育的要求是一致的,虽然学校情境中的活动与真实生活场景有差异,但其教学设计却更具针对性和实效性,对学生心理成长更具影响力和导向性。教学中,侧重让学生在经历分享的基础上,将所学知识运用到学习或生活中,这一外化过程正是学生心理成长的关键环节。此时,学生在亲身参与中感知、理解、体验和领悟,实现心理的健康成长。

感悟:亲身参与体验,挖掘心理潜能。学习过程中,学生将个人经历作为桥梁,使知识与经验紧密相连,通过深入思考探索知识间的内在逻辑,发现学习的内在规律。教师应秉持"亲身参与、深入体验、感悟成长"的教学思路,为学生营造一个安全、开放的学习环境,引导学生在这样的环境中,激发内心的认知冲突,从而主动思考,唤醒内心深处的感悟,推动心理健康发展,提升心理品质。

2.基于学生直接经历的心育模式

基于学生直接经历的学习并不完全针对所有学习内容,它主要针对当学生不具备与本知识点相关的经验时,教师根据学生的实际情况,创设情境,提供一定的材料,以活动为载体,通过四种不同类型的活动,即游戏类、表演类、情景类和践履类,使学生获得直接体验。这是一种开放、生动的学习过程。

(1)基本样式。基于学生直接经历的学习样式由"践履、链接、分享、重构"四个步骤组成,它们之间的关系如图6-9所示。

图6-9　基于学生直接经历的心育样式

从图6-9可以知晓,践履、链接、分享、重构这四个阶段是螺旋式上升的连续过程,在这个过程当中,它们相互作用,递进式发展。在整个学习过程中,践履是触发点,链接是关键点,分享是提升点,重构是生成点。四个阶段环环相扣,螺旋上升,缺一不可。

(2)操作流程。基于学生直接经历的心理健康教育活动,从"践履"开始,通过链接经历,让学生亲身经历、亲身体验,进而进行分享交流,重构并形成有意义的经历,让生活经验和学习内容不断地融为一个有机的整体,其操作流程如图6-10所示。

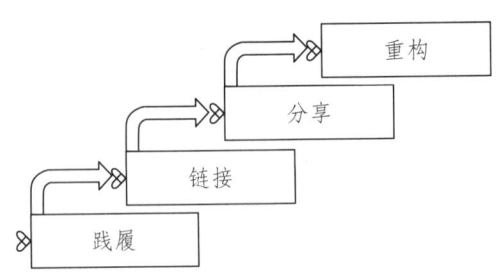

图6-10　基于学生直接经历的心育操作流程

如图6-10所示,基于学生直接经历的心育模式的操作流程分"践履—链接—分享—重构"四个步骤。具体流程如下。

践履:感知生活,亲历学习过程。心理健康教育活动的落脚点是实践。为此,教师需要设计一系列的实践活动。在学习之初,教师引导学生通过暖身环节等辅助手段自主构建学习场景,让学生身临其境。在这个沉浸式的活动情境中,学生可以借助各种方法,调动多种感官,深入体验。如通过动手操作获得可触化经历、用耳聆听各种声音获得可听化经历、用眼观察物品获得可视化经历等。这样的学习方式不仅激活了学生的过往经历,拓宽了知识迁移的边界,更激发了学生的主动性,使学习变得更加丰富多彩和引人入胜。

链接:关联过往知识,打破研究迷思。当学生在特定的情境中通过"活动体验"积累了新经历后,教师引导他们通过角色扮演、趣味游戏或情境表演等活动,探寻学习内容与日常生活的紧密联系。在这些活动中,学生不仅主动将个人经历与学习内容相结合,更实现了经历的"外化"——他们开始从实际生活中找到知识的应用场合,从而深化对知识的理解和认知,提出新的问题。

分享:编辑新增经历,形成思维碰撞。当学生头脑中初步形成对学习内容的感知后,教师引导他们通过各种活动,进一步对上一环节形成的经历进行深度的编辑和加工。这些内在的思考活动以学生为中心,鼓励学生将内在的思考和感受以言语或图像的形式表达出来。当学生将自己的思考以言语或图像的形式呈现出来时,也为同学之间的相互欣赏和交流创造了机会。不同的表达方式和观点会在学生之间形成思维的碰撞,激发他们更深入地思考和学习。

重构:强化经历运用,提升心理品质。重构是学生对所学知识深层理解的关键环节。在这一阶段,学生不仅把握了事物的性质与规律,还洞察了事物间的内在联系,这让他们能够站在更高的视角去审视自己的学习经历。教师巧妙地运用"戏剧表演""角色辩论会""心理剧"等方法引导学生将视野由课内拓展到课外。通过学生的自我评判、共识达成和情感共鸣,激发学生的求知欲,提升他们的心理品质,体现出经历赋能心育的重要价值。

综上所述,教师要积极践行"经历赋能心育"这一教学主张,树立为了学生的成长成才而教的意识。实施过程中,应关注学生经历的连贯性,强化学生经历的前后衔接,注重直接经历与关键经历的前承后启关系,注重学生跨界经历的通前至后作用,积极为学生成长、成才赋能。

(作者来自厦门市翔安区翔城小学)

第七章

学教交互：教学主张凝练的课堂立场

第斯多惠说过，教学的艺术不在于传授本领，而在于激励、唤醒和鼓舞。课堂教学活动是学校育人的主阵地，是育人实践活动最集中的体现。课堂本质上是教师的教与学生的学基于教育教学媒介的多重交互、激荡、碰撞，各自生长智慧、实现生长的过程。从这一本质出发，教师必然要聚焦学教关系的交互，以学教关系形成教学主张。它是对学科本质和理论本质的实践性回答，是更为具体和直接的教学主张凝练，也是最为常态的范式。

基于课堂教学立场的教学主张凝练，从切入点来说，有生态层面、工具层面、行为层面、关键事件层面、程度层面以及转化机制层面等。不管哪个维度，都是围绕学与教的交互关系展开的。通过对卓越教师培育对象提出的教学主张进行分析，我们发现黄捷老师的化形化学、陈海烽老师的灵动课堂、黄莲花老师的"三化"教学、张雅芬老师的情理共生的数学课堂、邵巧治老师的"适·度"阅读，以及黄芸老师的"简·美"小学英语都倾向于从课堂教学立场出发进行教学主张凝练，倾向于探讨教学活动中学与教在教学媒介上的智慧交互。本章集中体现这一范式的教学主张。

第一节 黄捷：化形化学

化形化学对化学学科的价值做了界定，认为化学的本质是"化形"。化学教学的目的不仅仅是让学生获得分数、提高学校升学率，还要通过化学的学习实现"知—行—道"三位一体的学习成效，让学生获得真实的生命成长而非简单的知识记忆。化形化学以"无形"为基础，以"有行"为条件，以"无形"与"有行"的相互转化为目标，最终让化学之"化"不仅真实地体现在化学教学中，还体现在每一个学生的核心素养提升中，即通过构建以"化形"为导向的课堂，通过"化形"让学生实现"知行合一""知行互化"，最终促进学生的"化形"素养，以"化"作为思维和行动，引导学生构筑起新的学习态度与方法，实现学习的主动发生。

一 化形化学的内涵

化形化学的教学主张，主要是针对中学化学的学科特点，引导学生通过探究肉眼看不见的微粒的特征和行为（所谓"无形"），认识物质世界，并创造新事物（所谓"有行"）。"化"，即变化、改变。"化形"的寓意为以宏观和微观相结合的视角，建构模型，分析与解决实际问题。

化形化学实质上是要化"无形"为"有形"，以"有形"促"有行"，以"知行合一、悦动有道"为指导，在"无形"与"有行"的双向转化、交互生成中，呈现知、行、道三个境界。其中知是道的灵魂，行是达成道的路径，只有"知行合一"，方可达成"悦动有道"。

化形化学认为，化学教学以学生为主体，以学科核心素养为导向，通过情境建构与化学实践，引导学生探索和发现物质世界的变化规律，并在化学实验和实践中持续验证和反思，建构和优化认知模型，是把握学科本质、涵养学科精神的教学。知、行、道的关系如图7-1所示。

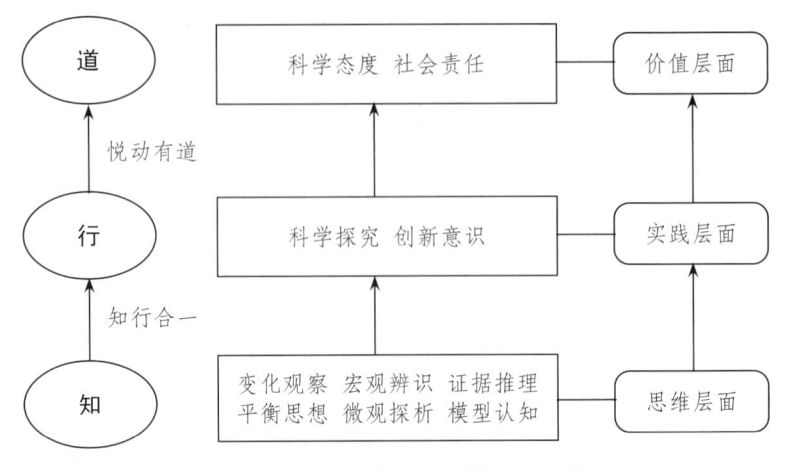

图7-1　化形化学"知、行、道"关系结构图

二　化形化学的思想内涵

（一）系统化：结构联动，化"形"为"型"

化形化学是一种关于化学教学的系统性的主张，不仅关注课堂教学层面教学内容、教学方法的变革，更注重教师教研、专业发展等层面的变革，通过形成以"化形"为核心的行动体系，以"知、行、道"为主要内容与目标，将教师、教学、学生三者联动起来，进行整体化、系统化的设计与实践，让"化形"的思想融入化学教育教学中。以整体关联式思维为基础，结合化学本身的特性，我们化"理念"之"无形"为实践之"有行"，并基于"有行"建构起化形化学之"型"。

化形化学实践模型以"知行合一、悦动有道"为根本遵循，充分融入教师发展、课堂教学与学生学习过程中；通过全息校本教研，让教师成为持续发展的学习者、实践者与传道者，促进教师成长；通过"知—行—道"三位一体的课堂教学，引导学生真正理解化学学科的意义，形成化学核心素养；通过教师发展和课堂教学的"知行合一、悦动有道"，构建以学习为中心的课堂教学，激发学生学习的主动性。教师与学生共同构建以"化形"为导向的育人氛围，实现"向下扎根"与"向上发展"的理想境界。

（二）可视化：基于证据，构建宏观与微观模型

化形化学强调"形""行""型"三者之间的相互转化，是基于证据推理而获得的化学模型认知与学科素养的外化表现。这和化学从微观层面认识物质、以符

号形式表征物质、在不同层面创造物质的学科属性具有一致性。

"知形":通过"宏观—微观—符号"的方式对物质及其变化进行分类,将所观察到的物质变化之形进行概念化、符号化的表征与提炼。化形化学认为,学生要学会"知形",并以科学的、恰当的方式将物质变化表征出来,把握物质变化背后的过程性原理。在化形化学中,学生如何以符号语言表达和解释化学现象、解决化学问题,让无形的"变化"以有形的"符号"可视化,对于学生理解化学变化、把握变化的本质具有重要意义。

"悦行":通过构建"思考—操作—延伸—表达"的课堂教学模式,提升学生的化学实践能力,将素养外化为可见的行动。化学需要通过符号解释与表达现象,更需要学生通过实验操作去观察、体验和探究现象,在具体的实践操作中将自己所拥有的素养体现出来,并在实践中对"知形"之"形"进行优化,化抽象的符号的"形"为具体可感知的实践之"行"。在这里,素养以可视化的方式得以展现,学生对化学的深度理解及个性化的体验也以可视化的方式进行了表达。

"道型":以"知形"和"悦行"为基础,在反复的知行合一、反思提炼中建构学生个性化的知识体系与价值体系,并构建出既符合化学原理、化学实践、化学学习的认知模型、实践模型、学习模型等,形成学科思维和学科观念,将复杂、碎片化的知识与经验进行结构化的整合与提炼,明晰价值导向、提升学习效率。"道型"是学生学习的最高境界,也是化形化学的最终目的,最终实现由表层低阶的"形"向深层高阶的"型"的转变。这意味着学生真正将自我融入化学学习中,以正确的价值导向和科学的方法论引领自身的学习,各类知识融会贯通,正确的价值理念持续渗透,化学对于学生的个性化意义得以展现。

(三)学生为本:基于发展,悦动解决真实情境问题

教育的根本目的是促进学生的发展。化形化学认为,没有学生的主动学习的教学不是理想的教学。在教学中,我们首先要对学生有整体的认识。

学生的身心发展是有规律的。教育应当遵循学生身心发展规律来开展,根据学生发展的需要进行教学设计,激发其学习兴趣。学生具有巨大的发展潜能,教育中应当充分肯定每一个学生的发展的潜能,引导学生发现自己的优势。学生是处于发展过程中的人,身心尚未成熟,教师要对学生耐心指导,使其逐渐向上发展。

每一个学生都有优点和缺点。教师应从整体、全面、辩证的角度看待学生,以公平公正的态度看待每一个学生的优势和不足,而不能顾此失彼。每个学生

都有自身的独特性,在教育中应当包容这种差异,因材施教,让每一个学生获得应有的发展。教师应学会换位思考,学会理解学生的某些想法和行为。

每个学生都是独立于教师的头脑之外,不以教师意志为转移的客观存在。我们要尊重、赞赏学生的想法,与学生平等沟通。学生是学习的主体,教师需要激发和培养学生学习的兴趣,充分发挥学生学习的主观能动性,并在教育中培养其责任意识。

化形化学认为,教师在教育中应面向全体,立足个体,对每一个学生的生命成长负责。通过构建民主、安全、和谐的教学氛围,让学生在个性化的"知—行—道"中,学会自主表达,发展个性,成为自立、自信、自强的人。在课堂教学中,教师应该以学生为本,以促进学生自主学习为目标,设计学习活动,创设问题情境,引发学生的探究愿望,让他们在分析问题与解决问题的过程中,获得全面发展。

(四)共同体:基于平等,回归教育美好初心

在教育背景下,构建共同体意味着创造良好的学习环境。这需要学生、教师、家长和其他相关者共同努力,支持彼此的学习和成长,同时促成尊重、包容和公平的学习氛围的产生。化形化学认为,要实现"知行合一、悦动有道"的理想境界,仅依靠个人的力量难以达成,需要不同主体相互理解和合作,以共同的愿景为指引,在民主、平等的教育氛围中实现每一个主体的终身学习和持续发展。

学校是一个多元化的社会小环境,学生有着不同的背景和文化。在平等的基础上构建共同体,有助于不同背景的学生相互理解和尊重,促进社会融合。这是"知"的前提,个体的学习与实践依赖于他人的支持与合作。在团结协作的学习环境中,学生更愿意分享知识,互相帮助。互助合作的学习方式能够提高学习效率和质量。这是"行"的重要保障,只有当个体感受到了集体的温暖,形成了对学习环境的认同,才可能投入学习进程,开展深度学习和实践探索。在价值观层面,在一个平等互助的环境中,每个学生都有机会展示和发展自己的才能,这有助于学生的自我实现和个人潜能的发展,并学会将自我融入集体中。这是"道"的条件,只有打破了个体的"小我",融入共同体的"大我"之中,学生才能学会负责任地处理事务,以正确的价值观开展学科实践,应对复杂的现实生活。

(作者来自厦门大学附属科技中学)

第二节 陈海烽:灵动课堂

众所周知,教学的主阵地在课堂。学生每天有三分之一的时间是在课堂上度过的。为了不让学生对学习生活感到单调乏味,让课堂焕发生命活力是众多教育者的追求。落实课堂的教学质量是学校得以高质量发展的基础,这也是我的教学主张——灵动课堂。

一 灵动课堂的逻辑内涵

灵动课堂以发挥学生的主体性为基础,运用各种策略,调动学生、教师、教材等灵活创设情境,促进学生积极参与课堂学习,师生进行深度融合交流,形成良性互动,进而提升学生的智慧,发展学生的高阶思维,达到思维灵动的境界。

(1)学生学得主动,就是学生明白自己是学习的主体,都有学习的意愿,对每堂课都有新的期待,课堂上能主动参与,能正确地分析自己的优势与劣势,能扬长避短。

(2)教师导得生动,就是教师充分发挥各种媒体的优势,将数学知识深入浅出地表达出来。教师有扎实的基本功、风趣的语言和深厚的学科知识功底,善于将知识通过自己的理解、消化、加工形成利于学生掌握的教育形态,促进学生参与课堂学习。

(3)师生良序互动,就是师生之间、生生之间在课堂上有很好的交流,并且交流是按一定的程序,有逻辑地进行。学生在互动中参与,参与中互动。

(4)思维碰撞灵动,就是教师与学生、学生与学生在不断交流碰撞中使思维往高阶发展,这样课堂中才会有智慧的生成和创新想法的呈现。

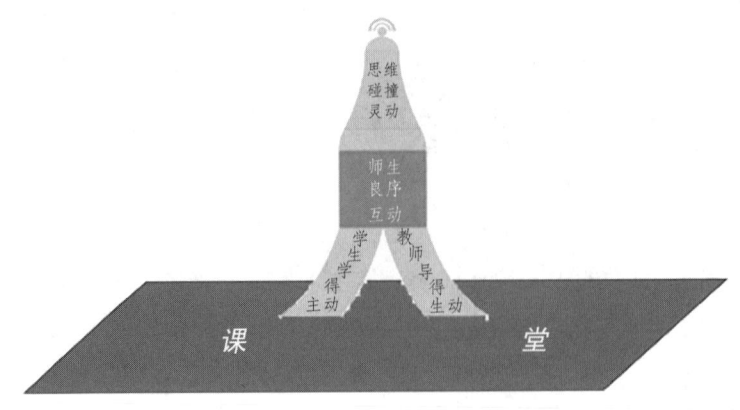

图 7-2　灵动课堂的逻辑图谱

众所周知,在目前"双减"背景下,减轻学生学业负担的两大路径分别是精准设计作业和提高课堂效率,由此,笔者提出"灵动课堂":为了让学生真正参与的教学主张,以期提高课堂效率。灵动课堂的逻辑图谱如图7-2。图谱呈现为"人"字形,寓意就是要在课堂中实现立德树人,培养合格的社会主义建设者和接班人,促进学生的全面发展,这也是灵动课堂教学主张的旨归和价值取向。"人"字形的两只脚分别是学生学得主动、教师导得生动,它是构建灵动课堂最活跃的两个因素。课堂的底色是草地,寓意灵动课堂属于生态课堂。平行四边形像一张飞毯,人踩在飞毯上自由飞翔,寓意让思维飞向更高更远的地方。这张图片又像一支毛笔,寓意着灵动课堂焕发出生命的活力。既然场所在课堂,就要抓住课堂的主阵地,这是减轻学生过重课业负担的重要途径,也是落实"双减"政策最有力的举措。整个图形也可以看作一个向上飞行的火箭,学生学得主动和教师导得生动就是最好的助推器,最前端的火箭头是思维碰撞灵动,寓意就是培养具有高阶思维的学生。

二　灵动课堂的理论基础

提出灵动课堂教学主张,并非空穴来风。它来自马克思主义的人的全面发展学说。马克思主义认为,活动是人存在和发展的基本方式。人之所以为人的主要根据在于人自己的对象化、具体化活动。只有在客体的主体化和主体的客体化活动中,人才能确证自己、表现自己、改造自己,从而实现自己的发展。马克思在指出人的现实客观性的基础上,也强调了人的自觉能动性。他认为人的活动并不满足于对现存外部世界的客观环境和历史条件进行简单的复制,而是千方百计地"把内在的尺度运用到对象上去"。由此可见,马克思主义哲学具有鲜明的主体参与思想。马克思非常重视人的全面发展。他认为,人的全面发展的内涵就是个人智力和体力尽可能多方面地、充分地、自由地发展,并在此基础上实现脑力劳动和体力劳动相结合,全面发展自己的一切才能。马克思强调,人的全面发展是个人自由、充分的发展。没有自由发展,就没有全面发展;没有全面发展,更不会有自由发展。学生主体参与教学,实质上就是在教学中解放学生,使他们在一定的自为性活动中获得主体性的发展。因此,在现实教学中,要给学生学习的自由,促使学生积极主动地参与教学活动,使其得到充分的发展。主体性教育正是着眼于促进人的全面发展,培养学生的主体性。主体性发展是人的全面发展的核心,学生主体性的发展正是他们作为主体参与自身全面发展的基础和前提。

长期以来,基础教育坚持"师本""书本"为重的教育理念,培养标准化、统一化人才,强调教师的权威,致使学生成了教育过程中一个旁观性的存在。这种教育模式下培养出来的人,与时代所呼唤的"主体性的人"相差甚远,长期下去必定阻碍社会的进步。主体性教育理论的基本思想是,在教育教学的过程中,学生作为认识和发展的主体,在教师的引导和帮助下,发展自身的主体性,培养主体意识和主体能力。我们可以看出,主体性教育理论有四个重点。一是主体性教育理论强调学生是发展的主体,是具体、活生生、有丰富个性、不断发展的认识主体,是具有主观能动性的独立个体。二是主体性教育理论并不否认教师在主体发展中所起的作用。在教育教学中,教师一方面要改变陈旧的教育观念,对传统教育中不合理的行为方式和思维方式进行系统的反思;另一方面,要鼓励和引导学生积极主动地参与教学活动。三是主体性教育理论重视学生主体性的发展,认为主体性发展是全面发展的核心。主体性指人作为活动主体在对客体的作用过程中所表现出来的功能特性。自主性、能动性和创造性是主体性的基本特征。自主性是对自我认识和自我实现的不断完善;能动性实质上是对外界的选择和适应;创造性则是对现实的超越。四是主体性教育理论认为,主体性发展水平表现在主体意识和主体能力两个方面。主体意识是指作为认识和实践活动主体的人,对于自身主体地位的一种自觉意识,是主体性的观念表现;主体能力是指主体认识、驾驭和改造外部世界的能力,是主体性的外在表现。人的主体意识和主体能力构成了人全面发展的内在因素。

主体性教育的目的包括近期目的和最高目的。主体性教育的近期目的是在教育过程中通过增强学生的主体意识和发展学生的主体能力，培育和提高学生在教育中的能动性、自主性和创造性，使他们具有自我教育、自我管理和自我完善的能力，从而形成教育活动的主体和自我发展的主体。主体性教育的最高目的则是通过弘扬人在社会发展中的主体作用，把学生培养成为社会历史活动的主体，造就具有主体性的社会成员。

从主体性教育理论我们可以看出发展学生主体性的重要性。在教学中如果抛开学生的主体性，忽视学生的主体地位，那么学生的全面发展也就成了一纸空谈。而主体参与是主体性教育的核心，是发展学生主体性的有效途径，促进学生的主体参与，是实现对学生进行主体性教育的重要前提。总之，主体性教育理论是尊重学生主体性的思想，是促进学生个性自由、充分发展的思想，是关于发展学生自主性、能动性和创造性的思想，具有强烈的时代感和先进性。当然，生命教育理论、建构主义学习理论、深度学习理论也给予灵动课堂坚定支持。

三、灵动课堂的生成策略

或许有读者会问，灵动课堂有什么可借鉴的教学模式？能达成怎样的教学效果？下面就各个环节的策略作如下阐释。

灵动课堂的构建和生成需要学生的主动参与。学生学得主动的课堂表现是学生敢于和善于发问，敏于观察、能做到自我调控，喜欢探究实验，在学习的过程爱好推理，并乐于表达自己的观点，更重要的是善于倾听。这是学生学得主动的最好阐释。如图7-3所示。

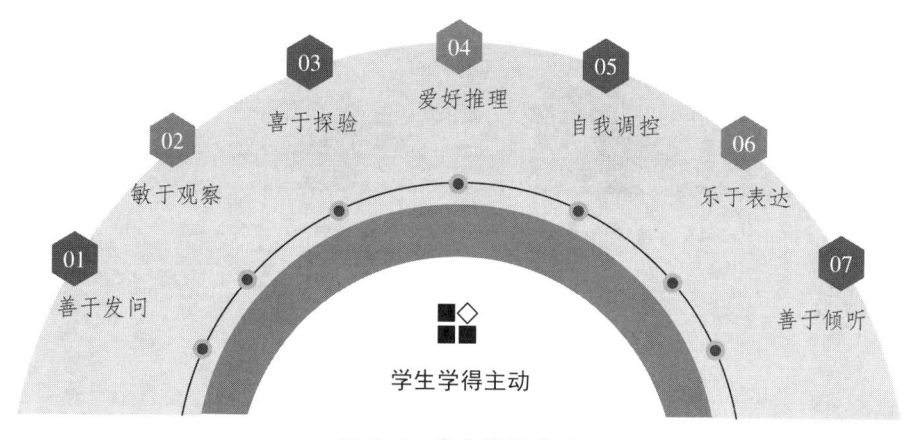

图 7-3　学生学得主动

教师导得生动就是教师需要有驾驭课堂的良好素养,善于创设情境、能对学生学习的情绪给予支持,不断激发学生的正能量,善于激发学生联想、类比与迁移,善于归纳结构,并善于对问题进行变式,保持学生课堂参与的兴趣,同时能对学生进行价值导引,通过精编课堂的练习作业达到良好的教学效果。如图7-4所示。

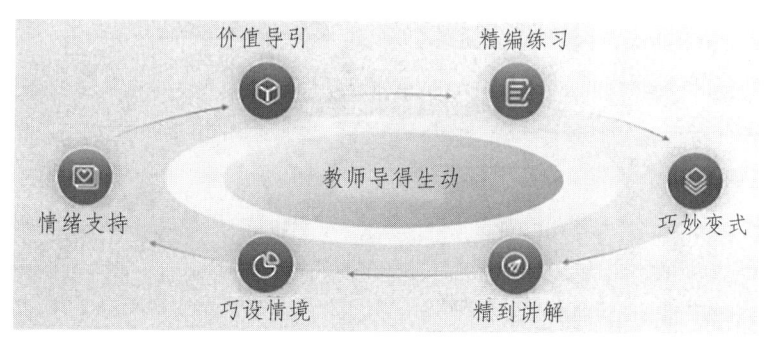

图 7-4　教师导得生动

师生良序互动要求激发学生的社会参与,在课堂上能进行互动交流。这不仅表现为师生对话,学生之间的小组合作,激发学生参与课堂游戏,进行课堂实验,更重要的是形成自己独立思考的能力。在良序互动中促进社会参与的形成,收获社会参与的经验。如图7-5所示。

图 7-5　师生良序互动

思维碰撞灵动要求学生的深度参与,在数学活动中碰撞出思维的火花,能在数学学习中提炼出结构,能够发现数学的价值,能够揭示数学的本质,并能进行灵活应用,乃至进行数学建模创新,使得课堂有良好的生成。如图7-6所示。

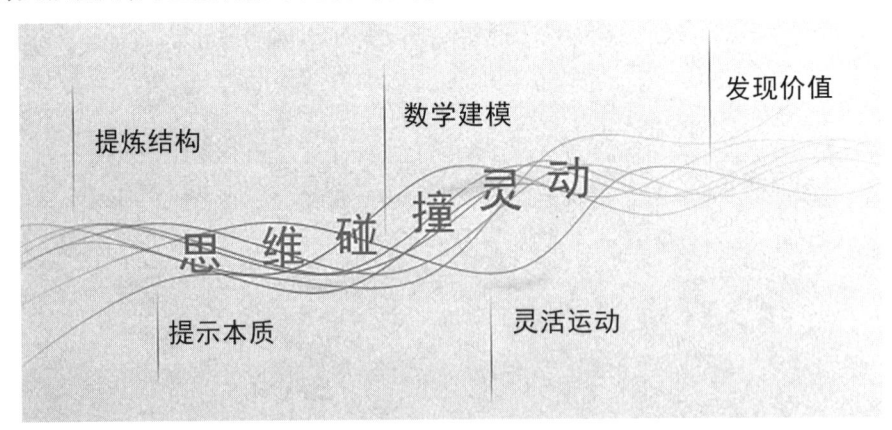

图 7-6　思维碰撞灵动

（作者来自厦门五缘实验学校）

第三节　黄莲花："三化"教学

"三化"教学主张是笔者多年对数学化、数学建模相关问题进行研究的成果。这一主张与核心素养导向的课堂教学实践理念是相吻合的。

一　"三化"教学主张的概念界定

"三化"教学是指秉承数学化和模型思想精髓，从现实生活出发，发现并提出数学问题，经历再创造过程，建构知识、方法、思维的整体性结构，进而分析、解释并运用模型回归生活，以解决现实问题的教学。它包括三个阶段，即现实问题数学化、数学内部结构化、数学内容现实化，构建了数学知识的"理解—建构—运用"学习闭环。"三化"教学旨在促进学生主动求知，发展学生核心素养，增强发现、提出、分析和解决问题的能力，以培育问题意识、模型意识、应用及创新意识等为目标。

（一）现实问题数学化

现实问题数学化，简单地说就是将现实问题转化为数学问题，使其成为教学研究对象的抽象过程。它是通过适度的抽象进行转化的，其中的核心就是数学抽象。数学抽象是基于现实的抽象，其内涵包含两点：一是把生活现实转化为符号形式，即尝试用数学语言描述和表达现实生活中的数学原型；二是把现实问题转化为数学问题，即把现实世界中与数学有关的东西抽象到数学内部，使之成为数学的研究对象。不仅如此，还要抽象出这些研究对象之间的关系。前者是抽象的过程，后者是抽象的结果。

（二）数学内部结构化

数学内部知识的建构过程，是围绕数学问题的解决，经过假设（或猜想）、验证、求解、建构、分析、解释等一系列建模活动，促进知识结构的形成，并向认知结构、思维结构逐步转化的过程。数学内部结构化有两层含义：一是结构化的内容就是从现实问题转化而来的数学问题，即数学内部所要研究的对象；二是探索数学内部各元素之间和学科知识之间的联系,使之形成有机联系,进而将其纳入已有的知识结构体系中,构造数学内部更为庞大的结构系统。数学内部结构化的重要路径是结构化,主要有纵向结构化和横向结构化。如果说纵向结构化可以将数学内部原本散乱的知识形成链条,那么横向结构化就可以将这些链条结成网。结构化的认知网络便于储存与提取,能促进知识向能力、素养的转化。

(三)数学内容现实化

数学内容现实化,即从数学的概念、命题、思想、方法、观念等走向数学的外部世界(现实世界及其他学科),主动寻找数学内容的现实原型,利用数学发现现实世界中的问题、提出数学问题,并加以分析和解决,其中的核心就是数学模型。

二 "三化"教学主张的观点阐释

任何教学主张都是在一定价值理念引领下对实践成果进行提炼,"三化"教学主张也不例外,其价值理念是落实课程目标要求,通过学科实践促进核心素养目标落地。

(一)"三化"教学的价值理念

数学来源于现实,存在于现实,并且应用于现实。这就是"三化"教学主张的价值体现,即从现实中来,到生活中去,让学生在现实中找到、体验、经历和感受数学知识的原型,建立丰富的数学经验,进而提升发现、提出、分析和解决现实问题的能力。"三化"教学主张依据同构原理、课程内容结构化理念,经历建模过程,运用结构化基本思想方法,使知识、认知、思维、情意等结构化,让学生不仅学会数学的思维,而且通过数学学会思考,不只提高学生元认知和结构化思考能力,而且增进学生对数学学习的情感,促进核心素养发展。

(二)"三化"教学理论建模

1. "三化"教学理论模型图

"三化"教学理论模型以"数学建模"为统领,从"模型原型"到"模型建构"再到"模型运用",统领"三化"教学的现实问题数学化、数学内部结构化、数学内容现实化三个阶段。其中,现实问题数学化是前提,数学内部结构化是核心,数学内容现实化是目标。生活中的一类概念、法则、公式原型等被结构化后建构成数学模型,运用于实际生活中解决问题,再被升华为更高一级的数学模型。一个个数学模型构造出了数学内部的概念、法则、公式等模型链,并由此构建了数学知识体系。如图7-7所示。

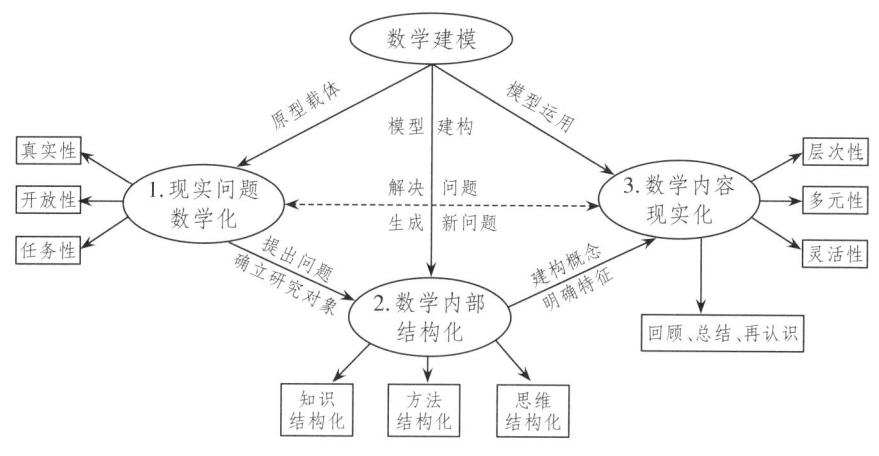

图7-7 "三化"教学理论模型图

2."三化"教学理论模型阐释

"三化"教学的三个阶段构成学习闭环。首先,从抽象现实问题开始,经历发现、提出并转化为数学问题的过程,使数学学习明确了研究对象;其次,进入数学内部的逻辑推理活动,展开以结构化为主要方法的一系列研究,进而建构规律化结论,即科学地理解模型各要素间的关系;最后,将模型回归生活,使之得到解释、运用,去解决生活中的实际问题,再从中回顾、总结、认识,提升元认知策略,使认知、方法和思维结构化,由此又产生新的研究问题。在这种不断循环往复的学习过程中,模型不断丰富和发展。

(三)"三化"教学的具体操作模式

1."三化"教学操作模式

"三化"教学操作模式由"三阶五环八步"构成(如图7-8)。三阶包含现实问题数学化、数学内部结构化、数学内容现实化;五环厘定问题、假设识别、求解建构、分析解释、运用解决;每一阶段有相应教学环节与之对应。它揭示了每一个数学知识模型的学习都要经历"现实—数学—现实"的闭环过程。

图7-8 "三化"教学操作模式

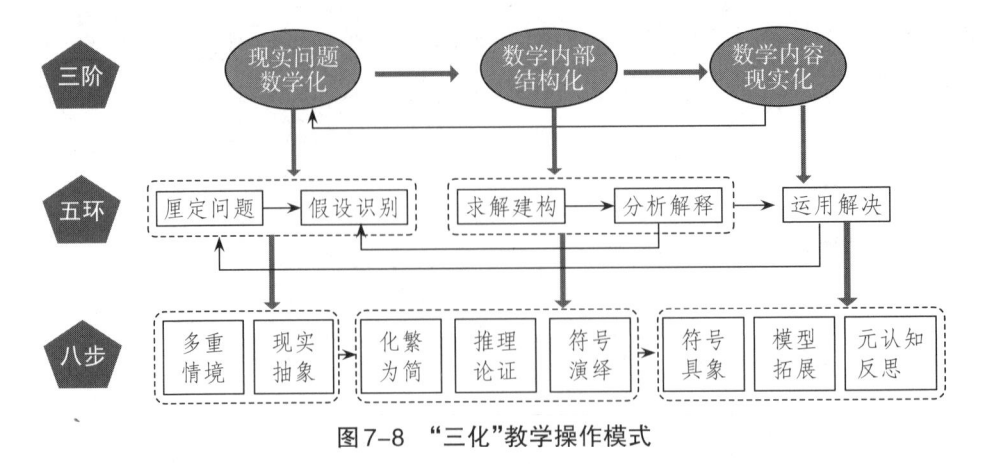

2."三化"教学操作模式阐释

数学知识的学习,要经历三个阶段,即现实问题数学化、数学内部结构化、数学内容现实化。

现实问题数学化阶段旨在通过创设问题情境,达成现实抽象之目的,将蕴含在情境中的现实问题进一步抽象,使其转化为数学问题,成为数学内部研究的对象。这一阶段具体包含两个环节:一是厘定问题,确认并厘清源于现实世界中的问题,过程中尽量让学生自己发现和提出问题;二是假设识别,在教师的引导下,自主确定现实问题中的重要"对象"(变量),尝试做出假设(或猜想),以识别它们之间的关系,并决定保留还是忽视哪些对象以及它们之间的关系,最终缩小研究的聚焦点,抽象出数学问题,使之成为数学研究的对象。整个过程中,学生始终处于思考和表达状态:问题是他们发现和提出的,他们使研究问题由现实变为数学,经验由定性变为量化,知识由直观变为抽象。这样的过程中,学生对数学学习的情感无疑能被充分调动起来,所获得的学习成就感将为后续阶段的学习奠定良好的基础。

数学内部的研究,主要在于结构化。它指的是要深入探究构成研究对象的核心要素及各要素之间的关系,使之形成知识结构。不仅如此,还要引导学生梳理总结数学思想、方法的运用,形成方法结构、思维结构、情意结构等。这个阶段的结构化不是靠教师教给学生的,而是运用一定的策略,如化繁为简、推理论证、符号演绎等,充分调动学生自身的认知结构和情绪体验主动参与,具体包含两个环节:一是求解建构,即选择适合自身的数学方法,如通过数学运算和求解得到一定的见解和结果,建构数学模型,其实质是推理。学生进行个性化的理解与建构,经历多元表征、多元表达,去除现象,留下共性。这种基于相同本质属性的概括，就是归纳推理。二是分析解释，通过推理得到的结论（即模型）是否具有科学性、规律性，这需要对模型和方案进行讨论、解释、验证、分析和评价，形成科学模型。这是一个将心智模型经由表达模型变为概念模型的过程。

结构化知识模型还要回到现实中去解决现实问题，主要是通过符号具象以及模型拓展加以检验和应用，包含三个环节：一是运用解决，主动寻找现实原型，解决某一类现实问题，并从一类"情境不同、本质相同"的问题解决中不断完善模型；二是拓展模型，在情境和本质发生变化的情况下拓展模型、升华模型；三是引导学生进行回顾与反思，不仅反思知识的获得，还要反思方法、策略运用得当与否，检验自我调节和监控的意识和能力，以此帮助学生形成遇到复杂现实问题时进行良好思维的习惯。

特别要说明的是，当学生明确问题、做出假设并识别对象（变量）之间的关系之后，还需要在运用模型及拓展之前，经过多次反复实践，以寻找和分析解决方案。只有留足空间和时间，学生的思维才能充分发挥，预期目标才能真正达成。

（作者来自厦门市瑞景小学）

第四节 张雅芬：情理共生的数学课堂

高斯曾说过，数学是科学的女王。但在现实世界里，多数人接触"女王"后，觉得她毫无美感。通过问卷调查和访谈，我们发现：当前小学数学课堂中，学生要么不爱学习，一提起数学就无精打采；要么不会学习，一提起数学就唉声叹气。究其原因，主要在于小学数学课堂情理失衡。一方面，教师过于强调学生的情感体验和自身的主观感受，未能给学生留出足够的时空进行客观分析和理性思考，导致学生在数学学习中缺乏深入的理解和思考；另一方面，教师过于强调理思，未能营造良好的学习氛围和师生关系，过分注重知识的传授和技能的训练，导致学生无法感受到数学学习的乐趣与应用的价值。基于此，我提出了"情理共生"这一教学主张。

一 情理共生的小学数学课堂基本框架

情理共生的小学数学课堂有两个分支：一支为"情"，一支为"理"。"情"是世界存在的本源动力；"理"是宇宙自然的终极法则。情理共生一方面指向非智力因素中的"情"，另一方面指向智力因素中的"理"。

"情"可以从以氛围生情、以评价促情、以文化润情三个方面展开，为学生营造安心安全、积极向上的情绪场，调动学生的情绪理解、情绪体验和情绪力量，从根本上遏制消极情绪的滋长，从而产生"数学好玩"的情感和"希望玩好数学"的信念。"理"可以从明产生之理、探形成之理、达应用之理三个方面展开，引导学生在具体的、复杂的、真实的教学情境中发现问题、提出问题、分析问题、解决问题。在经历知识的产生、形成、应用的过程中学理、知理、明理，打造对话思辨、迁移应用的学习域，进而从本质上实现"玩转数学"的崇高理想。情理共生的小学数学课堂的平面基本框架如图7-9所示。

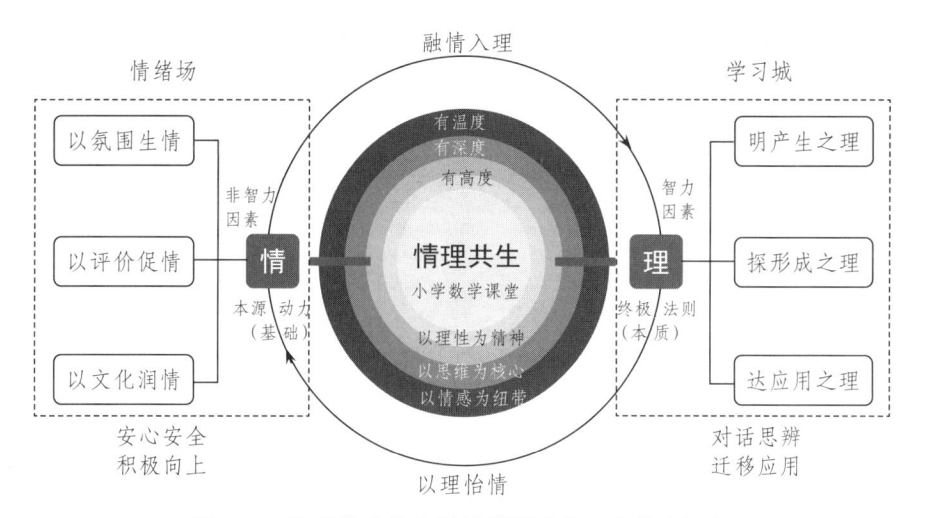

图7-9 情理共生的小学数学课堂的平面基本框架

情理共生的小学数学课堂强调以理性为精神、以思维为核心、以情感为纽带,这样的课堂必定是有温度、有深度、有高度的课堂。这三者是情理共生的小学数学课堂的内核,基于情感、撬动思维、走向理性,由外向内逐渐叩问数学的本质,通过理性表达、思维发展、情绪体验,由内向外逐步感受数学的美好。首先要做到"融情入理",其次要做到"以理怡情",二者循环往复、循序渐进、螺旋上升,使美好的情绪场和质朴的数学域交相辉映。情理共生的小学数学课堂的立体基本框架如图7-10所示。

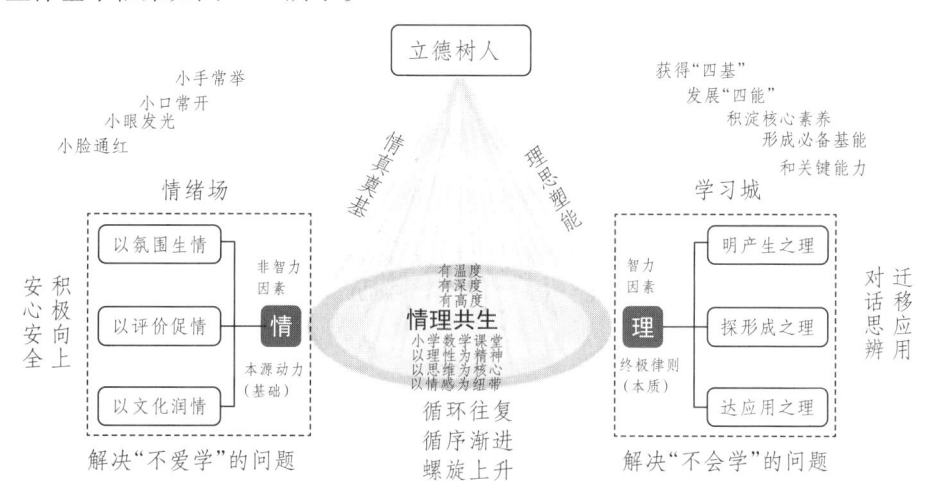

图7-10 情理共生的小学数学课堂的立体基本框架

实践中我们可以看到,在安心安全、积极向上的情绪场中,学生非常愿意投入到学习活动中。他们的目光会追随教师,往往渴望回答每一个问题,常常会

227

因为一个观点而争得面红耳赤。此时,学生的状态是小手常举、小口常开、小眼发光、小脸通红的。我们还可以看到在对话思辨、迁移应用的学习域中,学生不仅获得了"四基",发展了"四能",还积淀了核心素养,形成了必备品格和关键能力。情真奠基,理思塑能,奏响了立德树人的华美乐章,从根本上实现教育的根本目标。

二 情理共生的小学数学课堂教学模式

情理共生的小学数学课堂教学模式强调情感与理智相互融合、共同发展。这种教学模式注重在教学过程中既要培养学生的数学知识和技能,又要关注学生的情感体验和思维发展。情理共生的小学数学课堂的教学模式如图7-11所示。

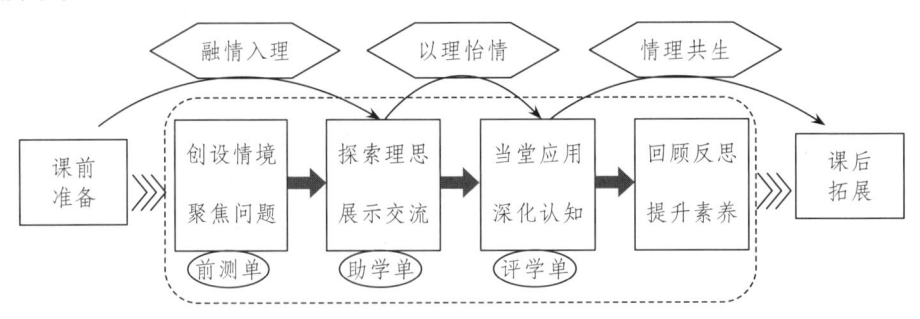

图7-11 情理共生的小学数学课堂教学模式

我们按照时间轴把一节课分为课前、课中、课后三个部分,课中又分为"创设情境,聚焦问题""探索理思,展示交流""当堂应用,深化认知""回顾反思,提升素养"四个环节。课前准备这个部分,教师可以先引导学生做好工具准备,再通过简短有趣的对话或歌曲等进行暖场,帮助学生做好心理准备。课中的四个环节各有分工:"创设情境,聚焦问题",即教师通过创设生动丰富的任务情境,引导学生聚焦核心问题;"探索理思,展示交流",即教师引导学生围绕核心问题先独立思考,再合作探究,最后围绕合作探究中获取的高质量交流样本或数据,在生与生、师与生之间展开对话思辨;"当堂应用,深化认知",即教师通过提前设置好的有趣味性、针对性、层次性的练习,引导学生当堂练习并巩固所学,达成教学评的一致;"回顾反思,提升素养",即教师引导学生回顾反思,形成知识结构、方法结构,做到知其然并知其所以然。课后拓展这个部分,教师可以将本课知识拓展延伸到课外,将情理共生的场域拓宽到更广阔的学习空间中。

在情理共生的小学数学课堂教学中,"创设情境,聚焦问题"这个部分,教师可以通过前测单更好地了解学生的学习起点;"探索理思,展示交流"这个部分,教师可以通过助学单帮助学生进行探学和展学;"当堂应用,深化认知"这个部分,教师可以通过评学单帮助学生更好地了解本节课的学习收获。前测单、助学单、评学单这三种工具的使用让课堂教学有了依托,有了"脚手架",让学生的思维可见。

三 情理共生的小学数学课堂教学策略

情理共生的小学数学课堂应该是生动且深刻的。对小学生来讲,生动意味着数学充满了乐趣,学生与教师保持融洽的师生关系,体会到学习数学是一件快乐的事;深刻则意味着学生注意力的专注,学生疑惑的产生,学生思考的深入,学生表达的精彩。因此,在情理共生的小学数学课堂中,生动与深刻缺一不可,互为依存。小学数学课堂做到既生动又深刻,我们可以从以下两个方面展开。

(一)融"情"入"理",激发积极情绪

数学是一切科学的基础,有着自身的抽象属性。在小学生眼里,数学知识是很奇妙的,学得轻松且能学会,就会获得很多乐趣;相反,如果学得辛苦或学不会,他们就会觉得数学学习枯燥乏味。教师要充分利用课内外的一切教学资源,让学生在积极主动的学习中获得积极的情感。

(1)寓情入境,引发学生的探究欲望。教学情境可以为学生架设起生活问题和数学问题之间的桥梁,让抽象的数学知识有了生动的附着点和切实的生长点,让学生在学习知识和实践应用的交互中真正理解知识、提升能力。因此,教师要根据学生的生活经验和认知规律有意识地创设教学情境,引导学生循着知识产生的脉络去准确把握学习内容。

(2)融情设疑,点燃学生的数学思考。爱因斯坦曾说过,提出一个问题往往比解决一个问题更重要。因为解决问题仅仅是一个数学上或实验室上的技能而已,而提出新的问题或从新的角度去看旧的问题,都需要创造性的想象力。因此,教师要善于创设学生喜闻乐见的情境,激发学生的好奇心和求知欲,点燃学生的数学思考。

(3)以情串联,建构学生的知识体系。当学生在学习一个数学概念、原理或法则时,如果在心理上能组织起适当的、有效的认知结构,并使之成为个人知识网络的一部分,那么学生就会产生自己的数学理解。因此,教师要将联系的观点贯穿于教学的全过程,注重从知识的内在结构出发,使各个知识点在学生的大脑中连成线、织成网,建构开放的知识结构。

(二)以"理"怡"情",涵养数学品格

数学学习往往需要长时间的投入和坚持,拥有数学品格的人,往往具备坚韧不拔的毅力和恒心,能够在困难面前不屈不挠,坚持到最后。因此,教师需要引导学生结合情境、围绕问题学会讲理,在讲理、辨理的过程中,激发学生学好数学的积极情感,从而培养学生的理性精神,涵养学生的数学品格。

(1)回溯数学之源,培养探索欲望。教材所呈现的是形式化的、冰冷的结果,教学如果从这些结果开始,学生就不能经历"火热"的数学思考过程。为了避免"形式"上的教与学,教师需要将"学术形态的数学"转化为"教育形态的数学"。因此,我们要关注数学概念、知识发展的历史本源,激发学生探究的欲望,发展学生理智的好奇。

(2)叩问数学之真,培养批判精神。叩问数学之真,是一种对数学知识深入探索和追求真理的态度。要叩问数学之真,我们需要对数学的基本概念和定理有深入的理解,掌握其应用方法;需要不断地提出问题,挑战已有的数学理论,通过思考和实践来检验其真理性。在叩问数学之真的过程中,我们需要保持怀疑和批判精神。

(3)挖掘数学之美,培养审美意识。数学之美不仅体现在其精确性和严谨性上,更在于其简洁、对称、和谐以及深刻揭示自然规律的特质。要挖掘数学之美,我们需要引导学生用心去感受和领悟数学中的每一个细节和元素,通过阅读数学史、欣赏数学艺术作品、参与数学竞赛等方式,来培养学生的数学审美兴趣和能力。

总之,构建情理共生的小学数学课堂,一方面要求教师在课堂教学中充分调动学生参与学习的兴趣,在认知活动中掌握知识、发展能力,逐渐形成数学素养;另一方面,要求教师用自己的教学情感和教育智慧进行数学教育教学活动,不断丰盈自己、提升自己。在构建情理共生的小学数学课堂教学实践中,既要注重"情"——感性层面的体验,又要注重"理"——理性层面的发展,不断激发师生的内生力量,促进师生的全面发展,朝着教育理想迈进。

(作者来自厦门市第五中学)

第五节　邵巧治："适·度"阅读

"课程内容—教师—教学—学生—学习"是一个描述教育过程的基本框架，将它迁移到儿童整本书阅读中来，则启发我们提炼"适·度"阅读教学主张，基于课堂，基于儿童，展望语文育人的美好蓝图。

近年来，众多研究者多聚焦于"教师指导—学生获得"这一单向视角、线性顺序，思考如何实施优质的儿童阅读，虽也取得了不少发现，但笔者认为，以终为始，先厘清儿童整本书阅读的目标追求和可观测的具体指标，再采取相对应的指导措施，会得到更好的实践效果。笔者所提炼的"适·度"阅读教学主张包含"适"与"度"两部分，"度"是目标，"适"是手段。

一　"适·度"阅读的意蕴与价值

"度"有三度，即温度、宽度、深度，这三度与"阅读素养"的追求相契合。其中，追求学生的高投入、高参与，在学校和日常生活中的阅读群体中获得参与的乐趣，与"温度"相契合。追求拓宽阅读视野，适应不同的阅读目的，与"宽度"契合。追求经历四个理解过程，达到最高阶，获得深刻的文学体验或运用文本信息解决问题，与"深度"契合。三度中，温度是基础，宽度和深度是两翼，三者互相推动，共同引领儿童整本书阅读走向新的高点。

《义务教育语文课程标准（2022年版）》中，整本书阅读任务群针对不同学段制定了不同的学习内容，也在"教学提示""学业质量"部分提出了阅读的要求，其中就涉及阅读的温度、宽度和深度。我们采用SOLO分类评价加以梳理，"三度"的具体指标框架如表7-1所示。

表7-1　"三度"的具体指标框架

维度	温度	宽度	深度
单点结构	喜欢阅读	读完整的文本	有感兴趣的内容
多点结构	持久阅读	读不同类型文本	与人讨论时有见解

续表

维度	温度	宽度	深度
关联结构	有目的阅读	能关联不同类型文本	与人讨论时见解独到
拓展结构	专题阅读	能与生活联结展开阅读	能运用见解解决问题

不同学段的学生,面对不同难度的文本,可以选择要达到的"三度"。教师可依"三度"的具体指标框架,采取适切的阅读指导方式,设计适宜的阅读活动。"适"有三适,即适应儿童、适合文本、适切的任务和评价,三适之间紧密关联。美国文化人类学家哈维兰说过,好的阅读对于心灵就像优质的眼镜对于眼睛一样,它可以使你看到生活的细微之处。"适·度"阅读就是努力达到这种"好的阅读"。

"适·度"阅读教学主张的提炼,得益于儿童哲学、具身认知理论和建构主义理论的指引。其中,儿童哲学让我们对"儿童"加深了理解;具身认知理论则帮助我们拓宽了儿童阅读可能发生的方式,采取多样路径,努力引导儿童沉浸到阅读中去;建构主义理论,提醒我们要积极应用"情境""协作""会话""意义建构"等四大要素引导儿童主动阅读、积极建构,发展阅读素养的同时提升整体认知水平、丰富个人的精神世界。

二、"适·度"阅读的理论模型

"适·度"阅读以阅读育人为宗旨,"三适""三度"为左右两轮,互为驱动,形成合力,引领学生不断向前向上发展。"三适""三度"两个大轮里又有三个小轮,底轮先驱,带动上面两个小轮有序运转。"适·度"阅读齿轮模型如图7-12所示。

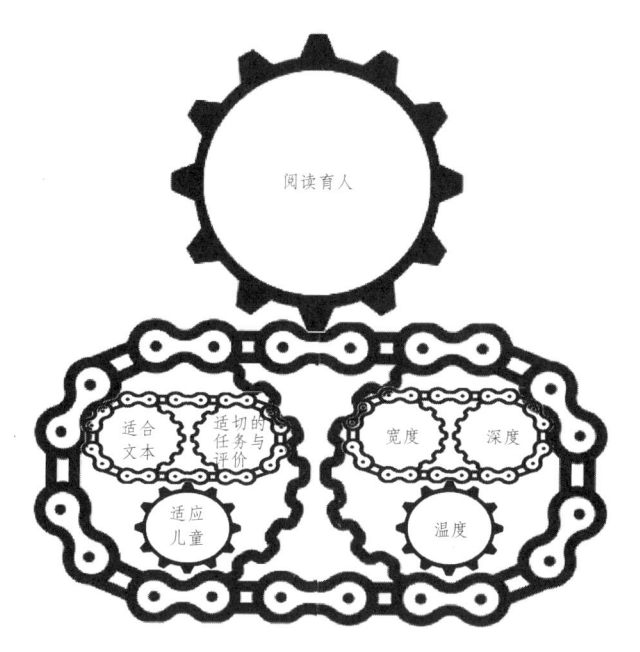

图 7-12 "适·度"阅读齿轮模型图

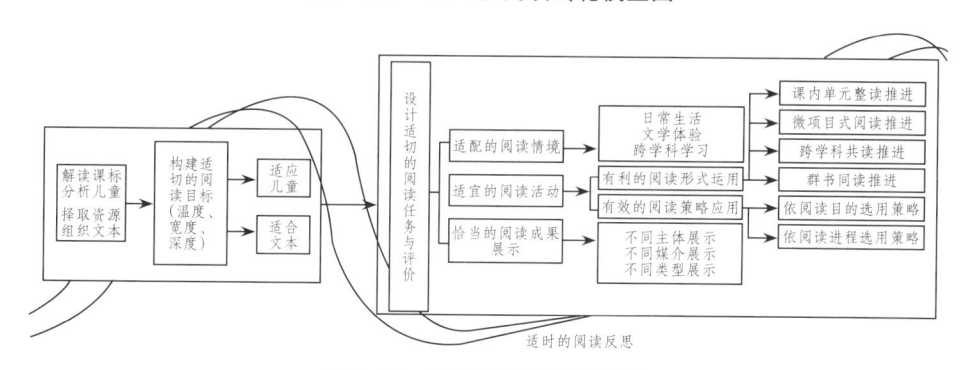

图 7-13 "适度"阅读实践路径

"适·度"阅读的实践路径则呈现"目标—评价—任务(活动)—反思"有序循环、螺旋递进的模式,简洁易操作,如图7-13所示。

三 "适·度"阅读的基本特征

"适·度"阅读主张儿童整本书阅读须以儿童为中心,强调沉浸式学习与阅读共同体建设,通过"三适""三度"促进深度阅读。主张长程规划与多元课型结合,确保阅读过程有序循环、螺旋递进,实现阅读目标与评价的深度融合,让儿童在阅读中感受乐趣与成就。

233

（一）儿童化立场

不管在选书环节,还是阅读过程的每一阶段,都应时刻保持以儿童为中心,让儿童在具有高度安全感的环境里投入阅读,感受阅读的乐趣和成就。他们可以从自己喜欢的书读起,先满足娱乐要求,然后再接受有挑战的阅读;也可以从自己想谈的地方说起,感受到自己的见解是有价值的,再逐渐发展出深度理解。

（二）沉浸式阅读

让儿童身心投入的沉浸式阅读,是最好的阅读状态。因此,我们重视阅读的多种样态,不只进行文字上的阅读,关注对书籍主要内容、主要人物形象、主要情节或主要思想等,还会设计多种阅读活动,引领学生通过别的途径达成阅读理解的宽度和深度。随着学生阅读需求的增加,我们还强调文字阅读与研学实践相结合,带领学生置身于特定时空,通过不同的视角,理解作品的人、事、物,使理解有创新、有深度,这也是《义务教育语文课程标准(2022年版)》所提倡的。同时,多样态的阅读活动,必然带来多形式的阅读成果,通过不同媒介的展示推广,进一步推动学生投入沉浸式阅读。

（三）合作化阅读

建设读书共同体,以增加阅读交流的对象、增强阅读交流的真实性,帮助儿童在社会性互动中获得更多对文本的理解与鉴赏,也使阅读真正产生温度。读书共同体的建设比较自由,可以按需而定,但教师、家长最好能以共同体一员的身份加入,自然引导学生阅读。共同体的阅读交流应常态化,虽不限制交流的对象与人数,不限制交流的时间与场合,也不硬性要求交流的质量,但强调交流的频率。学生通过及时交流,拓宽思考路径,加深理解深度。

（四）长程化实践

儿童整本书阅读难以在短时间内完成,应遵循学段特点,合理设置"长程",同时遵循书目类型特点,科学设置"长程"。一般来说,文学类文本重在品读文本,赏析人物和情节。这样的文本阅读在校内就能完成,且以语文教师为主要指导力量。社科类书目、艺术类书目则需要增加社会实践、跨学科学习等活动,且需要其他学科教师及家长协助指导,才能完成阅读任务。这样的阅读时长就需要延长。

(五)结构化推进

根据"适·度"阅读教学主张的齿轮模型,"三适""三度"是互为驱动的,其实践路径图也呈现出"目标—评价—任务(活动)—反思"有序循环、螺旋递进的模式。实践中,我们不局限于导读课、推进课、交流课或展示课这样的课型设定,而是不断追问,这本书的阅读目标是什么?最后的评价指标是什么?以什么样的成果呈现?为了达成评价指标,设计什么样的任务、什么样的活动流程来协助?学生喜欢吗?这样的追问能确保读书各环节保持一致,有效落实、推进。此外,注意将评价自然嵌入其中。除了必要的评价量表,我们把教师和学生间的各种交流也视为过程性评价的一种形式,把学生的自主阅读反思也视为表现性评价的一种,教师自身的反思则是对整个阅读规划的评价。不论是教师对学生的评价,还是教师对自我的评价,都自然嵌入阅读历程中,贯穿始终,推进整体阅读发展。

著名作家冰心曾撰文回忆自己一段美好的童年阅读经历。她七岁时就开始读《三国演义》,从一知半解开始到越读越明白,最后还发展出自己的见解。正是这段经历,引领她走上了读书、写作的道路。"适·度"阅读教学主张下的儿童整本书阅读也如此,它旨在给学生们一段美好的、有意味的童年阅读时光。

(作者来自厦门市教育科学研究院)

第六节 黄芸:"简·美"的小学英语

小学英语教学是以生为本,在单元育人蓝图下,坚持学思结合,学用结合,学创结合,教、学、评融为一体的促进学生核心素养发展的过程。"简·美"英语就是根据《义务教育英语课程标准(2022年版)》的要求,以提升学生的核心素养为目标,回应课堂立场而提出的。

一、"简·美"英语的核心观点

"简·美"英语是以简约高效的方法,将教、学、评融为一体,由"简·教"实现"美·学"的育人途径。"简·教"指向教师的教学方法与策略,即为了达成学生核心素养提升的目标、实现教学效益最大化而采用的简约高效的方法与策略。"美·学"指向学生的学习目标与愿景,即在实现教学效益最大化的过程中,学生体验到的英语学习的"会学之美""善学之美""思学之美""品学之美"。"简·美"英语内涵如图7-14所示。

图7-14 "简·美"英语内涵图

"简·美"英语中的"简·教"与"美·学"均包含四个维度的内容。"简·教"包含"简·取""简·评""简·思""简·品"四个维度,"美·学"包含"会学之美""善学之美""思学之美""品学之美"四个维度。"简·教"与"美·学"的四个维度分别指向英语学科核心素养中的四个维度。"简·取"与"会学之美"指向"核心素养"的提升,"简·评"和"善学之美"指向"学习能力"的提升,"简·思"和"思学之美"指向"思维品质"的提升,"简·品"和"品学之美"指向"文化意识"的提升。"简·教"与"美·学"四个维度之间融合互动,协同发展。

二 "简·美"英语的教学策略

（一）基于语篇、学习理解，搭建"简·教"到"美·学"的基本框架

学习理解活动是基于语篇的活动，是学生学习语言，获取新知，获取文化知识，形成新的知识结构，感知并理解语言所表达的意义的过程。

1. 整合语境，激活旧知，促感知与积累

学习理解活动中，"简·教"首先体现的是减掉无序的碎片化、无关联的语言情境，取而代之的是围绕主题，凝练主题意义，对语境进行主题式的有机整合，设计感知与注意的活动，激活已知，为新知的学习和文化背景知识的烘托做铺垫。"美·学"体现在，学生在主题化完整情境中，建立知识经验和学习主题之间的关联，发现已学内容与新知学习的差距，点燃对自己的学习期许，树立学习目标，向乐学和善学迈出了第一步。

2. 建构结构，梳理框架，促概括与整合

"简·教"要减掉缺乏关联和意义，难以调取与活用的碎片化知识，取而代之的是有整体、有意义、能聚合、能迁移、能生长的知识结构化教学。在学习理解活动中，教师要帮助学生搭建有主题的、有意义的、有关联的整体知识框架，并通过复习激活和学习理解两个环节，丰富和完善知识框架。"美·学"体现在，学生在知识结构的"初搭建""再丰富"中，学会了建构和运用知识结构体系的初步方法，为"会学之美"夯实基础。

3. 构建评价，适时激励，促乐学与善学

"简·教"体现在减掉缺乏主题、缺乏关联、功能单一的评价手段，取而代之的是设计与实施一体化主题式课堂评价。这是"简·教"中"简·评"维度的体现。一体化主题式课堂评价要求设计具有主题性、整体性、激励性、适切性、发展性的一体化主题式课堂评价。"美·学"体现在，通过评价，学生能不断体验由未知到已知、从不会到学会过程中的进步和收获，体会到"识学之趣"，同时，初步学会一些解读文本的学习方法，为"善学之美"打下基础。

4. 各阶思维，无痕训练，促观察与辨析

这是"简·教"中"简·思"维度的体现。学习理解活动中，学生更多的是通过记忆、理解和应用复习已学的内容，并通过观察、分类、对比等加深对语篇的理解。教师亦可引导学生通过分析语篇的深层内涵，概括语篇的大意，提炼语篇的意义，比较语篇中的人物、行为、事件、观点等的相似性和差异性，做出正确的

价值判断。学习理解活动中的"美·学"体现在,学生能较自如地运用各阶思维去观察问题和辩证思考问题,是"擅思于学"的起点。

5.文化背景,融合熏陶,促比较与判断

在学习理解活动中,"简·教"体现在文化背景的无痕融合,这是"简·教"中"简·品"维度的体现。复习环节中,激活已知是文化背景渗透的最初环节。新知学习环节,加深对主题文化背景的认知,适度提升学生的文化意识。学习理解活动中的"美·学",体现在学生通过潜移默化的文化了解、感知和体验,初步认识中外文化的异同,并做出自己的正确判断,这是"品学之美"的起点。

(二)深入语篇、应用实践,夯实"简·教"到"美·学"的内在逻辑

应用实践活动是深入语篇的活动,是学生运用知识结构有意义地实践语言,内化所学的语言知识和文化知识,加深理解语篇文化意涵,巩固结构化知识,促进知识向能力转变的过程。应用实践活动,能够实现知识向能力的转化,为迁移创新活动中能力向素养的转化搭建桥梁。

1.应用结构,实践语言,促习得与建构

在应用实践活动中,"简·教"指减掉缺乏关联、缺乏意义的碎片化知识的实践,取而代之的是学生应用知识结构进行的紧扣主题的有意义语言实践,指向学生语言能力的进一步提升。"简·教"能促进学生不断习得语言,丰富与建构语言,促进语言能力的进一步提升。"美·学"体现在学生在应用实践活动中,加深了对知识结构的理解,巩固了结构化知识,促进了语言知识的内化,使学生向"懂学之方"又迈进了一大步。

2.过程评价,激励反馈,促选择与调整

学习理解活动中,评价功能侧重于突出教学主题、激发学习动机、凸显教学重点、突破教学难点。应用实践活动中,评价功能则更侧重于巩固所学知识、检验学习效果、反馈与弥补学习困难和调整学习方法。"美·学"体现在学生能根据评价的结果,积极肯定自己学习的收获,同时适度调整自己的学习策略,及时弥补学习的困难,以更佳的状态投入下一阶段的学习中。

3.概括分析,深化思维,促归纳与推断

"简·教"要减掉过多低阶思维的训练,促进分析、综合、评价等高阶思维能力的无痕训练。"美·学"体现在,学生不知不觉体验到高阶思维训练所带来的思辨的魅力与收获,推进知识向能力的转化,促进"擅思于学"的深入推进。

4.体验文化,加深理解,促调整与沟通

应用实践活动中,体验文化与学习理解活动中文化背景的烘托与理解相承接。教师引导学生进一步分析和评价语篇中人物、事件等,探究主题意义和文化内涵,做出自己的价值判断。"美·学"体现在,学生能关注到跨文化沟通与交流中的文化差异,表现出礼貌、得体与善意的美德。这是"品学之美"在自身落实中的具体体现。

(三)超越语篇、迁移创新,实现"简·教"到"美·学"的终极目标

迁移创新活动是超越语篇的活动,是学生完成从知识到能力、再从能力到核心素养的转化与提升的过程。

1.迁移结构,运用语言,促表达与交流

迁移创新活动中,"简·教"体现在紧扣主题,教师引导学生迁移、拓展、完善和综合运用知识结构,创造性地解决问题,指向语言能力的综合发展。"美·学"体现在学生从根本上学会知识体系建构和运用这个关键能力,在真正意义上学会了学习,体会到"懂学之方"的"会学之美"。

2.整体评价,反思调整,促合作与探究

学习理解活动中,评价功能侧重于突出教学主题、凸显教学重点、突破教学难点、激发学习动机。应用实践活动中,评价功能侧重于巩固所学知识、检验学习效果、反馈与弥补学习困难和调整学习方法。迁移创新活动中,评价功能则体现鼓励合作探究、激发创新思考、推动多维度的问题解决、反思改进策略、凸显整体评价与反馈,直接指向学习能力的深度提升。"美·学"体现在,学生能实现识学之趣、乐于学习—懂学之方、调整学习—善学之法、提高效率的升华。

3.高阶思维,无痕训练,促批判与创新

在学习理解活动—应用实践活动—迁移创新活动的进阶学习过程中,思维发展也是不断进阶和深入的过程,即各阶思维融合训练,高阶思维适度渗透—低阶思维适度过渡,高阶思维深入发展—高阶思维全面发展,批判创新无痕训练。"美·学"体现在学生不知不觉地培育了问题意识,能独立思考,大胆质疑,表达自己的诉求与观点,创造性地解决问题,实现"擅思于学"的"思学之美"。

4.共情共鸣,探究意义,促感悟与内化

迁移创新活动中,"简·教"体现在教师引导学生通过设身处地地体验和换位思考,包括对语篇中人物、事件、行为,语篇背后的价值取向,以及作者的态度

和行为进行评价,从而引导学生产生共情与共鸣,深刻理解主题意义,体会到做人、做事的道德规范、行为准则和良好品格。"美·学"则是学生在具身体验文化的过程中,由共情共鸣实现内化与感悟,实现"品悟文化"的"品学之美"。

综上所述,"简·美"英语的基本流程就是通过学习理解活动—应用实践活动—迁移创新活动,实现学生从未知到已知,从知识到能力,从能力到素养的提升。

(作者来自厦门市大同小学)

第八章

路径彰显:教学主张凝练的实践立场

克罗齐说过,人类用认识的活动去了解事物,用实践的活动去改变事物;用前者去掌握宇宙,用后者去创造宇宙。我们必须意识到,科学的活动不仅是认知的活动,核心还是实践的活动。实践不是无规划地去行动,而是有意识、有规划、有策略、有技术、有方法地去设计与实施,才是有效的经验生成。我们不仅要重视理论,还要重视实践的价值,更要重视实践的路径。实践的路径虽是由理念所决定,但更是对具体情境的判定与选择。

教学主张凝练的实践立场,核心是从实践路径的角度进行探讨。教育教学活动过程,不只是课堂教学,还包括围绕课程育人实践的全部过程和全部要素。由此,探讨教学主张不能只关注课堂实践的部分,而应关注全部的学习实践。这就涉及整体意义上的课程实施。通过对卓越教师培育对象提出的教学主张进行分析,我们发现王翠霞老师的问·道历史教学、沈汝丑老师的初中地理的"图·思·记"、石进德老师的融创生物、李玲玲老师的融美数学、杜紫红老师的"问·达"数学课堂、林悦老师的创美体育,以及徐晨来老师的小学科学跨域趣探都是倾向于从学科课程实践的立场,进行教学主张凝练,关注的不仅是课堂教学,也不是纯粹的学科本质,而是从课程实践的角度出发,探讨整体课程育人的实践边界,突出的是学科课程育人的路径。本章集中体现这一范式的教学主张。

第一节 王翠霞:问·道历史教学

一 问·道历史教学的内涵

问·道历史教学是以真历史问题为核心,徐步进阶引领学生不断探究的历史教学,通过探究、发现、交流和反思等方式,引导学生去追问、去寻找、去接近历史真相,促进学生的批判性思维的培养。这种教学主张基于质疑、融通、申辩等科学思维路径,探究历史学科的教学价值和育人价值,培育历史学科核心素养。

历史是人类社会发展过程中的重要组成部分,记录了人类的经验、智慧和成就。历史教学过程的本质是探究、对话、交流和沟通,是师生以教学资源为媒介的交互影响的过程。教学是由教师的教与学生的学组合起来的共同活动。问·道历史教学,意味着我们不仅仅是简单地了解历史事件的发生,还要深入挖掘其中蕴含的思想、文化和价值观念。从历史学科内涵出发,可以确定时空观念、史料实证、唯物史观、历史解释和家国情怀为中学历史教学中的核心素养。以核心问题联结中学历史学科内容和学科思维,并以问题和问题链的形式进行整合,使中学历史课堂教学过程成为问题解决的探究学习过程。通过问题追问形成问题链,可有效地推进教学,提升教学对话过程中的思维品质,达成核心素养的培养目标。

"问·道",简言之就是追寻存在的价值。法国学者雷蒙·阿隆指出,历史认识或被当作认识的历史是根据现存之物对以往知识的重建或重构,这不是对过去的抽象重构,而是对一个发生在具体时空的过去的重构。具体时空的过去是客观的历史,对具体时空的过去的重构是主观的历史。历史既然是客观存在,它便以自己的方式永存,不可改变。主观的历史在客观历史之后被记述,要了解历史的客观存在,必须通过记述。哪些当时被记述,哪些当时被遗忘,无不是记述者在对事实理解和解释基础上做出的选择。

二、问·道历史教学的本质特征

(一)问·道历史教学的主体观

教师应树立以学生为主体的教学观念,注重以生为本、以学定教、以学促教,倡导自主、合作、探究的学习方式,提高历史学科核心素养;鼓励学生自主探究,创新教学方式,关注学生需求和反馈,及时调整教学策略。

问·道历史教学的主体观强调学生作为学习历史的主体,应当具有独立思考、自主学习的能力。这种主体观下的历史教学注重培养学生的批判性思维、分析能力和创造性,鼓励他们主动参与历史事件的研究和讨论。历史教学不仅仅是学生被动接受教师灌输的知识,还强调尊重学生的多元文化背景和个人经验。通过多样化的教学方法和资源,学生能够更好地理解历史事件并形成独立的看法,从而形成历史意识和社会责任感,成为有独立思考能力的历史学习者,为创新型人才成长奠定基础。

(二)问·道历史教学的目标观

历史课程是落实立德树人根本任务的重要课程,注重培育学生的核心素养。发掘人类优秀文化遗产的育人功能,使学生树立正确的历史观、民族观、国家观、文化观,增强责任意识和社会担当,成为德智体美劳全面发展的社会主义建设者和接班人。问·道历史教学在培养历史素养、激发学生学习兴趣、提高思维能力、传承文化遗产、引导正确价值观等方面发挥作用。

(三)问·道历史教学的内容观

历史作为人类社会发展的记录和反映,蕴含着人类经验的积累、文明的传承以及未来的启示。问·道历史教学的内涵引导师生对历史事件、人物、思想等所蕴含的意义和价值形成认识和理解。

按照布鲁姆–特内的提问设计模式,教学提问可以分为由低到高的六个不同水平,即知识水平、理解水平、运用水平、分析水平、综合水平和评价水平,其中前两种水平的提问与学生不同类型或不同水平的思维活动相联系,都有其独特的思维发展价值。

围绕一个主题问题分设小问题展开探究活动,即"做中学历史"。教师通过精心设计,启发学生对历史所蕴含的丰富内涵进行探求。如表8-1所示。

表8-1 教学提问表格

提问水平	提问目的	提问要求	教师常用的关键词
知识	确定学生是否已记住先前所学的内容	用是、否来进行判断,其内容不超出已掌握的知识范围	谁、什么是、哪里、什么时候、写出等
理解	帮助学生组织所学的知识,弄清它的含义	能用自己的话叙述所学的知识,能比较和对照知识或事件的异同,能把一些知识从一种形式转变为另一种形式	用你自己的话叙述、比较、对照、解释等
应用	鼓励和帮助学生应用已学的知识去解决问题	能把所学的规则和理论应用于问题进行分类、选择,以确定正确的答案	应用、运用、分类、选择、举例等
分析	分析知识的结构、因素,弄清事物间的关系或事项的前因后果	进行判断,能分析资料以确定原因,进行推论	为什么、什么因素、得出结论、证明、分析
综合	帮助学生将所学知识以另一种新的或有创造性的方式组合起来,形成一种新的关系	对某一知识整体理解,要求学生能进行预见,创造性地解决问题	预见、创作、如果……会……,总结等
评价	帮助学生根据一定的标准来判断材料的价值	对一些观念、价值观、问题的解决办法或伦理行为进行判断和选择,还要求学生能提出自己的见解	判断、评价、证明、你对……有什么看法

三 问·道历史教学的价值意蕴

问·道历史教学的价值意蕴包括对人类社会发展、文明演进和人类行为的深刻反思和启示。

问·道历史教学,能让我们基于历史的大视野和大逻辑,弄清楚我们是谁、从哪儿来、往哪儿去。特别是通过"学思践悟"党领导人民进行艰苦卓绝的革命奋斗史、理论创新史和自身建设史,我们能基于历史、理论和实践逻辑等多个层面,去深刻感知红色政权来之不易、新中国来之不易、中国特色社会主义来之不易,从而在知史中爱党、在知史中爱国,不断厚植爱党爱国之情怀,让初心薪火相传,把使命永担在肩。

问·道历史教学,还能让我们深刻把握历史规律、看清历史本质,以史为鉴,从而更深入地认识党情、国情、社情,更好地把握共产党执政规律、社会主义建设规律、人类社会发展规律,树立正确的历史观、民族观、国家观、文化观。

通过问·道历史教学,我们能透过历史事件、历史人物、历史思想、历史影响等,更好地洞悉过往、明理立身,从而更好地厘清历史脉络,洞察历史真相,汲取历史经验,把握历史大势,启迪昭示未来。因此,通过问·道历史教学,我们能更好地聚焦问题导向,加强分析研判,强化忧患意识,坚持底线思维,做到学思用贯通、知信行统一,推进学史明理和以史鉴今的过程,是理论与实践、主观与客观相统一的过程。

问·道历史教学既让学习者看到历史中的人和人类的行为动机、轨迹及真实理由,借助"活着的历史或遗产"实现有效的社会互动和交流。从历史教育价值论的角度,问·道历史教学围绕人文性精选历史知识和技能。问·道历史教学既叙述和阐释了历史知识,又建构了历史之间的关联,使学科的人文性得到彰显。

(作者来自福建省厦门双十中学)

第二节 沈汝丑：初中地理的"图·思·记"

"图·思·记"是"图""思""记"的结合。教师以"思"为核心，"图"为载体，"记"为基础，通过教给学生地理思维的"5W"原则，形成良好的地理思维习惯，指导学生勤读、巧读地理图表，提取地理图表中的有效信息，提升学生对地理知识的有效记忆及理解，提高地理学习效率，并对地理知识加以综合运用，解决地理问题。同时，"图""思""记"教学主张能有效地促进地理教师教学方式的改变及专业成长，从而提高学校地理教育教学水平。

一 "图·思·记"教学主张的具体观点和内容

（一）具体观点

"图·思·记"教学主张在初中地理教学的基础上，总结出"图""思""记"结合的有效策略并应用于教学，有助于提高初中生地理学习效率，转变地理教师教学方式。具体观点包括三个方面：一是教给学生地理思维的"5W"原则，形成良好的地理思维习惯；二是运用地理思维的"5W"原则指导学生勤读、巧读地理图表，提取地理图表中的有效信息；三是运用地理思维的"5W"原则及地图帮助学生有效记忆及理解地理知识。

（二）具体内容

"图·思·记"教学主张的主要内容有：一是研究"图"，即对初中地理教材中地理图表进行分类、整理及运用；二是研究"思"，即地理思维的"5W"原则的运用；三是研究"记"，即梳理初中地理必须记忆的知识；四是研究"图""思""记"结合，即研究"图·思·记"的综合运用对初中生地理学习效率的影响；五是研究"图·思·记"教学主张的具体实施途径，即以地理思维的"5W"原则为核心，探究学生阅读各类地理图表及识记初中地理必记知识的方法和技巧，建构高效的地理学习方法、策略,提出相应的教学对策。

二 "图·思·记"教学策略

"图·思·记"教学策略,是以"图"为载体、以"思"为核心、以"记"为辅助的一种读"图"的教学策略。应该注意的是,有些地理图表可直接从图名中获取"5W"相关信息,有些地理图表则因其内涵不外显,需要教师引导学生深入解读,使隐性信息显性化,读出其中的"地理韵味"。从"5W"入手深入挖掘地理图表中蕴含的地理内容,是解读地理图表的一条重要路径。

(一)以景观图为载体的"图·思·记"教学策略

地理景观图包括景观照片、人物照片、物品照片等,能够反映和表征自然或人文地理事物的显著征象与标志,具有真实、生动、直观的特征。情在图中,理在图外。因此,在教学过程中,教师应以"图"为载体,深入挖掘地理景观图中的地理思维教育价值,引导学生的地理思维,同时在"思"的基础上,再辅之以"记",实现地理景观图教学功能的最大化。

在景观图中,怎样挖掘具有地理思维价值的信息呢?我们认为,以"5W"为线索挖掘景观图中具有教育价值的信息是一条可行的路径。因为真实、生动、直观地表现地理事物的外在特征,是地理景观图的突出优势,所以在以"5W"为线索挖掘景观图中的信息时,应从这种景观"具有什么特征(what)"入手,这是解读景观图蕴含的地理思维因素的关键。教学中应注意引导学生通过观察景观图所表征的自然或人文地理的显著征象与标志,形成对景观特征的准确认知,在此基础上,再引导学生去推断这种景观特征"在哪里(where)",继而引导学生分析这种景观特征是"如何形成的(why)"。由此,景观图所蕴含的地理思维价值才能得以凸显。

(二)以分布图为载体的"图·思·记"教学策略

地理分布图是将自然地理和人文地理要素以图例和注记的方式表现的图形,表明地理事物的空间分布情况。因此,教师应积极引导学生认真读图并挖掘出图中具有地理思维价值的信息,认识图中地理事物的空间分布状况,概括其分布特征,总结其地理分布规律,并挖掘各地理事物之间的关系,特别是在空间上的联系,培养学生地理空间思维能力。

在分布图中怎样挖掘具有教育价值的信息呢？我们认为,应围绕"5W",并紧紧抓住"5W"线索中体现某一地理要素或几个要素空间性的"在哪里(where)"这一关键信息展开挖掘。地理位置是地理事物发展的前提,只有判读并确定了地理事物的位置(经纬度位置、海陆位置和相对位置),才能准确抓住分布图所反映地理事物的空间性,准确解读分布图中蕴含的地理思维因素。也就是说,解读出分布图具体的空间性即分布特征,是分析"为什么具有这样的分布特征(why)""这种分布特征对人类的生产及生活可能产生怎样的影响(how)"等问题的一个关键环节。因此,教学中应注意引导学生根据图例和注记,仔细读出分布图所表征的自然或人文地理显著空间性特征,形成对分布特征的准确认知。在此基础上,再引导学生去推断这种分布特征是怎么形成的,继而引导学生分析这种分布特征对人类产生的影响。这样,分布图所蕴含的地理思维价值才能得以充分体现。

(三)以示意图为载体的"图·思·记"教学策略

地理示意图通常采用简明、直观的图形符号来说明地理事物的成因、原理、发展演变规律,一般包括地理原理示意图、地理过程示意图等。另外,地理主题漫画也可看成示意图。因此,教师在教学中应挖掘出图像中具有地理思维价值的信息进行解读,并引导学生进行讨论,促进有效地"记",实现学生对相关地理原理和规律的掌握与运用。

如何挖掘示意图中隐含的具有教育价值的信息呢？我们认为,应始终抓住它本身反映的"成因、原理、规律",即"5W"信息中的"为什么(why)"展开教学,着重在"意"字上下功夫。也就是说,在教学中,充分调动学生的已有知识,先读出图中"示意什么地理现象或揭示什么地理原理或描绘什么地理过程(what)"以及与之相关的地理重点知识,再引导学生深入思考这些"为什么(why)",探究这些规律的成因。从简略的"形"中读出其内在的"意",加以理解掌握,再以其"形简意深"促"记",达到"思""记"的有机结合。

(四)以统计图表为载体的"图·思·记"教学策略

地理统计图表根据地理数据资料绘制,是反映地理事物的时空变化过程和地理信息量化处理的一种形式,时间动态性强,地理内涵十分丰富,对培养学生定量分析地理问题、定性认识地理事物起着至关重要的作用。因此,在初中地理教学中,充分挖掘统计图表量化指标背后隐藏的地理信息十分必要。

怎样挖掘统计图表量化指标背后隐藏的具有教育价值的信息呢？教学时，分析"5W"中的"图表所示地理要素'量'的特征及变化趋势（what）"是根本，可以这样说，准确抓住统计图表所反映的地理要素"量"的特征及变化趋势，是准确解读统计图表蕴含的地理思维教育因素的起点，为后续分析"为什么具有这样的特征及变化趋势（why）""这种特征及变化趋势对人类生产生活可能产生怎样的影响（how）"做准备。因此，教学中应注意引导学生通过计算和推理统计图表中所表征的地理要素"'量'的特征及变化趋势"，形成对"量"的科学认知。在此基础上，再引导学生调动原有的知识去思考"why"和"how"等问题。这样，通过"以量析理"，把统计图表中枯燥的数值、线条、柱状变成了可感知的具体事物，既明确了地理事物的特点，又揭示了地理事物间的联系，并达到促"记"的目的。

（五）以等值线图为载体的"图·思·记"教学策略

等值线是指数值相等各点的连线。等值线图可以展示地理事物的空间分布、地理现象的空间演变和地理要素的相互联系，主要有等高线地形图、等温线图和等降水量线图等。因此，在教学中应充分挖掘等值线图的丰富内涵及思维价值。

如何深入解读并挖掘等值线图中具有教育价值的信息呢？我们认为，应以"5W"体现的信息中"这种等值线图所反映出的点、线、面特征（what）"为前提。也就是说，准确把握等值线图的点、线、面特征，是解读等值线图蕴含的地理思维教育因素的前提条件。在明确了"等值线图的点、线、面特征"后，才能分析"等值线图所阐释的地理事物的分布状况（where）""为什么呈现这样的分布状况（why）"因此，教学中应注意启发学生去发现等值线图所表征的"点、线、面特征"，概括"等值线形状"。在此基础上，再引导学生去推断"该等值线图所反映的地理事物的分布状况"，归纳出特征，继而引导学生分析这一分布状况和特征的"成因"。这样，挖掘等值线图本身的数值特点信息，解读并分析出它所反映的地理事物空间分布特点、地理现象的空间演变和地理要素的相互联系，由数值到规律，以"线"释"理"，以"理"促"记"，达到了学习上的升华。

（作者来自厦门市湖里实验中学）

第三节 石进德：融创生物

中学生物融创教育旨在激发学生的创新思维，培养实践能力，包括启思、融合和创新三个核心要素。启思是通过提出引导性问题、情境引入和实践活动等方式激发学生思考；融合是整合不同教育对象和资源形成全面、多元的教育体系；创新则涉及教育理念、内容和技术的革新。这种教育方法旨在通过学科教学方法、技术、资源、学生特点和教学环境的融合实施，培养学生的创新思维和实践能力，提高他们的综合素养，以适应未来社会的发展和挑战。

启思、融合、创新的关键点包括：启迪思维于知识学习中，即通过引导学生将知识还原为创新思维的能力，提高学习效率；调动创新思维进行知识融合学习，即通过高阶思维方法对知识进行融合处理，培养高阶思维能力；以培养学生的创造力为最终目标，即通过融创教育激发学生的创造性思维和能力。

一、融创生物教育的理论基础

（一）建构主义与融创教育

建构主义理论强调在科学教育中，学生应通过实践和探究主动构建科学知识。这包括在学科教学中融合学科思想（如核心概念、原理和方法论）和学科智慧（如专家解决问题的独特见解），以及应用和跨学科整合知识。学科教学旨在培养学生的科学思维、方法、观察力、实验设计和数据分析能力，以及批判性思维和科学沟通技巧。

（二）"做中学"与融创教育

"做中学"体现了现代教育的特点，如实践导向、跨学科和综合性、学生主导和合作学习、激发兴趣和创新、强调实用性和社会意义等，这样的教学方法有助于学生的全面发展。融创教育通过提供实践机会、培养实践能力、整合知识技能、培养综合素质等方式，助力学生全面发展。融创教育倡导从被动接受到主动参与、从单一知识到综合能力、从理论分割到实践整合、从针对性学习到个性化学习等方面,实现教学变革。

(三)深度学习与融创教育

增进融合深度学习中的知识,可以通过特征融合、模型融合、集成学习、知识蒸馏、迁移学习和多模态融合等方法实现,以提高深度学习模型的预测和泛化水平。

二、融创生物教育的具体观点和内容

(一)实践创新是融创生物教育的基本目标

中学融创生物的基本目标是培养学生的创新意识和创新思维,提高他们的实践能力和创新能力。

(二)"五融五创"是融创生物教育的基本要素

"五融五创",即"模式、学段、主题、技术、评价"五个方面的融创,是中学生物教学的一体化建设。

1.以模式融合进行教育方式创新

中学生物教学基于STEM教育、项目式学习和跨学科整合,进行模式融合,展现了方式的创新。

STEM教育:将科学、技术、工程和数学融合到生物教学中,通过实际问题的解决和实践性活动,培养学生的综合能力、解决问题能力和创新思维。

项目式学习:引入项目式学习方法,通过设立具体的生物学项目,学生参与实践和合作,深入探索生物学知识和技能,培养解决问题能力和团队合作能力。

跨学科整合:将生物学与其他学科(如化学、地理、数学等)进行跨学科整合,将不同学科的知识和方法有机地结合在一起,以解决复杂的生物问题,应用于实际场景,培养学生的综合思维能力和跨学科解决问题的能力。

2.以学段融通进行教育体系创新

中学生物教学通过概念融通教学、思维融通教学和一体融通教学等学段融通的方式进行体系创新,具体包括以下几个方面:

概念融通教学:通过将生物学中的核心概念与其他学科的概念进行关联和比较,帮助学生建立跨学科的知识体系,促进学生对生物学概念的深入理解和应用。

思维融通教学:强调在教学过程中,教师应引导学生进行跨学科的思维训练,如批判性思维、创新性思维等,使学生能够将生物学知识与其他学科知识相结合,形成更加灵活和综合的思维方式。

一体融通教学:强调生物学实验与理论知识的学习相结合,以同一主题实验进行初中、高中一体化设计,让初中、高中实验有效衔接,使生物学科实验与其他学科实验深度融合。通过实验探究活动,学生能够在实验中发现问题、解决问题,从而加深对生物学知识的理解和掌握。

3.以主题融贯进行教育内容创新

基于生命与生活的主题融贯:将生物学知识与学生的生活实际相结合,通过探讨生物学在日常生活中的应用,如健康饮食、疾病预防等,激发学生对生物学的兴趣和关注。

基于自然与社会的主题融贯:将生物学知识与自然环境和社会问题相结合,如生态保护、生物多样性保护等,引导学生关注环境问题和可持续发展,培养学生的社会责任感和环保意识。

基于生态与环保的主题融贯:将生物学中的生态学知识与环保教育相结合,通过学习生态系统的平衡、生物多样性的保护等内容,提高学生对生态问题的认识和理解,培养学生的生态意识和环保行动力。

4.以技术融入进行教育方法创新

基于智能化的中学生物革新课堂:利用人工智能、大数据、云计算等技术,构建智能化教学环境,实现个性化教学和智能反馈,提高教学效率和质量。

基于数字化的中学生物智慧课堂:利用数字化教学资源,如在线课程、虚拟实验室等,提供丰富的学习内容和方法,促进学生的自主学习和合作学习。

基于虚拟化的中学生物实验课堂:利用计算机技术和虚拟现实技术,模拟真实的生物实验环境,让学生通过电脑、平板或虚拟现实设备参与生物实验,提高实验教学的互动性和安全性。

5.以评价融汇进行教育评价创新

中学生物融汇评价的指标体系创新:设计和构建适合中学生物融汇教育评价的指标体系,包括知识掌握、思维能力、实践能力、合作能力等方面的评价指标,以全面评估学生的综合素养和能力水平。

中学生物融汇评价的主体对象创新:将评价的焦点从传统的单纯对学生进行评价,拓展到对教师、课程和教学环境的评价。通过对教师的教学方法和策略、课程设计的创新、教学环境的优化与创设等方面进行评价,推动教学的不断创新与发展。

中学生物融汇评价的方法手段创新:探索并应用多元化的评价方法和手段,如考试、实验报告、项目展示、案例分析、观察记录等。同时,引入自主评价、同伴评价、反思记录等形式,激发学生主动参与评价的能力,推动评价方式的多样化和个性化。

(三)项目导学是融创生物教育的基本方式

中学生物项目导学是中学融创生物的一种基本方式。它以实践为导向,强调学生在实践中学习,通过解决实际问题来提高能力和素质。项目导学围绕某个生物大概念、核心概念、生物知识、实验过程或教学环节,针对真实情境问题,在一定的时间内,通过新情境下的项目活动为引导,学生在详尽的计划指导下,通过自主与合作探究,综合运用已学和新学的知识及技术完成项目任务和学习目标。这种实践过程不仅让学生理解生命现象和规律,还使他们从感性认识上升到理性认识。

(四)生物STEM教育是融创生物教育的基本策略

中学生物融创教育的基本策略是生物STEM教育。这是一种整合生物学与科学、技术、工程和数学等多学科领域的教学策略。

生物科学与工程技术的结合:让学生了解生物学知识在工程技术中的应用和发展趋势,如生物材料、生物工程和生物能源等。

生物科学与数学知识的结合:学习如何运用数学方法解决生物学问题,如生物统计学和生物信息学等。

跨学科探究活动:组织涉及生物科学、工程技术、数学等多个学科的探究活动,培养学生的跨学科整合能力和团队协作精神。

通过生物STEM教育,中学生物融创教育能够提高学生的综合素质和创新实践能力,使他们能够更好地适应未来社会的发展和挑战。这不仅能培养学生的跨学科整合能力,也有助于培养他们的创新思维和动手实践能力,为学生的未来发展奠定基础。

(作者来自厦门市杏南中学)

第四节　李玲玲：融美数学

融美数学是在五育融合思想指引下，按照审美发展"三阶梯"（感美、立美、创美）规律，通过融洽关系、融通教学、融合实践等手段，达到以融致美、以美促学、融美相成的教学效果，使学生在数学课堂中获得学习成就感和愉悦感，并有效培育核心素养，实现"融美相成，师生共长"理想愿景的教学主张。"三融五美"是融美数学的基本要素（如图8-1），在课堂教学进程中，追求的是"融"与"美"和谐共振的"无声胜有声"效果。融美数学教学主张，是笔者基于30多年教学生涯的反思总结，也是对未来数学课堂的思考。以下从五个方面具体谈谈融美数学的教学策略。

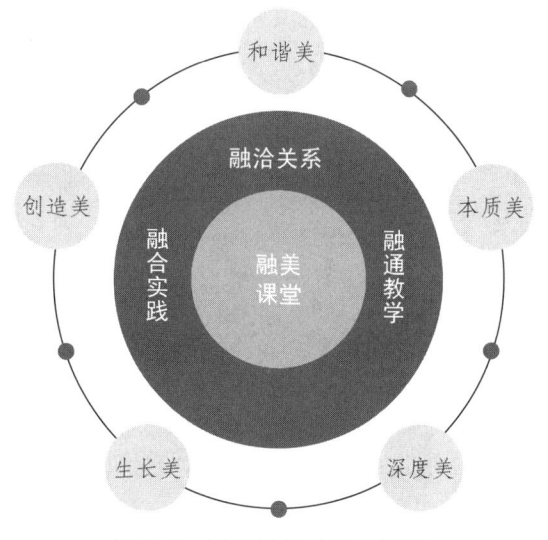

图8-1　融美数学的基本要素

一　创设愉悦氛围，实现优质对话，突显和谐美

第一，致力打造"无害怕"课堂。融美数学认为，要让学生在心理上感觉是安全与自由的。课堂是容易出错的地方。有错误是正常的，我们要善于利用错误资源，实现化错为宝。对于有价值的错误，引导学生进行自我分析并分享正

确思路,提议全班鼓励感谢。经过长期的教学互动,形成师生间互相信任文化,学生不怕出错,教师包容错误并注重引导提升。

第二,教师要有"学材"视角。融美数学认为,教师只有弱化对教材的"权威迷信"意识,才能真正遵循儿童的身心发展规律和学习水平。融美数学以促进学生的发展为目标,精心加工适宜学材,努力开掘真实生活中学生非常熟悉、暗含着某种数学现象或数学规律的实际问题,进行学材设计,引导学生由"被动学"转变为"主动求知"。融美数学课堂教学要从"执行教案"走向"互动生成",让课堂更开放。这样,也更容易出现一些出乎意料而又合乎情理的教学故事。如何让这些故事更美丽、课堂更和谐,需要教师在教材解读、设计教学、捕捉资源方面不断思考与实践,这个过程,也是教师提升教育智慧的过程。

二 挖掘学习资源,体现数学特性,突显本质美

融美数学认为,在小学阶段,数学本质之美可选取简洁性、对称性、奇异性、统一性等特性,通过挖掘学习资源,突显数学的本质。比如,可以引导学生沟通内在联系,感悟统一美。

《义务教育数学课程标准(2022年版)》在"数与代数"领域将"数的认识"与"数的运算"两个主题整合为"数与运算"一个主题,在课程标准中首次提出"一致性"概念,即数的概念本质的一致性和数的运算本质的一致性。笔者认为,《义务教育数学课程标准(2022年版)》提出的"一致性"与"统一性"有异曲同工之妙。数学的统一美,是在多样性中寻找一致性,将一些看似毫不相关的概念、定理、法则,在一定条件下经过数学的转化,进行归纳统一。数学的本质核心是研究两个方面的内容:一是"数";二是"形"。这两个方面既保持独立属性,又存在一种完美结合,数依赖于形而直观,形依赖于数而微观。我国著名数学家华罗庚曾说过,数缺形时少直观,形少数时难入微;数形结合百般好,隔离分家万事休。这句话很好地体现了数形结合的统一美。

三 核心问题引领,实现结构教学,突显深度美

要精心设置核心问题,培养高阶思维。核心问题是一节课的课眼,也是一节课的核心任务,它指向学习内容的重难点,指向学生理解的困惑点。融美数

学教学要根据每节课的学习目标找准核心问题,设计本节课学习的核心任务,通过核心任务的解决让学生思考、操作、表达、交流等,经历知识的探索和形成过程,促进学生对所学内容的深刻理解和掌握。

要重视内在关联,开展结构化教学。结构化教学包括知识的结构化、学习方法的结构化以及思想方法的结构化。数学知识的存在不是孤立的、单独形态的,它具有一定的整体性和系统性,突出表现在编写教材时,强调知识之间的逻辑结构。以教学"乘法分配律"一课为例,虽然学生是四年级才开始正式学习,但其实从三年级到六年级的教学内容中都有渗透,它不仅存在于简便运算中,还存在于口算、解决问题、图形与几何知识的教学内容中。教师在教学中要引导学生进行联系,使他们理解其内在结构。

四 读懂学生学情,尊重个体差异,突显生长美

不同的人在数学上得到不同的发展,是课标基本理念之一,强调的是要读懂学生,尊重差异,让每一位学生都能体验到生长之美。融美数学认为,读懂学生应注意以下几点。

首先,要读懂起点,实现以学定教。课前调研能帮助教师把握教学起点,实施有效教学。调研的一般程序为:确定调研目标、选择调研对象、设计调研题目、选择调研方式、分析调研结果。明确调研目标和调研对象之后,就可以设计相应的调研题目,并选择合适的调研方式。这样的调查,可以准确定位学生的学习难点,把教学定位在学生的最近发展区,帮助学生得到更大的发展。

其次,读懂思维,有效提升。多元智能理论认为,由于学生的学习风格、生活背景、学习能力等方面存在不同,在教学中要"淡化差,尊重异",既要面向全体,也要关注个体。深入访谈是了解学生个性思维的一项有效措施。这里所说的访谈,又称为"半诊断式面谈""临床面谈",是一种临床研究方法,旨在解释被访谈者的真实思维过程。深入访谈,能帮助我们读懂学生间的差异并将其作为教学资源。有这些教学资源,才能实行因材施教,才能让每个学生在自己的最近发展区得到最大限度的发展。在实施过程中我们也要注意,在寻找访谈对象时,既要关注那些错误答案,也要适当关注正确答案背后的思维。访谈需要注意营造信任的氛围,尽量在安静且轻松的环境下进行,让学生觉得老师是在关心帮助他。

最后，读懂生成，增进情感。在"读懂学生"的过程中，观察法是经常运用的方法之一。这里的观察，与作为一种科学研究方法的课堂观察的区别在于，观察者不是旁观者或局外人，而是教师自己。在课堂上，教师还需要用心观察学生的学习状况，及时捕捉有利资源并进行回应。在平时的教研中，笔者经常发现教师对"读懂学生"的重要性认识不足，存在认识偏差且缺乏具体分析的方法支撑和经验积累。有些教师开始尝试"学情研究"，但是在研究过程中依然存在一些问题。分析学情时，教师容易忽视学生的生活经验，只重视学生已学过的知识点和掌握的技能。教师容易忽视学生发展的各种可能，阻碍学生潜能的开发。教师还容易忽视学生间的差异，采用统一的教学目标和教学安排。学生的情况确实复杂，这给教师"读懂学生"带来了困难，常出现错读和误读学生，产生学情分析的偏差。

五、重视学生实践，引导反思学习，突显创造美

首先，加强动手操作，促进自主发现。融美数学认为，要加强数学学科实践，注重"做中学"，引导学生经历发现问题、提出问题、分析问题、解决问题的过程，体会学科思想方法。"做中学"给学生创设了一个活动体验平台，学生可以在做的过程中，运用多种感官，经历实践过程，从而更好地理解知识的背景，体会知识学习的必要性、重要性。同时，通过动手操作、动眼观察、动脑思考等系列活动，积累活动经验，帮助学生形成知识表征，探究、理解知识的本质。

其次，注重学思结合，鼓励"再创造"。著名数学教育家弗赖登塔尔认为，数学教学方法的核心是学生的"再创造"。引导学生经历数学、"创造"数学、交流数学和应用数学，已成为当今数学教育改革的方向。所谓"再创造"，指教师不必将各种规则、定律灌输给学生，而是应该创造合适的条件，提供很多具体的例子，让学生在参与探究的过程中，自己"再创造"出各种运算法则，或是发现有关的规律。对于学生而言，学习过程更多的是"再创造"，即"自我实现的创造性"，具体指基于已有知识基础、生活经验的学习再创造。因此，在融美数学课堂中，教师要积极提供机会，注重学思结合，引导学生实现数学学习中的"再创造"。

最后，引导质疑反思，培养创新意识。创新的基础在于质疑问难。融美数学以引导学生质疑问难，开展反思性学习为抓手，发展学生创造性思维，培养学

生的创新意识。在融美课堂上,引导学生大胆上台汇报,结束后学生都会自觉询问"请问有什么问题吗?"这是长期形成的课堂文化,已做到"质疑问难成为一种习惯"。在数学教学中,应注意通过激发学生好奇心、构建完整知识结构、加强数学问题变式、巧用问题情境、让学生经历问题解决全过程、活用信息技术、变革知识呈现形式等途径培养学生创造性思维。发散思维是创造性思维的核心。在融美数学教学中,重视引导学生质疑问难,经历一题多变、一题多问、一题多解的问题解决过程,有助于学生形成发散思维。

总之,融美数学教学主张追寻的理想课堂是知识理解、能力养成的课堂,是尊重差异、鼓励创新的课堂,是积淀核心素养、托举生命成长的课堂,是形式美观、过程美妙、效果美好的课堂。融美相成,师生共长,一直在路上!

(作者来自厦门市音乐学校)

第五节　杜紫红："问·达"数学课堂

儿童既是问题的解决者，也是问题的生成者。儿童试图解决呈现给他们的问题，他们也在寻找新的挑战。[1]因而，儿童的学习过程是问题提出和问题解决交织往复的过程。小学数学"问·达"课堂以问题为逻辑起点、为设计方法、为学习支点、为解决过程，引导学生经历充分探究、深刻自我建构的过程，以实现数学学科的教学价值和育人价值。

一、小学数学"问·达"课堂的内涵解读

小学数学"问·达"课堂，是基于儿童立场，构建以学习为中心、以问题为导向、以儿童数学思维发展为目标的数学课堂。教师设计良好的学习情境和材料并提出问题，引导儿童通过学习情境和材料发现、提出问题，并基于问题展开学习。儿童在问题解决中获得充分的探究体验、深刻的知识建构及有效的知识运用，从而推动数学思维发展，形成良好的数学素养，成为优秀的问题解决者。小学数学"问·达"课堂包括三个要点：以问启学、因问展学、立问达学。它追求有情感温度的学、有思维深度的学、有生长力度的学，因此需要构建真实情境、提炼真实问题、开展真实探究、实现真实评价。

（一）以问启学

善问而善达，小学数学"问·达"课堂以"问"为基础，以师生生成的问题为逻辑起点、为学习支点，开启学生的思维，推动学习的发生。"问·达"之"问"在儿童，儿童的"问"即学习的开始，鼓励儿童发问，并根据儿童的问题开启儿童的思维，推动学习的发生。"问·达"之"问"也在教师，教师根据课程标准、教学内容、学生学情等提炼出核心问题，引导学生进入深度学习。小学数学"问·达"课堂

---

[1] 葛晓穗.幼儿园课程创生：逻辑起点、必要条件与核心要素[J].教育导刊,2023(11)：78.

关注儿童的"问"及教师的"问"。教师在最大限度地把"问"的权利交给儿童的同时,启发和引领儿童的"问"。

(二)因问展学

小学数学"问·达"课堂以问题为引领,以活动为载体,聚焦问题的提出、探究、解决,让学生经历自主探究的学习过程,自觉建构知识体系。"因问展学"确立儿童的主体地位,儿童通过主动寻求解决问题之道的过程展开学习。面对问题,儿童积极主动地追问、探索,并通过解决问题来获得新的知识和技能。

(三)立问达学

小学数学"问·达"课堂以"达学"为核心,问的目的就是达于学。问题是学习的媒介和引导的介质,通过探究问题,可以提升儿童思考和学习的活跃性,帮助儿童更好地理解和掌握知识。这个过程强调问题与解答之间的互动,以促使儿童积极参与学习,从中获得真实的学习体验。当学生在学习中,自觉地将发现、提出问题作为自己学习的主动意识,并为之展开分析和解决问题的行动时,那么学生也就学会了数学思维,学会了自主地学习,从而逐步形成创新人格。

二 小学数学"问·达"课堂的价值取向

小学数学"问·达"课堂,是基于真实问题展开学习,以问为导向、以学为中心的数学课堂。在这样的课堂中,让学生拥有主动学习的权利、享有自由学习的时空、享受真实学习的乐趣,让学生在真实、快乐的学习实践中,收获知识、形成能力、提升数学素养,从而成为一个优秀的问题解决者。

小学数学"问·达"课堂以问为路径,以学为核心,以达为目标,最终实现"学"。小学数学"问·达"课堂包括三个要点:以问启学、因问展学、立问达学。追求有思维深度的学、有情感温度的学、有生长力度的学,引导儿童经历以问题为导向、以活动为载体、以思维为主线的学习,努力构建以思为中心的活动态、以导为中心的教学观、以学为中心的学习场。

有情感温度、有思维深度、有生长力度的小学数学"问·达"课堂,其核心在于课堂教学要遵循知识发生发展的规律、遵循儿童发展的规律、遵循教学方式方法演进的规律,开展真实的学习,最终目的是实现和谐统一的育人目标,即通过小学数学"问·达"课堂实现儿童愿意学习、学会学习、学会成长。有情感温度、有思维深度、有生长力度这三者互为依托、互为补充、互为条件,都需要在一个动态、交往、可持续的学习过程中进行。可以说,有情感温度、有思维深度为有生长力度提供了时间、空间、资源等过程性的保障,三者的融合让儿童的学习过程更加充盈、丰富、真实、灵动。小学数学"问·达"课堂的价值取向如图8-2所示。

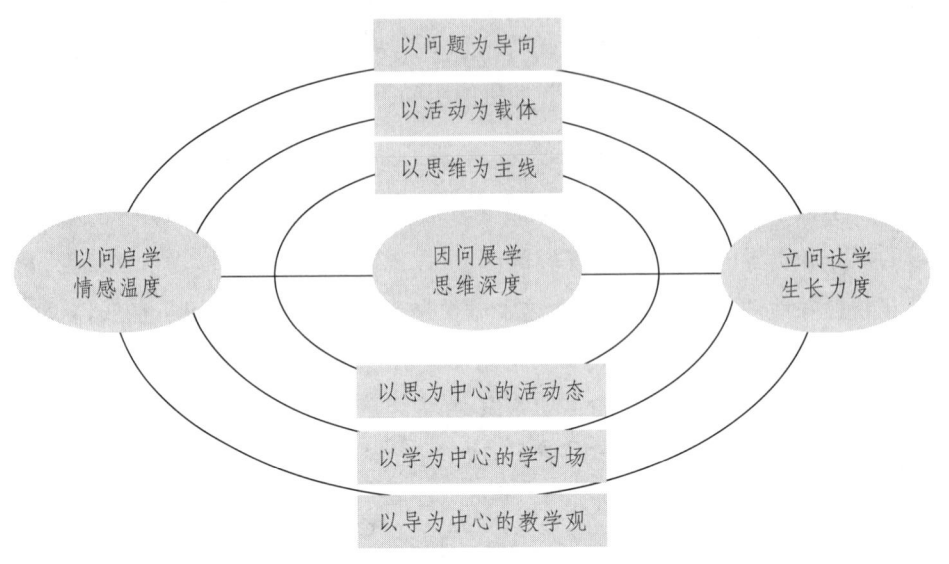

图8-2 小学数学"问·达"课堂的价值取向

三 小学数学"问·达"课堂的模型架构

(一)小学数学"问·达"课堂的问题提出模型

小学数学"问·达"课堂的核心是问题。问题提出与问题解决的过程遵循怎样的思维逻辑呢?实际上,数学问题的生成包含内隐的思维活动和外显的数学行为。内隐的思维活动是教师和学生在情境中或互动中,通过观察、分析与探究,收集、选择、处理相应的问题信息,从而产生认知冲突、形成问题意识并生成数学问题,将之外显为数学行为。外显的数学行为是教师或学生发现并提出问题,并以书面或口头方式表达数学问题,从而开展相应的数学活动,探索数学问题,解决数学问题。每一次的问题解决往往又引申出新一轮的问题,学生们就是在循环提升中不断成长。在这一过程中,学生提出问题的关键在于问题意识的生成及提问能力的培养,教师需要为培养学生问题意识及提问能力创设真实的情境,并进行策略指导。

也就是说,不管是在情境中发现、提出问题,还是在互动中发现、提出问题,真正的数学问题,是在一定认知冲突的基础上产生问题意识才能提出的,学生可以在提出的数学问题的基础上,展开学习探索。这样的过程,聚焦在学生提出问题,必须关注问题情境和策略指导,使学生具有发现、提出问题的意识和能力。聚焦在教师的问题提出,则应关注在学生无法提出真正能引导自身数学学习的问题时,教师尽可能提出符合学生认知冲突、符合其数学学习逻辑的问题,帮助学生展开探索数学问题的学习之旅。

(二)小学数学"问·达"课堂的整体架构

小学数学"问·达"课堂通过以问启学、因问展学、立问达学,引导学生达于问答、达于表达、达于素养,追求有情感温度的学、有思维深度的学、有生长力度的学。在具体实践路径及策略中,学习目标统领、学习情境创设、学习问题提炼是小学数学"问·达"课堂的问题生成策略。设计学习任务、加强互动对话、实现真实体验是小学数学"问·达"课堂的问题探索策略。注重应用迁移、开展持续评价、创设适宜环境则是小学数学"问·达"课堂的问题延展策略。通过这些策略,小学数学"问·达"课堂旨在促进学生的主动学习,提升他们的问题解决能力,并在多维评价和适宜的学习环境中实现学生的全面发展。

(三)小学数学"问·达"课堂的教学流程

小学数学"问·达"课堂由"问"而引发一种求知、求解的愿望与要求,尊重儿童的认知规律,让儿童循序渐进地"学"。在学习的过程中,学生获得充分的探究体验、深刻的知识建构及有效的知识运用,从而推动学生数学思维的发展,形成良好的数学素养,成为一个优秀的问题解决者。学习过程中的"问"是质疑问难、探索实践、求知求解的过程[1];"达"是由内而外真实地实现人的自我认识和自我理解,个性化地建构自我的精神世界的过程,是核心素养逐渐形成的过程。

小学数学"问·达"课堂是基于学生核心素养发展的课堂,是"教—学—评"一致的课堂。这样的课堂由"三环三段"构成,"三环"即教、学、评,"三段"即生成问题、探索问题、延展问题。教师的"教"关注情境创设、提炼问题、引导提问、设计活动、指导探索、促进反思、评估反馈等。学生的"学"则通过文本阅读、生

---

[1] 赵永攀."问学课堂"的构建与实施[J].小学语文教学,2021(20):3.

活情境、关联问题等提出问题。在探索问题的过程中,学生经历独立思考探学、小组交流互学、多元对话辩学的过程。在延展问题中,聚焦学习理解、实践应用、迁移创新。学习过程中,学生进行持续性评价,既关注学习过程的评价,也关注学习结果的评价,包含诊断性评价、形成性评价、总结性评价。在小学数学"问·达"课堂"三环三段"的教学过程中,聚焦质疑与发现生成问题、理解与表达探索问题、拓展与提升延展问题,努力使课堂由"教"向"学"转变,强调学生学习的过程就是一个发现问题、提出问题、探究问题,最终自己解决问题的过程。同时,伴随着知识的建构及思维的发展,落实学生核心素养的培养。

小学数学"问·达"课堂的教学流程强调学生的主体地位和教师的引导作用,旨在通过问题驱动的学习方式,促进学生的全面发展和核心素养的培养。在整个教学流程中,教师和学生的活动是相互交织的。教师通过创设适宜的教学情境,激发学生的学习兴趣,引导他们提出问题,并在探索过程中提供必要的支持和指导。学生则在提问、探索和延展的过程中,逐步构建知识体系,发展数学思维,形成解决问题的能力。评价活动贯穿整个教学过程,旨在及时了解学生的学习进展,为教学决策提供依据,并帮助学生认识到自己的优势和不足,从而促进他们的自我发展。

总之,"问·达"数学课堂,是基于真实问题展开学习,构建以问为导向、以学为中心的数学课堂,就是要把学习的权利、学习的时间、学习的乐趣还给学生,让学生在主动、真实、快乐的学习实践中收获知识,形成能力,提升数学素养,从而成为一个优秀的问题解决者。

(作者来自厦门海沧延奎实验小学)

第六节 林悦：创美体育

在教育的广袤天地中，体育教学一直以其独特的魅力，塑造着学生们的身心。随着社会的进步和教育改革的不断深入，我们越来越意识到体育教育在培养学生全面发展中的重要作用。体育与美育密不可分，二者是融合的关系，体育教学离不开美育，缺少美育底蕴的体育教学是不完全的体育教学。笔者在长期的教学实践中逐步凝练出了"创美体育"这一教学主张，将美育融入体育教学中，挖掘各种运动项目美的元素。体育教学引导学生在运动中认识美、欣赏美、展现美、创造美，使学生乐学爱学，以体促美、以美育心，进而让学生能创、求美，有效提升教学效果，实现育人目标。基于体美融合的创美体育教学主张是"体"与"美"共同导向下，独具美的风格的一种教学思想、一种教学载体、一种教学路径。通过"创美"特色课堂设计与实施，助力学生实现"体"的目标，是在体育教学中融入美育的实践路径研究。它不仅是一种教学模式，更是一种教育理念。

一、理论内涵及基本理念

（一）创美体育的理论内涵

创美体育的理论内涵主要体现的是"创"，主张赋予"创美"三层含义，分别是创造课堂教学美、激发学生创造美和创美的课堂教学，具体如下。

1. 更新观念，创造课堂教学美

课堂以教师为主导、学生为主体。教师要解放思想，了解新的课程改革理念，更新自己的教学理念，从探究学生的学习主动性开展教学设计，创新教学，创优专业技能水平，让学生的体育技能在体育课堂上得以提升，提高学生的体育综合素质，做学生学习道路上的引导者、促进者、协同者。教师还要注重自身专业素养的提升，结合新理念改变旧观念，将新的体育教学观念融入体育课程之中，为新的体育课堂融入更多的创新因子，为创造课堂教学美提供有效条件。

2.开拓创新,激发学生创造美

体育课堂内,学生才是学习的主动创造者。初中阶段的学生活泼好动、求知欲强、思维活跃,有着向善求美的本性。体育教师要激发学生的学习主动性,尽可能地调动学生对于体育学习的积极性,发挥他们的主体作用,努力挖掘教材中的创造性因素,制订有利于培养学生创造美的方案,使学生在体育课堂上不断学习新的文化、知识、技能,注重在体育课堂中提高自身素养,引导学生在体育课堂中能够积极思考,引发思辨,锻炼批判性思维,让他们能在学与练的过程中发挥出自我创造力,主动创造美。

3.施美于教,创美的课堂教学

体育的美有着具象性,每一项运动项目都有其独特的美。体育教师要具备一定的美育素养。体育教师除了掌握体育项目文化、运动技术、健康理论与知识以外,还应有一定的文化修养,具备美学、音乐、舞蹈、文学等方面的知识,这样才能更好地用美去教育学生、吸引学生,让学生感到投身到运动中更能体验美。创美体育课堂教学过程,从某种角度看,就是教师展现美、学生欣赏美的实践过程。

(二)创美体育的教学理念

创美体育是一种基于美育基础的体育教育理念和模式,其核心思想仍然是"创",即通过开发和挖掘存在于师生大脑中的审美潜能,以及教育内容、教育手段中的潜在因素,引导师生在美的规律和特点中发现美、感知美、欣赏美、创造美,从而实现自我完善和超越。

因此,笔者将创美体育的教学理念概括为认识美、展现美、欣赏美和创造美四个方面,从认识美、展现美到欣赏美,再到创造美,四者之间相互关联,构成了一个连续的、层层递进的过程。认识美是创美过程的开始,需要对美的概念、特征、标准等进行深入地学习和理解。在认识、理解、感知了美的概念之后,学习和实践各种运动技能,通过科学、健康和优雅的运动方式或者自己的行为表现来充分展现体育美的价值。当美被展现出来后,学生就可以从中欣赏并汲取美感,学会欣赏美也能帮助学生更好地理解美的本质。创美体育尊重学生个性,培养学生的创造力,通过学习运用创新的方式解决运动中的问题,提高自己的运动水平和表现,培养出独特的运动风格和个人魅力,从而创造出个性化体育之美。创造美是创美体育的最高阶段,也是最具挑战性的阶段。在这个阶段,我们需要将所认识、所展现和所欣赏的美,结合自身的经验和想象力,创造出新的美的元素。这四个阶段之间的关系是递进的,每个阶段都是建立在前一个阶段的基础之上,同时又为下一个阶段提供准备和动力。通过这种连续的过程,学生可以在创美体育中不断提升自己的审美能力和创造力。

二、构建创美体育课堂教学模式

创美体育,顾名思义,是一种将审美教育与体育教学相结合的新型教育模式。它融合了创造美学的体育教学理念,代表着对传统体育教育模式的一种创新。它不仅关注学生的体能和技术,还强调在运动中感受美、欣赏美和创造美,旨在培养学生的审美素养和运动能力,同时提高学生的身体素质和心理健康水平。体育教学模式的本质是提高教学质量,需要体现一定的教育思想与教育程序,需要恰当的教学流程与之匹配,兼顾实用性与可操作性。为推动"创美体育"教学理论的新进展,我们需要对体育教学模式进行深度研析。因此,以"创美体育"教学主张为教学指导思想,笔者构建了创美体育课堂教学模式结构图(如图8-3)。

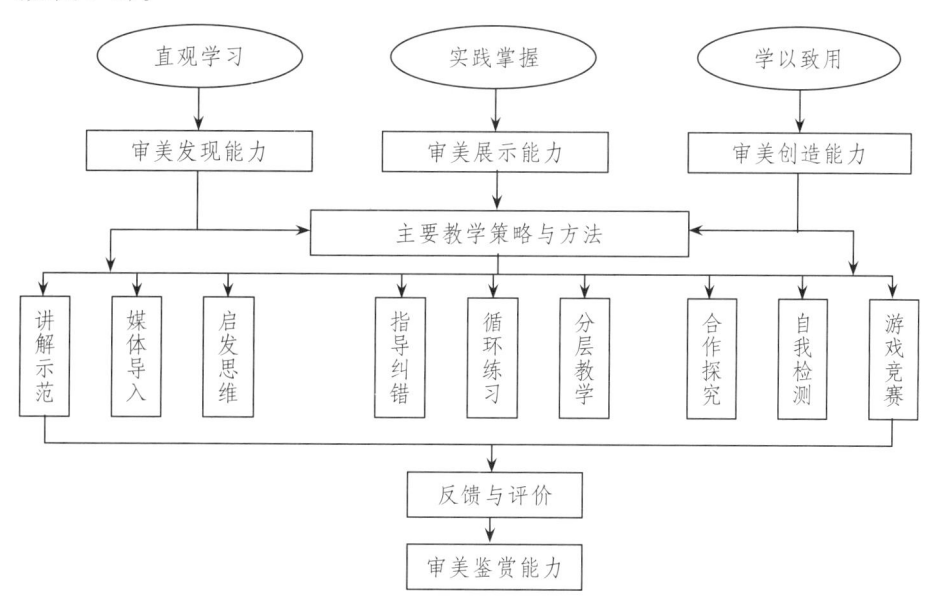

图8-3 创美体育课堂教学模式结构图

创美体育课堂教学模式结构图清晰地呈现了创美体育教学的整体框架和

流程，以及所要达成的审美目标，起到导向的作用，有助于教师更好地组织教学内容和活动，提高教学效率。

三 创美体育课堂教学评价的实践应用

创美体育课堂教学评价是一种以美育为导向的教学评价方式，它强调在体育教学中不仅要关注学生的技能掌握情况，还要关注学生在体育活动中的参与度、创新能力、审美能力的提升，以及他们在体育活动中对美的体验和感受。因此，在课堂教学中要进行评价设计，制定具体的美育教学评价标准，选择合适的评价工具、评价方法、评价主体等来完善评价机制，促进创美体育课堂教学评价在体育教学中的实践应用。在评价过程中，应注重学生的个体差异和全面发展，避免单一的量化评价。通过合理的评价机制，教师可以全面了解学生的表现和发展状况，为下一步的教学计划提供有力依据。实施创美体育课堂教学评价是促进学生审美意识发展的重要手段。教师要制定好实施程序，明确美育目标，制定科学的评价体系，根据不同运动项目的特点制定明确的评价标准，采取多元的评价方式，帮助学生更好地认识美、欣赏美、展现美和创造美，培养他们的审美能力、创新思维和人文素养，实现全面发展。体育教师作为实施创美体育课堂教学评价的主体，要不断深入了解不同的运动项目的特点，设立不同的美育目标，建立不同项目独特的美育评价体系。同时，通过多种渠道评估美学元素融入体育教学中的效果，最终实现体育教育目的，培养具有健康体魄和审美素养的全面发展的人才。

在创美体育课堂教学模式的探索与实践过程中，通过相关内容的系列课题研究、课堂教学实践研讨及多篇实践论文，笔者见证了在国家大力倡导加强和改进学校美育工作后体育课堂的转变，它不仅仅是对教学内容的深化和扩展，还是对学生体育审美意识的引导和培养。但任何一种教学模式的形成和完善都不是一蹴而就的，需要在教学实践中不断地反思、总结和创新。在过去的一段时间里，依托名师工作室的平台，创美体育教学主张在体育课堂教学中的实践取得了一定的成果。通过创新教学理念和方法，成功地将审美教育与体育锻炼相结合，学生在享受运动乐趣的同时，提升了美学素养和创造力。然而，随着时代的进步和教育改革的不断深入，创美体育在实践中也存在不足，面临未来的挑战。只有不断地探索与实践,创美体育才能真正成为一种有力且有影响力的教育方式,帮助每一个学生发现和欣赏体育之美。在创美体育课堂中,教师和学生都是传播美的使者,相信在未来教育中,创美体育将会发挥更加重要的作用,为培养具有审美素养和综合素质的学生做出更大的贡献。

(作者来自厦门市湖滨中学)

第七节 徐晨来：小学科学跨域趣探

跨域趣探是一种以"指向科学本质的探究"为核心的发现式教育。它以学生的概念发展为基点，将校内与校外、课内与课外、学校与社会、学校与家庭多种关系有机串在一起，具备"趣形""探真""炼思""跨域"等特征，在"学思同频·知行合一"的科学探究实践中追求一种整体的教育效果。跨域趣探是以培养创新能力和创新精神为命脉，以融创为基因，以儿童为立场，以趣探科学、跨学科教育和趣探课程为主要架构，建立跨域趣探的理论框架与操作体系。跨域趣探的核心是儿童的学习与发展，实质在于通过优化学习境脉和场域，唤起学生情趣以激发学习投入。

一、跨域趣探的基本观点

(一) 跨域趣探的儿童观——基于关联主义的新课程观，创设科学课程结构生态

课程作为教育提质增效的关键，其内容的组织与观念深刻影响着教学效果。面对知识快速更新，大概念统摄的结构化内容成为发展趋势。教师培养小学生的科学素养，应注重激发持久兴趣与构建科学大概念体系。大概念被视为理解小观念的框架，是认知发展的基础。众多学者对大概念的解释为关联主义课程观奠定了基础。大概念作为复杂教育理念，在课程中展现出独特特征，其教学价值对推动新课程观发展至关重要。同时，新课程观强调知识结构与获得过程，通过知识与生活的关联确定学科"锚点"，促进学生深度理解。

(二) 跨域趣探的知识观——基于"意义建构活动"的新知识观，深化对知识的理解

后现代主义知识观强调知识与文化关联，重视默会知识。为改变此局面，需构建新型知识观，满足知识复杂属性，突出学生发展需求。在信息爆炸时代，教师应整理知识，找寻规律联系，组织系统知识。大概念统摄范围广，既包含连

续性内容,也包含非连续性内容,关注硬知识、软知识与网络化知识。大概念课程关注学生主体性,要求知识选取符合学生发展,通过意义建构活动整合知识与行动。这种新知识观突显知识的整体性、实践性,有益于深化学习者对知识本身的理解,获得核心观念,以解释和预测自然现象。

(三)跨域趣探的学习观——基于具身认知视角的新学习观,科学落实核心素养目标

学生作为学习者和探究者,通过真实世界感知和体验学习。脑科学显示,知识在情境中更易理解,在联系中显现意义。因此,学习须与生活联结,通过行动实践改造经验。具身认知强调身体在认知中的作用,认为认知通过身体体验及行为活动形成。新学习观重构要求学习、身体行动和环境成为动力整体,充分挖掘校外课程资源,为实现家校社协同育人,精选课程内容,科学安排进阶,提供了充分探究实践的机会。面对资源开发利用不充分、课程育人阵地单一等问题,新学习观让学习、行动和环境整合,教师从多学科选择适合学生发展的主题,引领其成长。学生能在真实情境中探索科学,利用多种资源,拓宽知识广度深度,促进跨学科教育多元化发展。

(四)跨域趣探的学生观——基于儿童立场的新学生观,培养全学科的综合能力

陶行知认为,儿童具有创造力,应在玩科学中获取知识,成为小科学家,并主张学校与社会、自然结合,为跨学科教学奠定基础。跨学科教学与儿童立场紧密相关,有助于儿童全面发展。传统教学使儿童接触单一学科知识,而跨学科教学打破隔阂,让儿童接触更广泛的知识领域,形成系统性认知结构。基于儿童立场的跨学科教学,促使教师从儿童视角看待问题,以符合其内心世界、认知水平等。制定跨学科主题或实践活动时,应以儿童水平为起点,精选与日常生活相关的真实主题,发挥儿童已有知识能力,培养全学科综合能力。

(五)跨域趣探的技术观——基于数字技术赋能的新技术观,变革创新科学教学范式

在信息科技飞速发展的今天,探索知识文化与技术的关系,利用数据技术推动社会进步,并以数据循证引导师生发展至关重要。杜威的实用主义技术观根植于其哲学思想,强调实践优于理论,提倡以确定性信念为出发点,通过行动与创新实现生活目标。杜威视技术为人与自然交互的体现,超越物质生产,赋

予技术生长性,使事物间价值相互实现,为技术的伦理化与人文化奠基。

二 跨域趣探的教学探索

(一)跨域趣探教学五大基本原则

1. 基础性与开放性统筹兼顾。教学内容的选择要把科学学科最有增值必要的内容作为基础知识和基础能力,同时也要兼顾开放性,充分发展学生各方面的能力,以适应未来社会发展的需要。

2. 趣味性与教育性和谐统一。教育性是课程教学最基本和最核心的特征,而趣味性是趣探课程的灵魂。在趣探课程的教学过程中,注意做到二者相辅相成,和谐统一。只有在教育性中融入趣味性、在趣味性中蕴含教育性,才能更好地提升教学的有效性。

3. 学习进阶与思维发展匹配。学习进阶是思维发展的有效推手,学习进阶的设计应基于不同时期儿童的认知与思维发展特点,帮助学生形成良好的知识结构,发展学生对核心概念的理解,促进学生的思维从浅显走向深刻。

4. 探究教学与实践应用结合。科学和生活有着千丝万缕的联系,在探究教学过程中必须展现课堂教学与实践应用的关联性,使其既能让学生更加了解周边的生活,又能够让他们在探索科学的过程中获得知识与实际的感受。促使学生既懂科学又懂生活,进而实现综合素养的全面提升。

5. 五育并举与素养提升共进。不管是家庭中的"趣·玩"、学校中的"趣·探",还是社会中的"趣·悟"学习过程,都要聚焦学生核心素养的提升。同时,也要突出德育实效,关注美育熏陶,加强劳动教育,强化体育锻炼,提升智育水平等,通过"五育"并举立德树人,全面发展素质教育,实现五育并举与素养提升并进。

(二)跨域趣探教学的四大实施策略

1. 情境链接策略。多视角创设链接,链接生活和生产情境、链接科学学科发展、链接思想道德教育要素等,通过情境素材把核心素养和科学课程学习内容进行深度关联。

2. 深度互动策略。在教学过程中设计有挑战性的趣味任务,促进学生与任务深度互动;教师指导学生完成游戏学习挑战,增加师生之间的深度互动;教师组织学生研讨和交流,增加学生之间学习的深度互动。

3.思维外显策略。借助真正以学生发展为中心的趣味活动,通过学生的自我分析、小组内的质疑辩论、教师的连续追问等方式,帮助学生内隐的思维外显化。

4.全程评价策略。课程全程、持续性评价活动的开展,促进家庭、学校和个体主动研究和实践,让学习变得更主动、更科学、更自由。

(三)跨域趣探教学实施的三种模式

根据学校、家庭、社会三个学习场域的教与学特点,跨域趣探教学突显不同的学习方式,建构了不同的教学模式。

1.基于概念视角的"趣·探"教学模式

基于概念视角的"趣·探"教学模式共四个阶段。诱发参与阶段,基于学生的前概念,精准把握认识失衡点,提出基于现实的开放性问题。通过创设真实的生活情境,把深奥、枯燥的概念巧妙地嵌入游戏活动中,充分发挥游戏的内在驱动性。实践探究阶段,为学生提供趣味化、结构性的材料,借助游戏元素将问题和学习活动深度融合,在暴露概念不足的同时推进探究逐步深入,让学生获取数据和信息,以便提出新的假设。解释建构阶段,巧设趣味检测题,引导学生分析、讨论、思辨,形成事实证据,并搭建展示平台,在分享中阐述观点,通过归纳演绎形成新的科学知识和观念。迁移拓展阶段,创设新概念迁移应用的场景,使游戏内容紧紧围绕新建构概念的理解和应用,促进学生认知结构的不断完善,让他们享受科学探究的乐趣,实现素养的提升。

2.基于概念视角的"趣·玩"教学模式

基于概念视角的"趣·玩"教学模式主要以家庭为学习场域,依据布鲁纳的发现式学习理论,围绕学生对概念的认知发展过程,基于"玩中学"的思想展开。该教学模式共有四个阶段。在发现目标阶段,教师提供融入科学概念和规律的实验,设计"玩""学"相结合的学习活动,通过"玩"来激发学生的求知动力。使他们从中发现感兴趣的问题,明确待探究的概念规律。在探究假设阶段,学生在教师和家长的指导下开展"做中学",提出研究问题,重视动手实践,关注信息收集,通过愉悦的"玩中探"实现主动建构和有意义的学习。在建构概念阶段,学生通过观察实验、分析数据或信息,获取丰富感知,在交流分享中形成新的知识结构。在应用迁移阶段,教师可巧设"玩中学"新情境,使学习内容和概念密切联系,引导学生展示成果、解决问题,实现概念的系统建构和思维能力的有效提升,充分感受科学探究的乐趣。

3. 基于概念视角的"趣·悟"教学模式

基于概念视角的"趣·悟"教学模式主要依据PBL教学模式,融合跨学科概念的知识内容和思维方式,共有四个阶段。在选定项目阶段,教师指导学生从生活中选择感兴趣的社会性科学议题,确定涵盖跨学科概念的研究项目,对其研究价值、可行性等进行评价,给出调整建议或重新进行选择。在制订计划阶段,融合多学科的思维和方法进行项目规划,在教师的引导下明晰事物之间的结构、功能与变化,将学习内容与已有经验相结合,制订综合性研究计划。在活动探究阶段,通过多种实践活动收集信息,获取概念认知和情感体验,在解决问题的循环迭代过程中增强对概念的理解,激趣促悟,积累独特的认识成果。在成果交流阶段,借助新颖便捷的融媒体平台和丰富有趣的形式(展览会、辩论赛等),展示思维动态和项目成果,启发学生将多学科的理论知识投射到生活问题的解决上,结合自身体悟,不断深化对跨学科概念的理解,有效发展核心素养。

(作者来自厦门市梧村小学)

附录

附录一 联动，让成长更自然
——厦门市名师课程与教学领导力论坛活动方案

一、活动目标

本次"联动，让成长更自然"活动，以促进厦门市教师成长为积极主动的自主学习者和研究者为目标，通过汇聚多方力量、多类型名师群体，多种多重联动的方式，围绕"名师课程与教学领导力"这一核心主题，展开对话交流活动，共同探讨名师自然成长之道。

二、活动时间

2024年7月30日

三、活动地点

线下活动地址：西南大学教育学部

四、活动组织

指导单位：西南大学
主办单位：厦门市教育局
承办单位：西南大学教育学部、厦门市教育科学研究院

五 与会成员

厦门市首期卓越教师培育对象培训班

厦门市第九期中学专家型教师培养对象培训班

厦门市同安区第一期"市管区培"学科带头人培养对象培训班

厦门市翔安区第一期"市管区培"学科带头人培养对象培训班

六 议程安排

开幕式议程安排

活动主持人：范涌峰

活动时间：7月30日上午8:30—9:00

活动地点：西南大学教育学部八楼报告厅

时间	内容
8:30—8:40	领导致辞 西南大学教育学部领导
8:40—8:50	领导讲话 厦门市教育局领导
8:50—9:00	活动介绍 西南大学教育学部领导

论坛议程安排

活动时间：7月30日上午9:00—12:10；下午14:30—18:00

活动地点：西南大学教育学部八楼报告厅

【安排】每场分论坛1.5小时，每半天2场。

时间	内容
9:00—9:05	论坛启动
9:05—10:35	论坛一：边界与限制——课程规划与设计的可能
10:40—12:10	论坛二：逻辑与过程——学习设计与实施的取向

续表

时间	内容
14:30—16:00	论坛三:协同与变革——团队建设与发展的路径
16:10—17:40	论坛四:迭代与创生——教学关系与媒介的突破
17:40—18:00	闭幕式及领导寄语

论坛一

时间:7月30日上午9:05—10:35

主题:边界与限制——课程规划与设计的可能

主持:胡瑶 厦门五缘第二实验学校

环节	参与教师及所在单位	内容
综述	黄捷 厦门大学附属科技中学	边界与限制——课程规划与设计的可能
汇报1	曹小明 厦门市金尚中学	大概念统摄下初中物理学科场域的蔓延
汇报2	张梦琳 厦门市第二外国语学校	以美育人 向美而行——融合视角下的高中英语课程校本化探索
汇报3	康梅蓉 厦门市翔安区第一实验小学	多元融合,和鸣创享——小学数学M4课程构建
沙龙	主持:黄捷 厦门大学附属科技中学 参与: 曹小明 厦门市金尚中学 张梦琳 厦门市第二外国语学校 康梅蓉 厦门市翔安区第一实验小学 崔娟梅 厦门市同安区教师进修学校 丁凯鹏 厦门双十中学海沧附属学校 叶宝玉 厦门市翔安区实验学校	
点评	西南大学艾兴教授	总结点评

论坛二

时间:7月30日上午10:40—12:10

主题:逻辑与过程——学习设计与实施的取向

主持:庄旭虹 厦门海沧实验中学

环节	参与教师及所在单位	内容
综述	沈汝丑　厦门市湖里实验中学	逻辑与过程——学习设计与实施的取向
汇报1	田明礼　厦门市教育科学研究院	学科实践——让学习发生，助学生发展
汇报2	李海攀　厦门市同安区教师进修学校	教学评一体，助推学习力
汇报3	陈丽速　厦门市翔安火炬实验学校	逆向设计理念下的单元整体教学设计与实施
沙龙	主持：沈汝丑　厦门市湖里实验中学 参与： 田明礼　厦门市教育科学研究院 李海攀　厦门市同安区教师进修学校 陈丽速　厦门市翔安火炬实验学校 林津津　厦门五缘实验学校 方涵　厦门市同安实验中学 叶知秋　厦门市翔安区马巷中心小学	
点评	西南大学王正青教授	总结点评

论坛三

时间：7月30日下午 14:30—16:00

主题：协同与变革——团队建设与发展的路径

主持：饶慧伶 厦门集美中学

环节	参与教师及所在单位	内容
综述	李玲玲　厦门市音乐学校	协同与变革——团队建设与发展的路径
汇报1	方巧玉　厦门市翔安区马巷中心小学	以学习共同体为翼，助青年教师腾飞
汇报2	周畅　厦门集美中学附属滨水学校	实战磨砺技能，共鸣铸就卓越
汇报3	伍晶晶　厦门市同安区教师进修学校	优化教研团队建设，助力区域均衡发展

续表

环节	参与教师及所在单位	内容
沙龙	主持:李玲玲　厦门市音乐学校 参与: 方巧玉　厦门市翔安区马巷中心小学 伍晶晶　厦门市同安区教师进修学校 周畅　厦门集美中学附属滨水学校 王建勇　厦门海沧实验中学 李采霞　厦门市翔安区海滨小学 郑明贤　厦门市第二外国语学校	
点评	西南大学夏海鹰教授	总结点评

论坛四

时间:7月30日下午16:10—17:40

主题:迭代与创生——教学关系与媒介的突破

主持:傅莉莉 厦门市华侨中学

环节	参与教师及所在单位	内容
综述	杜紫红　厦门海沧延奎实验小学	迭代与创生——教学关系与媒介的突破
汇报1	朱智伟　厦门外国语学校湖里分校	常态化课堂实现混合式教学的探索与实践
汇报2	张朝霞　厦门市同安实验中学	用好红色资源,点亮思政课堂
汇报3	方婷婷　厦门市翔安区舫山小学	构建"三位一体"教育共同体,助力家校社共育新样态
沙龙	主持:杜紫红　厦门海沧延奎实验小学 参与: 朱智伟　厦门外国语学校湖里分校 张朝霞　厦门市同安实验中学 方婷婷　厦门市翔安区舫山小学 白群　厦门市逸夫中学 陈海燕　厦门市新圩学校 叶婷　厦门市滨城中学	
点评	西南大学王天平教授	总结点评

附录二

教研一体展卓越 知行合一做教育
——厦门市首期卓越教师培育对象沈汝丑教学主张专场汇报活动

为贯彻落实中共厦门市委、市人民政府《关于全面深化新时代教师队伍建设改革的实施意见》、厦门市教育局《厦门市新时代中小学教师培训培养指导意见》有关要求及《厦门市教育局关于启动市中小学卓越教师培育工程的通知》(厦教发〔2020〕33号)文件精神,根据《厦门市首期卓越教师培育方案》,为促使涌现出一批具有教育教学思想的卓越教师,为发挥辐射引领作用,10月16日上午,厦门市首期卓越教师培育对象沈汝丑教学主张专场汇报活动在厦门市湖里实验中学举办。

活动由厦门市中学地理学科教研员卢超老师主持,邀请到西南大学教育学部原副部长罗生全教授、西南大学教育学部艾兴教授,厦门市教育科学研究院洪志荣副院长、魏登尖老师,厦门市湖里区教师进修学校张清高校长、厦门市湖里实验中学林文全书记、谢秀珠副校长、吴琳娜副校长等,参与活动的还有厦门市首期卓越教师培育对象、厦门市沈汝丑名师工作室全体成员和厦门市部分初中地理教师。

洪志荣副院长首先致辞。他指出,卓越教师是厦门最优质、顶级的教师,今天的教学主张汇报会是卓越教师培养的一种创新形式,体现了以教师学习为中心的培养理念,是卓越教师教学思想与课堂实践、育人实践相统一的重要体现。

一 教学实践 素养落地

沈汝丑老师首先进行课堂教学展示,通过"解开地理之谜"与"我们身边的地理"两个环节,带领学生探索真实的地理世界。沈老师紧扣景观图中的地理现象,以"5W"的视角递进式设问,引导学生对"四季的变化""春节期间我国某两地的不同景象""阿拉伯人的服装""木屋民居"等地理现象进行思考,层层深入,让思维深度发展,激发学生的学习热情。学习之后通过"链接中考"环节,围绕水牛春耕景观照片及时巩固。最后回到"山洪暴发",根据已学方法和策略,学生自主提出问题、解决问题。在思维碰撞的过程中,重要的地理知识在学习中被反复调用与实践,无须死记硬背便掌握了,有效地提升了学生的地理关键能力与学科素养。

二 主张阐释 思想凝练

随后沈老师带来微讲座"'图·思·记'一体化课堂教学策略探究路径及解析",对自己提出的教学主张进行阐释。沈老师从教学实践中发现问题、基于教学改革两个重要底层逻辑,即教学底层逻辑和学习底层逻辑;基于"学为中心",为了学生更好地"学"而教;基于学生学习过程中存在的主要问题,如学生知地明理中弱思维状态导致常常出现错误,而引发对学习地理不感兴趣等情况,沈老师提出了"知地明理,思维先行"的教学理念。知地是指知道所要研究的地理事象是什么(what),明理是指通过思维建构与解构明白在哪里发生(where),什么时候发生(when),为什么发生(why),发生之后它产生了什么作用、怎样使它有利于自然环境和人类(how)等视角思考和解决地理问题,形成良好的地理思维习惯,并在这一理念指导下提出"'图·思·记'一体化初中地理教与学"教学主张。将"图""思""记"结合起来开展初中地理教与学,以"思""记"识"图",以"思""图"助"记",以"图""记"促"思",涉及学习方法(特别是读图的方法)、地理思维培养、学生记忆地理知识等基本理论问题,同时,能为地理教师改进教学方法、策略等提供理论指导。

三 主题对话 教学启发

在观课与讲座学习之后,参与活动的厦门市沈汝丑名师工作室成员代表、教研组长代表、备课组长代表就本次活动主题进行交流。

福建省厦门双十中学林乔老师:

今天的教研活动让我对"图·思·记"教学主张又有了更深的理解,我想用三个"新"来谈谈我的体会。首先,是教研活动的"形式新"。沈老师讲座的理论和课堂的实践相辅相成,相得益彰,达到了1+1>2的效果。其次,是地图教学"理念新"。沈老师根据不同地图的属性、特点将其划分为了景观图、示意图、分布图、统计图、等值线图五种,然后提出不同的教学策略。这些策略以"5W"视角为基础,灵活地设定了读图路径。最后,是"设计新"。在本节课中,沈老师紧扣景观图的读图策略,结合学生的认知水平,从易到难地带领学生剖析4张景观图的问题,有自然风光、有人文特色,帮助学生从零开始建立"图·思·记"的学习思维。

厦门市音乐学校叶妮娜老师:

沈老师提出了"图·思·记"教学主张,"知地明理,思维先行"的教学理念。在具体教学中,"5W"读图策略不仅是一种高效地理学习方法,更是一种有意义的学习过程。沈老师在课堂实践中,创造性地运用"图·思·记"教学主张,从"5W"的角度进行灵活设问,到学生学会自主地从"5W"的视角分析地理现象,养成良好的读图习惯。同时,该理论对于作业设计也具有指导意义。可见,"图·思·记"一体化是一种地理课堂有效教学策略和教学模式,更是落实地理核心素养的重要途径,对于初中一线地理教师的教学具有借鉴意义和推广价值。

厦门市海沧区北附学校薛琳琼老师:

沈老师的课运用"图·思·记"教学主张,落实了新课标的课程理念,一是推进教学改革,倡导以学生为中心的地理学习方式,以自主探究、小组讨论和上台展示等形式展开。二是活化课程内容,精选与学生生活和社会发展密切相关的地理素材,课程精选19个案例,既有课题广度,也有春节期间我国某两地的不同景象、阿拉伯人的服装、木屋民居和水牛春耕等。三是坚持育人为本,落实核心素养的培育目标,使学生充分调用已有的"记",来识"图"。在春节期间我国某两地景观图中,学生除了观察到景观差异,还观察到服饰、民居、饮食等差异,以"思""记"识"图",以"图""记"促"思",提升学生区域认知和综合思维的关键能力。老课新上,面对新生,一节"我们身边的地理"既是对七年级地理素养的检验,对学生增值性评价的探索,也渗透学习方法,解决真实地理问题,为八年级学习做了良好铺垫。

福建省同安第一中学赵鹭老师:

沈老师的课堂体现了以下几方面特点。一是善于鼓励学生发现和提出问题,引导学生从地理视角看问题,让教真正基于学的需求,体现了学生地理学习的主观能动性。二是重视"5W"思维模式的创建,设置简单清晰的"5W"表格帮助学生整理学习过程和思维,有利于学生模仿和学习,以及学习思维的养成。三是体现循序渐进的教学原则,本节课使用5个探究活动落实学习,教学的方式不断调整,学习难度不断提升。一开始的任务由教师示范,后面的任务由学生自主思考、讨论、归纳、整理成表格并汇报。同时,有意识地逐次缩短学生思考时间,这符合循序渐进的教学原则,有利于强化"图·思·记"教学主张指导下的学习方法,可以促进学生深度学习。"图·思·记"教学主张为教学实践提供了很好的参考,也为锻炼学生的地理学习思维提供了很重要的实施路径。

厦门市金尚中学张娜老师:

在本节课里,沈老师向学生呈现了44幅图片,其中景观图片38幅,让学生充分感受到地理问题无处不在。以其中4幅景观图为例,探讨what、when、where、why、how等问题,几个读图步骤不仅解答学生的疑惑,更符合学生认知发展规律,向学生渗透景观图的读图策略,有助于学生掌握系统的地理读图方法。以读图促进学生的思考,让"图""思"助力学生的有效记忆,识别更多的地理景观图。这样的读图方法,为我们在今后教学中培养学生地理思维、地理知识记忆提供了理论指导。

厦门市五缘第二实验学校郑月芬:

本节课"我们身边的地理"以景观图为媒介,借助景观图形象直观的特点,学生更加直观地感受地理与生活的联系,能够结合已学的内容,提出地理问题,调用已学知识解决现实问题。可见,地理课堂也需要"因图制宜"。首先,关于"图",这节课展示了丰富的景观图,主要通过五组任务,学生展开读图,掌握读图方法,形成一种可遵循的思维路径。经过科学读图方法指导学生就能知道今后要从哪些方面来读图,这就是地理视角。其次,关于"思"是什么?在哪里?什么时候发生?为什么在那里?产生什么作用?本节课以景观图切入,是一种形象思维,思维层次刚开始是比较低阶的,例如,"记住"这张图的样子,"理解"这张图的含义。随着读图的进一步深入,学生会逐渐将地理时空进行综合,过渡到分析原因、评价及运用,这就属于思维层次当中的高阶思维。最后,关于"记",本节课引导学生记住景观图内容,将学习内容及时记录在学案上,落实到课堂检测中。课堂的最后重新回到开始的情境,分析山洪暴发这张景观图,刚开始学生是没有方向的,经过这节课的学习,方法已经了然于心。可见,这节课达到了良好的效果。地图类型是多样的,在今后的教学当中,我将不断将"图·思·记"教学主张运用到课堂实践,促进学生深度学习,提升教学效果。

四 专家点评 精益求精

在专家点评环节，西南大学教育学部艾兴教授率先进行点评。艾教授首先肯定了沈老师的教学主张，是富有学科特色、行之有效的教学策略，适应学生发展核心素养的需求，并进一步提出关于"图·思·记"内涵的探讨，"图"是课程内容的重构，"思"是以学为中心的教学方式，"记"是能力素养的达成，如此能够让教学主张更具有概括性和指导性。

西南大学教育学部原副部长罗生全教授则从卓越教师教学主张形成的三阶段、"图·思·记"教学主张引导学生思维形成的发生机制这两个方面，肯定了沈老师的教学主张是借助图像对真实世界进行描绘和表达，促进学生思维发生，进而落实素养的培育。最后，罗教授还指出，卓越教师应该建立课程转化、教学转化和形象转化的意识，对卓越教师的成长提出了更高的要求。

五 它山之石 可以攻玉

洪志荣副院长说到，今天的活动是卓越型教师培育实践整体设计的一个横切面，一个系统构建的聚焦点。通过沈老师关于"图·思·记"的课堂教学实践与教学主张阐释，让我们感受到卓越教师知行合一的特质，大家能够在教学实践中将理论与实际相结合，拥有追求教育的卓越品质。在与专家的深入对话中，我们进一步认识到教学实践对教育领域的深远影响。同时，这次活动也为我们提供了一个学习和成长的机会，让我们意识到精益求精的重要性。通过参与这次卓越教师培育实践展示活动，我们将更加有信心和能力成为优秀的教师，为教育事业贡献自己的力量。让我们共同努力，不断探索，努力向更高更深更远生长！

附录三 我成长中的关键事件

厦门市集美区侨英小学　苏巧真

在任何人的成长历程中,都有着一些关键事件、关键人物和关键书籍。

——李希贵校长《幸福比优秀更重要》

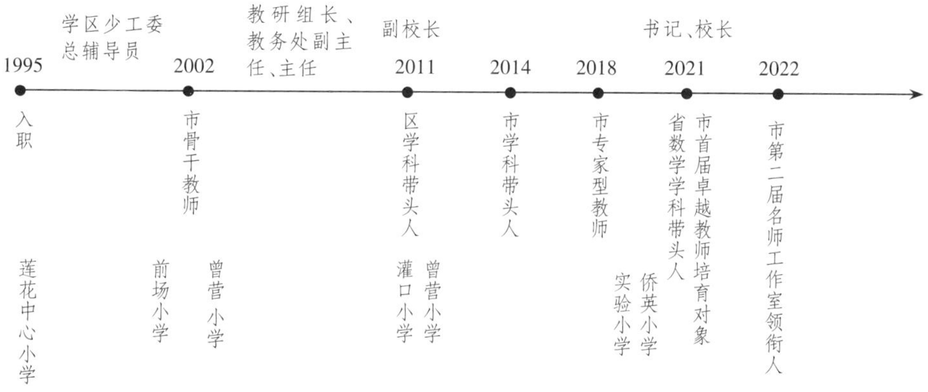

附图 3-1　成长历程

附图 3-1 是我从教至今工作过的学校以及在行政和专业上的成长历程。经历六所不同的学校,包括农村学校、城乡接合部学校、城镇学校,遇见不同的人和事,研究不同的学生,设计不一样的教学,书写不一样的教育故事。专业上,从 2011 年至今,我一直在学习培训的路上,从未间断过。每一次培训,总会遇到许多学术精湛的导师、优秀的伙伴、适合的课程,每一次的培训不仅是专业上的成长,更是身心的洗礼和蜕变。除此之外,在我的成长过程中,还遇到了一些关键人物和关键事件,这些是我成长的转折点。

一 第一篇 CN 论文是美术教师改出来的

记得 2008 年在进行区级学科带头人选拔时,我因论文数量不达标,且没有发表 CN 论文而落选。这一落选,让我知道了勤于笔耕的重要性,于是我慢慢将实践转化为文字,并请学校论文"高产"的美术教师王荣老师帮忙修改,他从题目、标题、行文等帮我做了细致的修改。修改后,我尝试地投了《教学与实践》,没想到,两周内收到了编辑的回复,稿件被录用了。这是我的第一篇见CN刊物的论文,是一块走向名师之门的"敲门砖"。后来,我申报了区级学科带头人、市级学科带头人,都入选了。在这两项培训中,有了更多学习的机会和平台,在导师的指导下进行了课题研究、撰写了论文,以此积累的材料,所获的成长,带着我向市级专家型教师、省级学科带头人、市首期卓越教师培训对象迈进。

二、第一节区级公开课是同事"送"我的

2006年,我刚提任学校的教务处副主任。记得当时区进修学校给学校一节区级公开课的任务,我问了数学组的所有教师,大家都以各种理由婉拒了。我只好自己承担了这个任务。大家虽然婉拒了我派的"任务",但当我磨课时,大家都热心地帮助我,帮我做教具、做课件、听课、改课,一次次、一遍遍……于是,我有了第一张区级公开课证书。第二年,我又接了相同的任务。第三年,我又承担了更多的任务……这些区级以上的公开课成了后来我晋升副高级职称和申报名师的硬件之一。

三、第一次做课题是"逼"出来的

2008年,区里第一次有微型课题的申报。通知发到校群,申报时间快截止了,还是没人申报,于是我又像接区级公开课任务一样,接下了申报微型课题的任务。做课题对我来说,太难了,一片空白。于是,我上网查了些资料,然后根据教学中存在的问题,模仿别人撰写的课题的框架,申报了"小学毕业班复习课的实践研究"这一课题,后来课题立项了。接着开展研究,对于怎么研究,我处于懵懵懂懂的状态,但集美区进修学校的庄孝良校长和廖光华老师给了我很多的指导和展示的机会。在他们的指导帮助下,我的第一个课题顺利结题。同样,这个区级微型课题后来也成为我晋升副高级职称的一个重要硬件,同时也是后来申报名师的一个必备条件。

李镇西校长说,成长是一种自觉选择、自我培养和自由发展。而在这过程中,与一些关键事件、关键人物和关键书籍相遇是至关重要的。这种相遇,也许是偶然的,但相遇后对自己成长的影响,则是必然的。我相信这种必然。

附录四 厦门市陆佳音名师工作室三年发展规划

根据《厦门市中小学名师工作室建设与管理办法》文件精神，以及《厦门市教育局关于遴选建设第二批中小学幼儿园中职名师工作室的通知》的要求，特制定厦门市小学语文陆佳音名师工作室三年发展规划。

一 主持人简介

陆佳音，厦门市鹭江新城小学，正高级教师；福建省小学语文学科带头人，厦门市专家型教师，厦门市首届卓越教师培养对象；荣获福建省第二届教师技能大赛特等奖，福建省五一劳动奖章；集美大学小学教育专业硕士校外指导教师；主持多项省市级课题。

二 工作室简介

陆佳音名师工作室致力于研究和实施"融通语文"教学主张，积极探索中华优秀传统文化创造性转化与创新性发展；打造具有"伙伴关系+匠人态度+专业精神"特质的研修共同体，建构"守创相融、知行合一"的研修方式，把"创新"意识融入团队精神内核，为成长赋能。

三　核心成员名录(附表4-1)

附表4-1　核心成员名录

姓名	学校(单位)	职务	专业发展水平	职称
陈夏兰	厦门市金榜小学	校长	省学科带头人	高级
黄森	厦门市教育科学研究院附属小学	副校长	省学科带头人	高级
叶明治	厦门市莲龙小学	副校长	市学科带头人	高级
蔡彩燕	厦门市群惠小学	副校长	市学科带头人	高级
张春生	厦门市海沧区洪塘学校	校长	市学科带头人	高级

四　建设目标

(一)总目标

围绕"中华优秀传统文化的创造性转化与创新性发展"融入语文课程的课题研究,突出"融通语文"在课堂教学、课程开发和团队建设中的特色,实现"课堂特色突出、精品课程优化、名师团队强大、学科品牌彰显"。经过三年努力,使工作室成员实现师德修养出样板、课堂教学出精品、课题研究出成果,发挥他们在本学科中的示范、辐射和带头作用,力争形成名优群体效应。

(二)分阶段目标

1.第一年(2022年3月—2022年12月):初步实践

(1)完成工作室组建:

选拔工作室成员、学员,明确分工,完善制度。

(2)落实四大行动:

构建学习场域,开展"百知著"阅读,强化理论素养。

构建实践场域,开展课例研修,积极送教送培。

构建研究场域,开展课题研究,注重跨界思考,提升研究力。

构建"练兵"场域,开展岗位"练兵",提升专业技能。

2.第二年(2023年1月—2023年12月):深入实践

(1)探索、总结、提炼"融通语文"教学主张的概念体系,从理论阐释、内涵界定、理论建模、教材理解、教学策略、典型案例、教师风格等方面进行实践研究。

（2）通过量化研究与质性描述，积极运用新的技术和学习工具等，创新学科教学与传统文化融合的方式，提炼语文学科里中华优秀传统文化创造性转化与创新性发展的基本原则与策略，建构课堂模式与实践路径，积累课堂教学案例资源。

（3）从要素和维度等方面，梳理"融通"理念下小学语文传统文化创新实施的评价体系。在案例描述、对比分析、问卷调查等科学评价中，落实培育效果。

3. 第三年（2024年1月—2024年12月）：总结提升

（1）推广教学成果，开展与外地名师的学术交流活动，研究学习各地先进教育教学经验，分享取得的教学成果。

（2）积极准备三年考核的总结工作，规范整理材料。全体成员全力以赴，以最优异的成绩和最佳的精神面貌接受三年考核检查。

五 建设内容

（一）形成工作室文化：三维文化（附表4-2）

附表4-2 工作室文化

核心	内涵	注解
铭师	以优秀文化熏染师德师风 以经典阅读丰厚浸润情怀	如碑刻铭文，名师工作室的"铭"，其核心要义是"铭"记教育情怀，成为师德模范
明师	明职责： 以明确职责规划工作路线 以学习更新观念重塑精神 明身份： 以洗课晒课扎根课堂一线 以教研科研促进深度研究	专业发展"亮眼"：把握新理念、新思想、新动向，勤于学习，善于实践，学术研究具有推广和实践价值 专业引领"亮剑"：真正引领示范，研究中敢于质疑，思维碰撞中实现资源共享、智慧生成
鸣师	内部争鸣： 不迷信权威、学术氛围浓厚 外部共鸣： 走出去、走下去，与一线教师真正做到同频同向共振共鸣	形成内外互通、上下联动、整体推进研究格局 走出去——教研协作、辐射引领、推广经验、共同进步 走下去——送教下乡、送培进校、网上研修、课题研究

(二)锤炼教学主张:融通语文

"融通"一词,本义是融会贯通。"融通语文"教学主张指的是针对小学语文统编教材传统文化内容,打破单一、僵化、片面的思维方式,聚焦核心素养和融合关键能力,赋予传统文化当代内涵,使传统文化精髓走向和谐、接续、新生。"融通语文"的核心内涵包括三个维度:

古今融通(价值观):坚守民族血脉,实现传承创新。

理趣融通(学生观):基于儿童立场,把握学科本质。

行知融通(目标观):培育核心素养,建构行知课堂。

本教学主张以语文教材为课程载体,探索儿童语言学习的规律和"传统文化—现代传承创新"转化的规律,从而优化语文教学观念与结构,提升儿童语文核心素养,培养创新素养。基于本课题所总结出的融通思想引领下语文传统文化内容开发的基本内涵特征与实践样态、教学策略等,这些结论可成为语文教学中弘扬传统文化的有效途径。

基于教学主张的思考,工作室微信公众号的设计与之相契合,框架构思如附表4-3:

附表4-3 框架构思

栏目	标题	重要标识	备注
题目	逍遥的鱼	文化千古·溯流而上	出自庄子逍遥说、游鱼说、鲲鹏说,契合工作室研究主题"传统文化创新素养培育",展示融通、灵动、创新之感
栏目1	洞见·新文化	月印万川:中国文化新说	跨界思考:转载或发布中国文化艺术、文化类读物、新媒体、创新发现等成果
栏目2	悠游·新语文	静里春秋:研修活动手札	以导图、手写绘图等生动方式,简单记录工作室每次的活动要素
栏目3	沉潜·新发现	疏处走马:我的微课微观	每一期呈现教师的微收获、微观点、微成果,以学生作品为佐证

(三)深化课题研究:关注创新

围绕课题"'融通'理念下传统文化创新培育的语文教学研究"开始常态化研究,以课题促进成员研究能力的提升,引领工作室常规工作。主要研究内容及人员分工如附表4-4:

附表4-4　主要研究内容及人员分工

组别	研究主题	内容
主持人	"融通语文"教学主张概念体系建立	从理论阐释、内涵界定、理论建模、教材理解、教学策略、典型案例、教师风格等方面进行实践研究
小组1	传统文化主题之"创新基因"价值挖掘	从文化理解、课程分析、教材解读等方面,对语文学科传统文化主题内容进行创新价值的挖掘
小组2	传统文化主题之"创新素养"培育的学习活动设计与教学策略	深入实践,积极运用新技术和学习工具等,创新学科教学与传统文化融合的方式,提炼语文学科中华优秀传统文化创造性转化与创新性发展的基本原则与策略,建构课堂模式与实践路径,积累课堂教学案例资源
小组3	传统文化主题之"创新素养"达成的观察与评价	从要素和维度等方面,总结融通理念下小学语文传统文化创新实施的评价体系。在案例描述、对比分析、问卷调查、观察量表的开发等科学评价落实学生语文核心素养培育效果,促进研究反思、教学改进
小组4	传统文化主题之"创新技术"开发与实施	关注新技术开发与实施,创新研究成果的推广与运用,倒逼输入的产品化
小组5	传统文化主题之"跨界研究"	跨学科、跨领域、跨学段、"互联网+"等前沿理念实践

(四)促进带教双赢:"薪火计划"

巩固名师专业"根系",扩大名师"树冠"辐射能力,从而提高团队"树干""树枝""树叶"的生长力,制定名师工作室素养基本功"谱系"。以"地平线报告"精准分析成员的教学优势、痛点、发展点等,根据成员的综合表现进行混合分组,建立工作室成员"分层培养体系",促进"精准化"发展。如附表4-5。

附表4-5 工作室"薪火计划"分层培养结构表

称呼	炬火(助焰)	星火(燎原)	淬火(成钢)	萤火(流光)
梯队定位	核心人才	关键人才	高潜人才	新进人才
结构特征	核心成员、高级教师 省市学科带头人 专家型教师 省级教师技能大赛、课堂教学比赛获奖	中级教师 市区级学科带头人 市级教师技能大赛、课堂教学比赛获奖 论文发表在CN刊物	一级教师 市教学骨干 区级教师技能大赛、 课堂教学比赛获奖	初级教师 区教学能手 片区、校级教师基本功比赛获奖
研修重点	形成教学特色 思考教学思想	教材研究 课程研究	学生研究 微课研究	学习教学技能 积累实践经验
理论培育	1级点——教学案例:教学行为+理论反思=案例研究 2级线——教学设计:精准解读+规律探寻=科学设计 3级面——研究论文:结构化思考+概念化表达=理论梳理与建构 4级体——研究报告:观点建模+策略建构+充分证据=理论实践整体跃迁			
学习要求	"百知著"阅读:每人每年的研究性专题阅读,都至少要在"知乎、知网,教育类著作、跨学科著作"这四类中广泛展开,并力争达到百万字。 融界学习:从跨界走向融界。跨学科、跨地域、跨学段等形式开展培训研究。成员分组实行异质分组,每组有各梯队成员,互学互补。			

六、工作室制度

(一)例会制度:每学期召开计划、总结会,讨论计划、梳理问题、研究解决。

(二)学习制度:根据梯队组别、研究任务,明确学习内容,有目标地展开学习。

(三)研讨制度:开展"每月一主题"研讨活动,每学期出勤率不低于80%。

(四)考核制度:成员考核由领衔人和工作小组负责。考核主要从思想品德、理论知识、教育教学能力、研究能力、辐射带动等方面考察。

(五)经费使用制度:工作室经费主要用于工作室开展教学活动的宣传、指导教研活动,市、区交流学习,外聘专家指导工作室,开展活动对学生表彰奖励,工作室成员购买相关教学资料、教学杂志等发生的各种费用。

（六）师德一票否决制：建设期间，领衔名师发生违反师德规范的，应停建整改。团队成员发生师德失范的，直接清退。

七 建设路径（附图4-1）

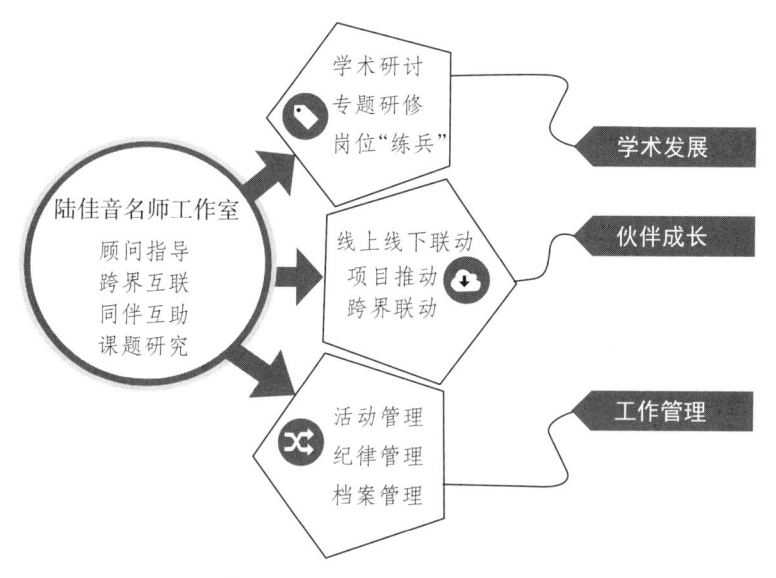

陆佳音名师工作室
顾问指导
跨界互联
同伴互助
课题研究

→ 学术研讨 专题研修 岗位"练兵" → 学术发展

→ 线上线下联动 项目推动 跨界联动 → 伙伴成长

→ 活动管理 纪律管理 档案管理 → 工作管理

附图4-1　名师工作室建设路径

八 组织结构（附表4-6）

附表4-6　组织结构安排

人员	分工
领衔人	制订工作室整体发展规划和年度工作计划，课题实施，成员考核，编制工作经费预算，组织开展各项活动，并接受市教育科学研究院的管理
核心成员	团队分组的负责导师。各展所长，项目创新性实施与指导、提升效果
班长	统筹与工作室有关的各项工作 1人负责：活动安排，成员考勤等。协助领衔人管理业务，负责各项活动的策划及协调，课堂观摩及课堂教学的系列活动安排与组织 1人负责：工作室的空间建设与管理工作，微信公众号等宣传审核运营

续表

人员	分工
学习委员	成员作业、考核、比赛；课题组档案的整理、材料的收集等
宣传委员	配合班长，做好微信公众号的宣传维护，组织网络研讨、交流等，收集并上传优质教学资源，组织开展文化团建活动
组长	负责分组的各项活动推进、落实

九 建设保障

（一）确保专项经费使用。上级经费专款专用，添置书籍、课题研究、项目开发、创新活动、技能培训及与相关工作有关的观摩考察等，按有关规定报销。所有经费收支，须符合财务规范。

（二）确保工作室的研讨活动场地。领衔人学校设有专门的活动教研空间，为开展活动提供良好环境。

（三）邀请国内专家和专职教育科研人员，为工作室提供理论支持、业务指导和专业引领。

十 预期成果

（一）人才培养成果：领衔人及名师团队，形成清晰成熟的教学主张和教学思想，为全市教师培训提供指导和专业引领。工作室成员参加区、市、省教师业务竞赛活动获奖，或成为各级学科骨干、带头人。

（二）课题研究成果：工作室课题成功结题，取得较好的课题成果。

（三）帮扶助教成果：被帮扶学校教研组在各级各类教师技能竞赛、质量监控、学生竞赛等方面取得明显进步。

（四）影响辐射成果：工作室在区域范围内有较大知名度，教育教学经验受到一线教师的广泛认可和欢迎，并获得推广。

参考文献

[1] 习近平.习近平致全国优秀教师代表的信[N].人民日报,2023-09-10(1).

[2] 陈钧,程达.呼唤名师[M].北京:科学出版社,2000.

[3] 周红.高等学校教学名师内涵辨析[J].煤炭高等教育,2004,22(4):65-67.

[4] 曾晶.名师专业化提升的实践与思考[J].中小学管理,2004(4):50-51.

[5] 童富勇,程其云.中小学名师专业成长的影响因素分析:基于浙江省221位名师的调查[J].教育发展研究,2010,30(2):64-68.

[6] 成尚荣.名师的基质[J].人民教育,2008(8):37-41.

[7] 李瑾瑜,李泽林."名师"因何而名?[J].西北成人教育学报,2003(2):1.

[8] 王毓珣.名师概念及特征辨析[J].天津市教科院学报,2005(4):41-43.

[9] 丁琦.中学名师成长规律及培养策略研究:以江苏省苏州中学为案例[D].苏州:苏州大学,2009.

[10] 吴欣歆."金字塔"模型:破译骨干教师专业成长的"密码"[J].中小学管理,2015(7):40-43.

[11] 张建.名师基地培养模式之缘由、理念及路径[J].教育研究.2015,36(4):86-93.

[12] 闫琦.归因理论视野下的语文名师成长路径研究:以黄厚江为例[D].西宁:青海师范大学,2016.

[13] 王艳辉.生命历程理论视域下中职名师成长研究[D].曲阜:曲阜师范大学,2018.

[14] 曹云霞.学前名师成长记:以特级教师张群老师为例[D].杭州:杭州师范大学,2016.

[15] 曾显兰.小学教学名师成长路径的叙事研究[D].昆明:云南师范大学,2020.

[16] 吕亚楠.一名高中英语教学名师成长的叙事研究[D].重庆:西南大学,2017.

[17] 王凌波.中学教学名师成长机制的个案研究[D].太原:山西师范大学,2019.

[18] 冯旭芳,白玲.基于解释结构模型的职业院校教学名师成长影响因素探析[J].教育理论与实践,2021,41(12):86-93.

[19]杨柳青.高校教学名师成长的个案研究:以国家级教学名师L为例[D].曲阜:曲阜师范大学,2019.

[20]周萌.历史名师成长历程:以徐赐成老师为个案[D].西安:陕西师范大学,2015.

[21]陈彤彤.历史学科名师成长研究:以江苏省高邮市界首中学特级教师陈国兵为个案[D].扬州:扬州大学,2013.

[22]张克歌.青岛市中小学体育名师成长模型的构建研究[D].青岛:青岛大学,2020.

[23]张露霖.小学语文名师培养模式的比较研究:以福建省和江苏省为例[D].福州:福建师范大学,2015.

[24]巩向凯.中小学名师区域化培养研究[D].济南:山东师范大学,2016.

[25]王少华.广西基础教育名师培养特色研究[D].桂林:广西师范大学,2018.

[26]王笑君,杨孝如.名师培养工程:锻造新一代教育领军人物[J].江苏教育研究,2011(24):19-13.

[27]鲁林岳.名师名校长培训体系的构想与实践[J].教育研究,2009,30(2):103-107.

[28]许泽能.中小学名师培养的目标与路径[J].教学与管理,2016(28)18-19.

[29]傅毓海,宋德志.实施梯队培养策略发挥名师引领作用[J].江苏教育研究,2016(33)39-41.

[30]李爱铭.中小学专家型教师培养的政策支持体系研究:以上海"双名工程"为例[D].上海:上海师范大学.

[31]胡灵敏."名师实验班"人才培养模式的改革探索[J].中国高等教育,2012(7):32-34.

[32]SHULMAN L S,SHULMAN J H. How and what teachers learn:A shifting perspective[J].Journal of curriculum studies,2004,36(2):257-271.

[33]吕立杰.教师学习理论对教师教育课程的启示[J].教育发展研究,2010(22):59-63.

[34]李志厚.论教师学习的基本追求[J].华南师范大学学报(社会科学版),2006(4):99-104+160.

[35]桑国元.教师作为学习者:教师学习研究的进展与趋势[J].首都师范大学学报(社会科学版),2017(1).

[36]张华,王亚军,张姝.现代教师教与学[M].北京:科学出版社,2017.

[37]KNOWLES M S.Self-directed learning.A guide for learners and teachers[M].Chi-

cago:Association Press Follett Publishing Company,1975.

[38]刘名卓,祝智庭.自导式网络课程的设计与开发[J].开放教育研究,2009(4):48-56.

[39]任剑锋,李克东.分布式认知理论及其在CSCL系统设计中的应用[J].电化教育研究,2004(8):3-6+11.

[40]ROGERS Y.Distributed cognition and communication[J].Encyclopedia of language and linguistics,2006(6):731-733.

[41]HUTCHINS E.Roots of Human Sociality:Culture, Cognition and Interaction[M].Oxford:Berg Publishers,2006.

[42]HUTCHINS E. The Cultural Ecosystem of Human Cognition[J]. Philosophical Psychology,2014,27(1):34-49.

[43]祝敏君.基于分布式认知理论的数学深度学习研究:以普通高中数学为例[D].福州:福建师范大学,2023.

[44]叶贝,黄雁."双减"背景下校外培训机构教师的质变学习[J].高等继续教育学报,2022,35(4):46-51.

[45]陈春华."转化学习理论"视角下教师学习的困境与策略[J].中国成人教育,2016(5):19-21.

[46]梅里安 雪伦 B.成人学习理论的新进展[M].黄健,等译.北京:中国人民大学出版社,2006.

[47]王清华.质变学习理论及其对我国成人教育的启示[J].中国成人教育,2018(20):24-26.

[48]殷蕾.转化学习理论视角下教师培训的困境与出路[J].中国教育学刊,2018(10):87-91.

[49]杜威.民主主义与教育[M].王承绪,译.北京:人民教育出版社,1990.

[50]KOLB D A.Experiential Learning:Experience as the Source of Learning and Development[M].Englewood Cliffs:Prentice Hall,1984.

[51]张玉.库伯经验学习理论视角下的教师学习研究[D].太原:山西大学,2016.

[52]圣吉.第五项修炼:学习型组织的艺术和实践[M].张成林,译.北京:中信出版社,2009.

[53]现代汉语词典:修订本[M].北京:商务印书馆,1996.

[54]葛倩玲.中小学名师教学主张生成的个案研究[D].芜湖:安徽师范大学.2017.

[55]管建刚.我的作文教学主张[M].福州:福建教育出版社,2015.

[56]翰林辞书编写组.现代汉语大词典:最新版[M].南昌:江西教育出版社,2014.

[57]郭春芳,张贤金,陈秀鸿,等.中小学名优教师教学主张:内涵、价值与形成[J].中小学教师培训,2017(10):9-12.

[58]大辞海哲学委员会.大辞海:哲学卷[M].上海:上海辞书出版社,2015.

[59]余文森,龙安邦.提炼教学主张:名师专业成长的必修课[J].教育科学,2022,38(2):22-28.

[60]朱宁波,秦丽楠.新时代中小学教学名师的培养策略[J].教育科学,2020(1):35-42.

[61]窦桂梅.让儿童站立在学校正中央:从"三个超越"到"成志教育"的升华之路[J].中国教育学刊,2017(4):77-80.

[62]陶行知.陶行知全集:第二卷[M].成都:四川教育出版社,2005.

[63]习近平关于青少年和共青团工作论述摘编[M].北京:中央文献出版社,2017.

[64]金永梅.核心素养下的自成课堂探索:数学篇[M].徐州:中国矿业大学出版社,2020.

[65]李婷婷,贾林祥.心理赋能及其对青少年健康成长的启示[J].黑龙江教育学院学报,2018(11):98-101.

[66]葛晓穗.幼儿园课程创生:逻辑起点、必要条件与核心要素[J].教育导刊,2023(11):78-85.

[67]赵永攀."问学课堂"的构建与实施[J].小学语文教学.2021(20):3-5.

后记

后记成了这本书编写过程中最难完成的内容。在其他书稿完成的这段时间里，数次动笔写点什么，又马上删除了，总是在这反反复复中，犹豫徘徊。以往书稿完成后，除了疲惫，总觉得自己有无数的感想要表达。越到后面，越觉得不知道该说点什么。但整体设计又有这个内容，只好"为赋新词强说愁"。

这是一个冒险的旅程。卓越教师培育项目要出系列专著，三年时间里确保每位培育对象都高质量完成专著的设计、撰写到出版，虽然有扎实而勤奋的教师，也有系统而整体的规划和高水平的专家指导团队，但真正实施却是步履维艰。更不用说，要对整个项目做一个专题研究，形成一本统领性的编著，其中的冒险，大概像鲁迅笔下的"我的后园，可以看见墙外有两株树，一株是枣树，还有一株也是枣树。这上面的夜的天空，奇怪而高，我生平没有见过这样的奇怪而高的天空"。

这是一次实践的坚持。为实现高素质专业化创新型教师队伍的建设，推进教师培训工作始终被认为是关键举措。实践层面来说，高质量的教师培训工作离不开一支潜在水底的教师培训队伍。在高校，教师教育学愈发成为一门显学。活跃在一线的教师培训工作者的专业属性，并未得到充分重视，教师专业成长、教师学习研究成为相关者的"共有地"。专业属性的实现，不仅在于专业的实践活动、专业的人才队伍、专业的支持保障，还在于专业的研究活动。没有对教师学习的专业研究，专业属性难有绚丽的灿烂。专业的研究性实践活动及实践性的研究活动，应当是教师培训工作者的根本属性。本书围绕卓越教师培育项目的理论与实践结合探究，是一次尝试从专业属性的角度进行实践的坚持，努力逼近教师培训工作的专业边界。

这是一种集体的智慧。厦门市卓越教师培育项目经历了想法酝酿、概念提出、项目规划、方案设计、实施推进、过程管理、做法优化、经验梳理、反思重构等过程，凝聚了无数人、多个集体的共同智慧，是教育行政部门、教育业务部门、高校培训单位、学校组织机制、教师个体选择等多利益主体的实践共识。通常来说，大多数的教师培育智慧都是以缄默的方式存在。无数照亮星空的灵动，因集体的谦逊属性，或消散在深邃的星空、或流动在不惊的波澜、或风干在沉默的扶摇；或吟唱在无垠的征途。

本书的编著，是对集体智慧的仰望，对集体智慧的撒播，对集体智慧的颂歌。

这是一场精神的集会。何以卓越？是自我的追问，也是自我的探究，更是自我的期望。这应当是每一个主体的"无我"孕育在这种"自我"之中，这种"自我"更以显著的方式涌现出理想的"无我"。必然的逻辑是，思想理念和方法工具、实践做法在显性的载体中实现统一，语言与语言形式及其背后的思维集中就是载体，从而实现了精神的可视化。在理念形成、项目规划、实施设计及过程实践中，培育对象的教学主张凝练、项目主体的培育理念观点、实践行动的方式方法创新、综合整体的内聚外衍探索等，都是在新的时代背景下进行的变革探索。这样的变革不仅是为了解决问题，也不仅是为了固化出一个套路、一个成果样板来，还是为了更好地、更深地、更远地、更广地寻求到变革的精神和规律。从这个意义上，这本书的编写，是一群人的精神集会，是一场饕餮的整体图景。

本书的编写由西南大学范涌峰教授和我共同主持完成。事实上，这本书是西南大学教育学部专家团队、厦门市教育局人事处团队、厦门市教育科学研究院培训部团队、厦门市首期卓越教师培育对象团队及其他相关领导、老师们的共同智慧，是无数为厦门市首期卓越教师培育项目付出过努力的人的思想盛宴。感谢范涌峰教授的研究生王腾飞同学撰写第三章第三节主要内容，感谢洪尤卓老师、吴静静老师、郑颖娇老师对本书校对工作的支持，感谢西南大学出版社编校中心编辑团队对本书编写的指导与辛勤付出。

我们深知，本书的编写工作只是一次努力的尝试，一次实践的探索，还未能全景呈现卓越教师培育项目的全部实践性智慧，还未能较好地实现深度研究和成果表达的水平。相关的探索和实践，未必是正确的或是完满的，还有很多需要努力完善的地方。通过本书，我们想呈现的是，追求卓越，永远在路上。

魏登尖

2024年9月24日